VOTRE DESTIN
ET LE
ZODIAQUE

Michèle CURCIO

VOTRE DESTIN ET LE ZODIAQUE

FRANCE LOISIRS
123, boulevard de Grenelle, Paris

Édition du Club France Loisirs, Paris,
avec l'autorisation des éditions SAND

ISBN : 2-7242-1987-2

Préface

Dans les pages que vous allez lire, j'ai réuni l'essentiel qu'il est bon de connaître sur les signes du zodiaque. Ces signes, en effet, sont des symboles qui n'ont pas été conçus au hasard. Ils représentent les traits dominants des êtres vivants, selon la saison où ils viennent au monde. On dit que ce sont les signes solaires.

Pour saisir le raisonnement astrologique, oubliez que « la Terre tourne autour du Soleil » et amplifiez votre vision en la rendant plus humaine.

Imaginez la Terre comme centre de l'Univers. Une boule à peu près sphérique tournant sur elle-même autour de son axe nord-sud. Autour de la Terre, il y a l'espace céleste ; et comme nous ne savons plus, ayant décidé de l'oublier un moment, que la Terre tourne, nous pouvons l'imaginer immobile. Autour de la Terre, donc, règne l'espace céleste qui, vu de notre sol, apparaît comme une immense sphère creuse au centre de laquelle nous nous trouvons. De la sphère céleste, nous voyons la surface intérieure. Nous sommes en son centre.

Sur cette paroi intérieure apparente de la sphère constituant le firmament, nous voyons se déplacer des astres groupés en constellations, des planètes, le Soleil et la Lune. Les constellations semblent, au cours de l'année, se déplacer par rapport à notre horizon, lequel nous paraît fixe. Comme l'Astrologie est une science humaine, elle ne se préoccupe pas des réalités scientifiques des astronomes et des astronautes : elle dépeint et elle interprète ce que l'homme voit, ce que l'homme constate et ce que l'homme subit. C'est pourquoi les variations célestes, que l'astronomie peut tenir pour très importantes, n'entrent pas en considération en astrologie où la tradition a force de loi. Ces variations ne peuvent être décelées que par des instruments très précis parce qu'elles sont imperceptibles à l'œil nu et, de ce fait, ne peuvent avoir qu'une influence très minime sur l'être humain.

Les astres que nous pouvons voir tourner dans le ciel ne voyagent pas à travers l'espace entier de la sphère céleste ; ils se déplacent dans un espace qui entoure la Terre comme une sorte de ceinture, une bande circulaire, un anneau, et c'est cet espace qui s'appelle le Zodiaque.

Si l'on s'en tient aux apparences, on croit donc voir le Soleil décrire autour de la Terre un grand cercle qui constitue sa course annuelle par rapport aux étoiles. Le cercle que décrit le Soleil s'appelle l'écliptique. Si l'on imagine aussi un équateur céleste tracé sur la surface intérieure de cette sphère au centre de laquelle se trouve la Terre, et exactement parallèle à l'équateur de la Terre, on constate que l'écliptique est incliné de 23° par rapport à l'équateur ; cette position a son importance : retenez-la.

Le cercle que nous appelons écliptique constitue la ligne médiane de la ceinture que nous appelons Zodiaque. La largeur du Zodiaque qui se dessine dans le ciel est évaluée à 17° ; c'est à l'intérieur de cet espace figurant un anneau autour de la Terre que le Soleil, la Lune et les principales planètes effectuent leur apparente révolution sidérale. Nous disons « apparente » parce que c'est ce qui semble se produire aux yeux des humains ; si nous vivions sur une autre planète, le spectacle serait différent. Mais il s'agirait pourtant des mêmes corps célestes accomplissant le même parcours.

Pour représenter facilement le Zodiaque, on trace un cercle, on dessine un disque plat. Ce cercle est divisé en ses 360° et l'on indique douze secteurs égaux ayant chacun, par conséquent, 30°. A chacun de ces secteurs est affecté le nom d'un des signes du Zodiaque. Dans l'ordre chronologique de leur apparition au cours d'une année, ces signes se placent comme dans la liste ci-dessous, laquelle indique en outre leur position par rapport aux méridiens, c'est-à-dire leur longitude calculée au moment où le premier de ces signes, le Bélier, passe, par le méridien zéro du globe terrestre.

Le Bélier	0°	à	30°	du 21	mars au 20 avril
Le Taureau	30°	à	60°	du 21	avril au 20 mai
Les Gémeaux	60°	à	90°	du 21	mai au 21 juin
Le Cancer	90°	à	120°	du 22	juin au 22 juillet
Le Lion	120°	à	150°	du 23	juillet au 22 août
La Vierge	150°	à	180°	du 23	août au 22 septembre
La Balance	180°	à	210°	du 23	septembre au 22 octobre

Le Scorpion	210° à 240°	du 23 octobre au 21 novembre
Le Sagittaire	240° à 270°	du 22 novembre au 20 décembre
Le Capricorne	270° à 300°	du 21 décembre au 19 janvier
Le Verseau	300° à 330°	du 20 janvier au 18 février
Les Poissons	330° à 360°	du 19 février au 20 mars

Comme le Soleil avance (toujours en apparence) d'un degré par jour le long du cercle théorique appelé Zodiaque, il met trente jours pour parcourir l'angle correspondant à chaque signe. Si, lors de la naissance du sujet, le Soleil, à son lever, s'est trouvé entre le premier et le trentième degré, donc dans le signe du Bélier, le sujet est dit « natif du Bélier ». Comme un lien existe, une harmonie se révèle dans l'ensemble de l'Univers et surtout dans l'ensemble du monde terrestre, il se trouve que les personnes nées à la même période, sensiblement sous la même longitude, ont des caractéristiques communes ; de ces caractéristiques, on a conclu qu'elles subissaient une influence supposée venir des astres dans le ciel ; on les a groupées sous un symbole qui leur est commun. Vous, Bélier par exemple, mais il en est de même pour chacun des douze signes, vous partagez certaines caractéristiques qui sont les vôtres avec la majorité des gens nés à la même époque de l'année que vous, même s'il s'agit d'une autre année. Et l'on perfectionne encore le système en divisant chaque secteur du Zodiaque en trois parties appelées décans parce qu'elles mesurent 10°. Pour le Bélier dirons-nous en conservant le même exemple, mais chacun des 12 signes a ses trois décans de 10 jours chacun, on a donc :

- premier décan du Bélier : entre le 21 et le 30 mars ;
- deuxième décan du Bélier : entre le 31 mars et le 10 avril ;
- troisième décan du Bélier : entre le 11 et le 20 avril.

Les planètes dans votre ciel

Pendant cette période du Bélier — et nous continuons avec cet exemple, ce qui est valable pour tous les signes — qui dure du 21 mars au 20 avril, la course du Soleil s'est développée de 0° à 30° de longitude. Cela veut dire qu'à son lever, par rapport à la Terre, le Soleil apparaît entre ces deux points à l'horizon.

Ayant ainsi déterminé le signe zodiacal de naissance, ce qui permet de définir les traits principaux du sujet, on cherche davantage de précisions en observant la position des planètes à ce même moment.

De quelles planètes s'agit-il ?

Voici la liste des huit planètes et des deux luminaires qui sont considérés comme susceptibles d'influencer le sujet lorsqu'ils se trouvent à sa naissance dans le même signe du Zodiaque que le Soleil : Soleil, Lune, Mercure, Vénus, Mars, Jupiter, Saturne, Uranus, Neptune et Pluton. Selon Mme Lisa Morpurgo Dordoni et l'argumentation de son livre *Introduction à la nouvelle astrologie* (Hachette édit.), il y aurait dix planètes et deux luminaires, soit douze en tout, autant que de signes du Zodiaque. Mais les planètes au-delà de Pluton, qu'elle nomme X et Y, n'ont pas encore été perçues.

Parlons un peu de ces planètes.

Chaque planète parcourt une certaine distance à sa vitesse propre, différente de celle des autres. Vitesse qui est différente aussi de celle du Soleil. Bien entendu, toujours selon les apparences du ciel vu de la Terre, considérée comme son centre.

Il y a des cas où le Soleil se trouve seul dans le signe de naissance du sujet. Il s'y trouve forcément, puisque c'est sa présence qui définit le signe de naissance ; mais il pourrait être accompagné d'autres planètes. Lorsqu'il n'y a que le Soleil dans le signe, les caractéristiques du sujet ne sont pas nettement marquées ; ses traits personnels ne sont pas extrêmement originaux. Mais, dans d'autres cas, des planètes sont dans le signe ; le type morphologique et caractériel du natif est alors plus accentué. Le type morphologique constitue l'ensemble de ses traits physiques, l'aspect du visage, l'allure générale de la silhouette, les attitudes habituelles du corps. Le type caractériel correspond à la personnalité psychologique, un mélange de qualités et de défauts qui fait que chaque être humain est unique.

Les planètes qui se rencontrent le plus fréquemment dans le ciel de naissance sont Mercure et Vénus parce que dans leur course à travers le ciel, ces planètes ne s'éloignent jamais beaucoup du Soleil.

Au mouvement général du Soleil et des planètes dans le ciel s'ajoute le mouvement de rotation de la Terre sur elle-même ; au cours de ce mouvement, qu'elle accomplit en vingt-quatre heures, chaque point de la Terre se trouve successivement face à chaque signe du Zodiaque. A l'instant où l'un d'eux apparaît (théoriquement) à l'horizon, du côté de l'orient, il influence le sujet. Si c'est à l'instant de la naissance que ce signe apparaît, il est dit ascendant. C'est l'ascendant du sujet.

On peut donc naître Bélier ascendant Taureau, Bélier ascendant Vierge, etc. selon l'heure de la naissance. C'est pourquoi, en vue de déchiffrer astrologiquement la personnalité du sujet, il est nécessaire de connaître l'heure de sa naissance, en plus de la date et du lieu géographique exact.

Le signe zodiacal déterminé par la date de naissance du sujet est son « signe solaire ».

Le signe zodiacal déterminé par l'heure de la naissance du sujet est appelé « signe ascendant ».

Pour se connaître et se déchiffrer, on doit déterminer le « signe ascendant », le « signe solaire » ne suffisant évidemment pas.

En plus de ces deux éléments, « signe solaire » et « signe ascendant », il faut, pour se définir, savoir quelles planètes ont été influentes dans le ciel de naissance ; comme, dans les contes, on devait parler des « fées » penchées sur le berceau du nouveau-né...

Recherche du signe ascendant

Les indications que donne votre signe de naissance sur ce que sera votre vie sont donc complétées par la présence d'un autre signe zodiacal que l'on appelle l'ascendant. Il y a douze ascendants possibles : les douze signes du Zodiaque. Le signe ascendant est celui qui, théoriquement, se levait à l'horizon à l'instant où le sujet venait au monde et exhalait son premier souffle. Il est donc nécessaire que vous connaissiez l'heure de votre naissance. Cette heure, c'est l'heure locale de l'endroit où vous êtes né. A partir de ce renseignement, on recherche et on détermine l' « heure sidérale ». En additionnant l'heure sidérale et l'heure locale, on obtient le temps sidéral.

Où trouver ces heures ? L'heure locale est indiquée dans votre acte de naissance dressé par le service de l'état civil de la commune où vous êtes né. L'heure sidérale se trouve dans les tableaux vendus dans les librairies spécialisées en Astrologie.

En consultant un autre tableau qui indique la position des astres, vous trouverez votre signe ascendant.

Le signe ascendant est intéressant à connaître parce qu'il ajoute à ce que vous a donné votre signe de naissance, appelé aussi signe solaire, des caractéristiques nouvelles : celles qui sont propres à ce signe se trouvant à l'ascendant au moment de votre naissance.

Un Bélier qui a le Taureau en ascendant aura sa personnalité influencée par le caractère que donne le signe du Taureau. De même pour un Gémeaux qui a les Poissons en ascendant : il aura son caractère de Gémeaux influencé par certains traits des Poissons. Ainsi sous chacun des douze signes du Zodiaque peuvent naître des personnes ayant douze caractères différents, ce qui donne pour l'ensemble 144 types de personnalité, avec toutes les variantes apportées par les gènes et l'environnement.

Les couples amoureux

Pour éviter les redites, tous les signes se trouvant ici réunis, je n'ai traité dans chacun d'eux que la position de l'homme de ce signe vis-à-vis des femmes de son propre signe et des onze autres. Si vous êtes une femme, vous trouverez dans la partie traitant du signe de l'élu de votre cœur votre position vis-à-vis de lui, sous l'influence astrologique.

LE BÉLIER

CHAPITRE PREMIER

Portrait des natifs du Bélier

Un premier schéma

Le grand astrologue Ely Star a écrit sur la personnalité des natifs du Bélier les lignes suivantes :

« La constellation du Bélier confère aux personnes nées durant cette période un caractère simple, non maniéré, docile, apte au commandement, entreprenant et hardi ; une âme élevée, charitable ; un cœur généreux qui — cela va sans dire — fera des ingrats, une volonté ferme, un esprit supérieur, pétillant, vif, viril, courageux mais prudent, souvent religieux, parfois artiste, ingénieux toujours, entendu en affaires et militant, avec une tendance à l'éclectisme. La volonté, quoique ferme, peut changer souvent l'objet, de projet » (*Les Mystères de l'horoscope*).

Voilà un portrait qui, pour sembler exact, n'en est pas moins encore assez imprécis, trop imprécis pour notre propos, du moins.

Je vais donc essayer de dépeindre, avec un maximum de détails, les Bélier.

Songez toujours, en premier lieu, au fait que le Bélier est un signe de Feu et qu'il est sous l'influence de la planète Mars.

Comme si cela tenait au fait qu'il est toujours placé le premier dans les listes des signes du Zodiaque, le Bélier possède un caractère simple et facile à décrire. On le considère parfois comme enfantin et tout d'une pièce, comme s'il ne connaissait ni les raffinements ni les complications. Il est vrai que le natif du Bélier se donne totalement à toute impulsion intérieure. Si chez lui le rêve tend à se confondre avec la réalité, reconnaissons qu'entre le désir et l'action il ne s'écoule pour ainsi dire pas de temps : c'est presque un élan de spontanéité parfaite, intégrale.

Le Bélier ignore les complications et les voies tortueuses qui conduisent tant de gens vers un but qu'ils dissimulent soigneusement. C'est avec franchise et spontanéité qu'il agit. Ses impératifs sont sa générosité et son caprice.

Il rayonne de cette personnalité, à travers des manières charmantes et par une grande force mentale, une influence aiguë, énergique, intrépide et courageuse ; une influence qui, sans crainte ni timidité, sans ostentation non plus, se révèle libre envers chacun et envers chaque chose.

Le Bélier vit orienté vers l'avenir ; il se soucie peu du passé et ne se souvient, à peine d'ailleurs, que du passé très récent. Malgré cette familiarité avec l'avenir, il n'est pas capable d'évaluer les difficultés qui l'attendent ; pour lui, possible et impossible se confondent et le futur est devenu présent dès qu'il y a pensé.

Nous nous trouvons ici devant une catégorie de personnalités que les spécialistes de l'étude du caractère, les caractérologues, appellent « primarité ». Cela veut dire qu'il y a chez le Bélier une grande simplicité aux réactions devant les faits, les événements, ainsi que dans les rapports avec l'entourage. On dit que les natifs du Bélier ont un caractère « primaire ».

Le natif du Bélier voit la vie au présent : pour lui, ce qui compte, c'est ce qui est en train de se passer. Ce qui importe, c'est aujourd'hui. Demain sera un autre jour. Demain, d'autres événements surviendront et c'est alors seulement qu'il sera utile de les prendre en considération. Le présent a donc le maximum d'importance. Ce qui occupe la pensée du Bélier devient pour lui tellement important qu'il ne pense qu'à cela sur l'instant. Il n'appréhende pas le lendemain, et ne cherche pas à retenir la veille.

On assiste, avec le Bélier, en raison de cette simplicité de caractère et de cette « primarité », à des élans, des engouements, des passions, des recrudescences d'intérêt pour les faits du moment. Et comme c'est un personnage qui mobilise toutes ses forces au service de l'impression présente, il est très impulsif, il cède vivement, et sans peser le pour et le contre, à son premier mouvement. Demain, il cédera à une autre impression ; d'où sa versatilité. Et comme c'est aussi un être qui « fonce », qui plonge la tête la première sur l'obstacle, il lui arrive de se meurtrir. Il lui arrive même d'être injuste, mais il ne l'est jamais délibérément ni volontairement ; c'est parce qu'il est influencé par le moment présent, et ce moment ne contient pas toujours les éléments nécessaires à l'équité. A cause de cette influence spontanée du présent, le Bélier est versatile. Il n'est ni infidèle ni indécis ; il ne s'agit pas de cette sorte de versatilité ; c'est plutôt chez lui une variation provoquée par un changement dans les circonstances du jour ; c'est toujours sa soumission innée au présent.

Il appartient typiquement aux êtres dont on dit qu'ils sont constants dans l'inconstance. Ce qu'il pensait hier ne présente plus aujourd'hui aucun intérêt ; ce qu'il pense aujourd'hui, il ne le savait même pas hier et, demain, il l'aura oublié. Il ne peut se défaire de cette instabilité que dans le cas de circonstances durables, permanentes, où ne se produit, à ses yeux, aucune modification de l'ambiance, des tendances, du milieu. Il peut donc parfaitement être fidèle à un partenaire, à un conjoint, si le partenaire, le conjoint est lui-même constant.

Simplicité et logique

Au premier abord, le natif du Bélier paraît plus crédule que sceptique. Livré comme il l'est à l'influence de l'instant, il ne cherche pas à déchiffrer la vérité, le sens caché, les origines de ce qui lui est dit ; il n'en suppute pas les rebondissements ultérieurs. Il vit au présent : on lui dit telle et telle chose, il le croit. Mais cette crédulité n'est pas de la naïveté. C'est une crédulité naturelle et simple qui ne conçoit pas le fait de douter ni la nécessité de vérifier. Il ne dira pourtant pas : « Cela est vrai ; mais plutôt : c'est vrai qu'on m'a dit cela. » Ce raisonnement s'accompagne d'une parfaite insouciance, qui est bien dans sa nature

Insouciance, simplicité, crédulité apportent souvent une saine gaieté. Mais, souvent, ces attitudes entraînent d'éminentes qualités telles que, à côté de la vivacité superficielle, un véritable courage, une bravoure certaine, car, sur l'instant, le Bélier ne suppute ni l'importance ni les conséquences du danger auquel il s'expose impétueusement. Pour la même raison qu'il peut être injuste, le Bélier est bon et généreux ; ces traits ne s'excluent pas.

Le côté gai de ce caractère peut, dans certains cas, aller jusqu'à la frivolité ou à l'étourderie. Dans d'autres cas, sous l'influence des circonstances et du milieu, le caractère « primaire » du Bélier l'entraîne vers la témérité, l'exaltation et l'enthousiasme.

On discerne tout de suite les différentes voies que peut prendre le développement du caractère des natifs du signe du Bélier. Dans certains cas ceux-ci peuvent aussi faire preuve d'une passion violente, ou d'une ferveur impérieuse. Si la passion s'en mêle, on criera au héros. S'il échoue, on aura un martyr.

Toutes les impressions que reçoit un natif du Bélier produisent instantanément leur maximum d'effet.

Cette réaction immédiate et totale épuise la force d'impact du fait abordé et le résultat ne se fait pas attendre : le lendemain, toute la surprise de la veille est effacée ; comme s'il s'agissait d'un feu de paille...

L'impulsivité prime tout

Le natif du Bélier est donc par essence même un impulsif, capable de changer du jour au lendemain de sentiment, de déplacer ses sympathies, d'être intéressé passionnément par de nouvelles rencontres et d'oublier les précédentes, etc.

Ses peines ne sont pas de longue durée ; il se prend vite d'affection, il peut rompre une liaison en une minute et s'en consoler en vingt-quatre heures. Aussi vite, d'ailleurs, peut-il se réconcilier. On ne s'ennuie pas en compagnie d'un Bélier : les changements y créent de continuels rebondissements.

Aussi grande que soit la facilité de le convaincre lundi, aussi grande sera la surprise qu'il réservera mercredi en changeant radicalement d'avis. Ce qui lui plaît, c'est d'obtenir un résultat immédiat ; il n'est d'ailleurs pas doué pour les opérations à très long terme. Dans une carrière, dans le choix d'une voie d'études, de formation, il examinera d'abord si ce qu'il y a lieu de faire lui plaît, mais jamais quelle en sera la portée ultérieure ; il est l'opposé de l'individu qui renâcle à son travail. Si le Bélier aspire au confort, c'est tout de suite qu'il le veut. Pour lui, demain n'existe même pas.

Aussi est-il un être indiscipliné, un peu en marge de la société dans laquelle il vit.

Conseils au Bélier

Bélier, vous êtes un émotif. La vivacité de votre caractère risque toujours de vous entraîner dans de grandes colères pour des litiges qui, en réalité, n'en valaient pas la peine et pouvaient se résoudre avec un peu de réflexion. Avoir un tempérament énergique et vif est une chose, une bonne chose d'ailleurs ; mais se laisser gouverner à ce point par son tempérament en est une autre, beaucoup moins bonne. Dès l'instant où vous serez vraiment conscient de ce fait, vous cesserez de vous laisser emporter par la colère.

Vous vous jetez sur une idée et puis vous la tenez pour bonne sans même accepter d'en discuter. Cela n'est pas seulement de l'indépendance d'esprit ; c'est aussi de l'intolérance. De temps à autre, admettez que vous n'êtes pas le seul à raisonner avec logique et que vous n'êtes pas forcément toujours le mieux informé. Vous avez une foi déraisonnable dans un certain nombre d'idées préconçues. Acceptez de modérer vos affirmations et, éventuellement, de réviser sans éclat votre jugement.

Une de vos plus grandes qualités, Bélier, reste la capacité de saisir les théories d'un interlocuteur avant même qu'il n'en ait achevé l'exposé. Songez toujours que cette rapidité de votre intelligence risque de vous entraîner à négliger certains détails dont la méconnaissance peut fausser votre opinion. Comprendre vite ne doit jamais dispenser de comprendre complètement.

Vous avez le geste aussi vif que la pensée. Mais vous ne réussissez que ce qui ne demande que peu de temps ; très vite, autre chose vous attire et vous séduit. Un effort vers la patience, vers la constance, vers la persévérance sera pour vous grandement payant, en contrebalançant votre habituelle précipitation.

Par ailleurs, il semble que la mémoire, faculté si nécessaire, vous fasse quelque peu défaut. Vous ne vous souvenez que de ce qui vous surprend, vous passionne, vous étonne, vous séduit. Vous devriez faire les efforts les plus sérieux pour acquérir une mémoire plus solide et moins sélective.

L'influence sur le visage

Il est souvent admis que les traits du visage, la morphologie, l'allure générale, c'est-à-dire le type physique de la personne, soient caractéristiques d'un signe zodiacal et qu'ils soient communs à tous les natifs de ce signe. Les divers signes marquent plus ou moins leurs natifs.

Le caractère des natifs du signe du Bélier est d'une telle force et d'une telle originalité qu'il ne pouvait manquer de créer un type morphologique du Bélier. Cette observation n'est pas le produit de l'imagination délirante de quelques astrologues ; c'est simplement la conséquence de l'influence inévitable du caractère sur les traits et le comportement.

Lorsqu'on médite sur les noms de chacun des signes du Zodiaque et que l'on en cherche l'origine, on constate que le symbole choisi est étroitement en rapport avec le caractère dominant des natifs du signe. C'est donc, disent certains auteurs, en raison du caractère des natifs de telle ou telle époque de l'année que l'on a choisi le symbole et que l'on a donné un nom au signe correspondant.

Je viens de vous exposer de mon mieux les traits du caractère des natifs du Bélier.

Ce caractère n'est pas sans rapport avec l'animal lui-même. Ou du moins avec ce que nous croyons déchiffrer du caractère de cet animal. Ce caractère, lorsqu'il est très accentué, s'imprime sur les traits et sur l'aspect physique. Quel est donc le type physique du natif du Bélier ?

On lui reconnaît, dans la majorité des cas, une tête forte, massive, proéminente. Les traits sont rarement d'une grande finesse, mais plutôt teintés d'une force tranquille qui semble dissimuler des élans subits et imprévus, des flammes et des orages. La ligne du profil est convexe.

Dans le visage du natif du Bélier, la partie la plus importante est la partie médiane, au niveau du nez. Celui-ci est grand, avec parfois une arête osseuse ; il est souvent busqué. Il va de soi que, chez les femmes, l'ensemble a davantage de délicatesse, mais on retrouve généralement le nez légèrement busqué. La base des narines remonte légèrement, ébauchant un imperceptible rictus tendant à remonter la lèvre supérieure. Les lèvres avancent légèrement avec un ourlet nettement marqué. La base du front avance souvent aussi, avec des sourcils relativement importants. Au contraire, le haut du front est légèrement renversé et le menton peu accentué.

On note en général une ligne des sourcils remontant vers les tempes. Cette position est due à une contraction légère et permanente du muscle frontal externe. Or cette contraction, dans les jeux de physionomie classiques, est exactement le mouvement qui exprime la sensibilité, la surprise, l'imprévu, une sorte d'acceptation joyeuse de l'inattendu, une réaction rapide à l'instant présent.

La ligne générale du Bélier

Avec son nez au vent flairant ce qui pourrait survenir de plaisant, le Bélier marche d'un pas vif et plutôt heurté, toujours comme s'il était pressé.

Dans cet élan que rien ne semble devoir arrêter, le Bélier, s'il vous rencontre, vous donnera une poignée de main ferme et presque trop énergique. Si vous portez une bague à la main droite... attention, il va vous l'imprimer dans la chair !

Dès qu'il vous parle, vous êtes surpris de l'entendre s'exprimer avec force et vivacité, d'une voix ferme, généralement bien timbrée, et dans une élocution rapide, sûre, d'un ton décisif, convaincant, même impératif ; cette intonation peut aussi se faire accusatrice mais rarement persuasive, insinuante, soupçonneuse ; non : il « fonce » droit devant, que ce soit en paroles, dans sa démarche ou dans ses actions.

Sa nuque forte et large soutient sa tête bien droite et il plante résolument ses yeux dans les vôtres. C'est un être rude, nerveux, mais d'une nervosité énergique, ni fiévreuse ni angoissée. Il aime développer sa force ; mais il émane aussi de sa personne un charme indéniable.

Il a une passion pour la vitesse. Au volant d'une voiture, il est celui qui « double » tout le monde avec la sérénité des forts, la certitude des indomptables et jamais la frénésie des complexés.

Ne le regardez pas trop dans les embouteillages et les inévitables « bouchons » ; il y est impatient et ne peut pas les supporter. C'est un être qui conduit sa voiture avec violence et sécheresse, comme il conduit sa vie.

CHAPITRE II

Le destin des natifs du Bélier

Une certaine similitude

Il n'est pas question d'affirmer ici que tous les natifs du même signe ont un destin semblable, mais on constate des *tendances* semblables.

Naturellement, l'environnement va jouer un rôle important : grandissant, vivant leur existence d'adultes dans des milieux très différents, sous des climats différents, deux individus de même signe n'aboutiront pas aux mêmes résultats à la fin de leur vie ; et il y aura quelque chance pour qu'ils aient connu des expériences différentes. Mais, si des circonstances différentes provoquent fatalement des réactions différentes, en revanche des influences similaires seront reçues de la même façon. Par exemple, placés dans deux écoles où l'enseignement est fondé principalement sur une discipline rigoureuse, deux natifs du Bélier, ne vivant pas à la même époque, n'habitant pas dans des pays voisins, auront les mêmes réactions devant la règle sévère qui leur est imposée. C'est dans cette mesure qu'on peut chercher les traits marquants de la destinée type des natifs du Bélier.

L'intérêt de cette recherche apparaît immédiatement : tout comme pour le caractère, la personnalité, les tendances de la destinée sont utiles à connaître lorsqu'il faut prendre une décision où se jouera l'avenir du sujet. Au moment de choisir une méthode d'éducation pour l'enfant, de l'orienter sur le plan professionnel, de le lancer dans une carrière, de telles informations devront guider utilement le choix.

La santé

Considérons d'abord les éléments essentiels pouvant guider le natif du Bélier dans les choix successifs qui vont se présenter au cours de son existence. La santé fait partie de ces éléments.

Un être qui se manifeste comme devant avoir une santé fragile, avec peu de force physique, mou dans ses réactions, ne devra pas choisir la même carrière, le même mode de vie que celui qui est né robuste, qui appartient au monde des forts, des musclés, ni que cet autre qui est un nerveux, agité, fébrile et passionné.

Les Bélier naissent généralement avec une forte constitution, mais ont une fâcheuse tendance à se surmener. Ils doivent donc rechercher le grand air, la lumière, le soleil, un certain confort et savoir, quand il le faut, se reposer.

Un natif du Bélier qui serait parfaitement typé, nettement caractérisé, appartiendrait à la catégorie des « bilieux ». La plupart font partie de cette catégorie. L'élément principal de leur personnalité physique est la force musculaire, la force dans le mouvement.

Qu'est-ce qui caractérise les « bilieux » ?

Voici un portrait type du natif du Bélier sur lequel, pour chaque cas, viennent se greffer des différences qui en modifient l'apparence superficielle.

Le Bélier a une grande vitalité. Il n'est jamais las car, dans toutes les circonstances, il récupère rapidement ses forces, son dynamisme. Ce dynamisme est un de ses traits essentiels. On peut le lui envier quand on ne le possède pas, car c'est une des qualités les plus précieuses. C'est ce dynamisme qui lui garde constamment des forces en réserve pour accueillir toujours avec la même ardeur ce que chaque matin lui apporte.

Le Bélier est toujours plein d'entrain ; rien ne le rebute. Il ne s'effondre pas dramatiquement devant l'échec. Il est en mesure d'opposer une grande résistance à la fatigue. Ces éléments lui donnent une humeur gaie, tandis que sa force physique, jointe à la rapidité de ses réactions, apporte dans son allure une certaine grâce primesautière.

C'est un être qui, physiquement, vit avec intensité. Cela parce qu'il a une excellente musculature et que les échanges, la combustion se font avec un grand développement d'énergie. Il utilise les éléments nutritifs qu'il absorbe en mouvements et non en augmentation de poids.

Lorsqu'il se sent agité, qu'il ne peut dormir, qu'il n'arrive pas à résoudre ses problèmes et que leur gravité tend à l'obséder, le natif du Bélier fait de l'exercice ; il est de ceux auxquels une bonne marche après le repas apporte pour la nuit un sommeil réparateur. Il applique, d'instinct, la meilleure des règles.

Cette intensité de vie a aussi des conséquences négatives car, on le dit toujours, toute médaille a son revers, et chaque trait d'une personnalité possède un aspect positif et un aspect négatif. Le robuste Bélier est facilement fiévreux. Au moindre malaise, lors d'une fatigue excessive, il voit monter sa température. Chez lui, une température élevée, une fièvre même assez forte ne doivent pas être des motifs de grande inquiétude ; il faut qu'il le sache : c'est sa manière personnelle de se défendre contre la maladie. Et sur ce chapitre, on a remarqué qu'il avait plutôt tendance aux crises aiguës qu'aux maladies chroniques.

Bien qu'il soit en général résistant et de bonne santé, on doit se souvenir que ses points faibles sont la tête, les yeux, les oreilles, les sinus, les dents et aussi les lobes du cerveau. L'une des maladies dont le Bélier doit le plus se méfier est le simple coryza, ou rhume de cerveau car, chez lui, cette modeste infection peut prendre de sérieuses proportions et s'étendre aux sinus, à la gorge et aux oreilles. Il doit également veiller sur ses yeux et sur sa denture.

Ne sachant pas être mesurés, les natifs du Bélier vont trop vite et beaucoup d'entre eux n'atteignent pas la vieillesse longue et sereine que leur autoriserait leur constitution parce qu'ils vont toujours un peu au-delà de la limite de leurs réserves.

Voilà donc ce que peut être, sur le plan de la santé, le destin d'un Bélier. On voit que tout cela est utile à connaître car, le sachant, et possédant un peu de volonté, le Bélier peut s'en défendre et veiller à tirer le meilleur parti, un parti du reste excellent, de ce que la Nature a bien voulu lui accorder.

Le choix d'une carrière

S'il est un acte qui joue un grand rôle dans la vie des gens, c'est bien le choix d'une carrière. La majorité des gens accorde à cet instant de leur vie une importance primordiale. On devrait pourtant savoir qu'il est toujours possible d'en changer si l'on a assez de volonté pour renoncer à de menus avantages. Quels sont les éléments qui entrent dans ce choix, décisif pour la plupart des gens ?

Nous venons de passer en revue les éléments relatifs à la santé du Bélier. Il est évident que c'est à la famille du « bébé Bélier » de se préoccuper de le guider dans ses premières années en vue de le préserver de lui-même. Il ne sait pas qu'il est imprudent et « casse-cou », il faut qu'on le lui dise. Sans le rendre timoré, il est toujours nécessaire de l'informer des désagréments de l'accident. On ne réussira pas toujours à les lui faire éviter, mais il faut tenter d'y parvenir.

En vue de l'orienter, on peut tenter l'expérience de la graphologie. Son écriture sera-t-elle révélatrice de ses possibilités futures ? Le pronostic est délicat à cette période de la vie, car l'écriture du Bélier n'a pas encore atteint sa forme définitive et typique.

Outre la tonalité générale, le mouvement de l'écriture du Bélier adulte révèle sa nature dynamique. On rencontre chez ces natifs des signatures fougueuses, des lignes nettement ascendantes, deux signes de force et d'optimisme. Influencé par Mars, le belliqueux Bélier égratigne le papier. Cependant, chez un être tourmenté, la fougue peut devenir nervosité, impétuosité, irascibilité, agitation fiévreuse ou, au contraire, cette fougue peut se muer en puissance agressive tandis que l'impétuosité se mue en esprit autoritaire et tyrannique.

Le choix d'une carrière doit tenir compte de l'attitude générale du sujet envers son entourage et aussi envers les gens qu'il pourrait être appelé, plus tard, à rencontrer, à commander, ou auxquels il faudra qu'il obéisse.

Pour ne pas commettre d'erreur dans les premières démarches, on doit garder présent à l'esprit le sens profond de ce signe : c'est le premier signe du Zodiaque ; l'année recommence ; le Bélier est un commencement. Il est une source, une origine, une tête de chapitre. D'où son excitabilité, sa force qui ne cherche qu'à se libérer, un amour parfois excessif de la vitesse et souvent, en défaut majeur, une précipitation qui pourrait être brouillonne.

Le Bélier tend à considérer tout d'un œil neuf ; il est à l'opposé du blasé ; il peut devenir romantique dans des élans passionnels mais il ne sera jamais un morbide. Seule la vie pourrait changer en lui ces élans optimistes à force d'épreuves accumulées.

Il adore sauter à pieds joints dans l'inconnu, et ce qui le surprend commence par lui plaire.

Il est intégralement axé sur la nouveauté, l'inédit, la création, les initiatives. Il attend l'auréole future, il espère devenir le héros inattendu.

La vie quotidienne, cependant, réserve peu de ces rôles sublimes et surprenants. Il faudra bien que le Bélier s'oriente vers une carrière qui puisse encore réserver quelques découvertes, quelques « premières mondiales », s'il veut se réaliser pleinement...

L'intelligence

Il n'existe pas de signes particulièrement « intelligents ».

Il existe surtout, selon les signes, un style différent dans l'utilisation de l'intelligence.

Que fait de la sienne un Bélier ?

Question intéressante. Pour y répondre, en même temps que l'observation, il y a le raisonnement logique. Tout pousse le Bélier à se distinguer, poussé par un caractère de novateur et d'inventeur.

Quoi qu'il fasse, le Bélier souhaite être le premier, principalement le premier dans le temps. Il veut arriver avant les autres. Il veut créer et, comme il ne reste pas grand-chose à créer, il veut réformer, ce qui pour lui sera recréer.

Ce qu'il faut éviter

Le Bélier doit garder présente à l'esprit cette disposition à l'impulsivité, à l'impatience, avec même une tendance à la violence. Il doit y penser et y veiller.

Par exemple, il faut éviter de choisir un emploi modeste et régulier avec la ferme intention de se dominer pour s'y maintenir et de faire du zèle. C'est une vision d'avenir absolument irréalisable ou à trop grand prix. Des incidents jalonneront comme par hasard cette carrière. Un natif du Bélier, homme ou femme, attire involontairement de tels incidents.

Il est bien préférable de se tourner vers des occupations matérielles concrètes, pratiques, qui apportent des résultats immédiats ; les tâches de longue haleine ne sont pas pour les Bélier.

Au cours de sa carrière professionnelle, la réussite attend de bonne heure les natifs du Bélier. Mais leur goût du changement risque de les inciter à abandonner leur tâche dès qu'elle commence à porter ses fruits, ce qui fait que, lorsque le moment sera venu de récolter ce qu'ils auront semé et cultivé avec soin et compétence, ils seront loin, occupés ailleurs, à recommencer autre chose. Ils s'usent tout le long de leur vie à courir d'une tâche nouvelle à une autre tâche encore plus nouvelle.

Ils acceptent le changement et la chute et, parfois, ils sont tout heureux de recommencer leur vie.

Les enfants Bélier

Dans son enfance, le Bélier est d'abord un être agressif : il veut affirmer son existence en tant qu'individu parfaitement unique et différent de tous les autres et sa méthode devient facilement de la violence enfantine.

Il est aventureux et refuse toute direction. Aussi les interventions de ses parents et de ses éducateurs devront-elles rester extrêmement discrètes, très délicates, infiniment adroites, pour éviter que ce jeune dieu de la Guerre ne fasse tout son possible pour aggraver une situation déjà critique.

Sans cette discrétion, l'enfant Bélier passera le plus clair de son temps à supputer son prochain départ de la maison !

Donc, si votre enfant est né sous ce signe, c'est-à-dire entre le 21 mars et le 20 avril, souvenez-vous toujours de son impulsivité et ne prenez jamais pour des défauts ce qui n'est que la marque et l'originalité de sa personnalité.

Depuis les origines de l'humanité, chaque génération a connu cet élan, ce changement, ce retour de la joie et de l'action, après la tranquillité résignée et impuissante, blottie, cachée, prudente, craintive du long hiver. Un si vieil atavisme ne peut mourir. Il résiste au progès technique, à l'évolution des idées, au confort, aux modifications sociales. Il répond à un rythme invariable : après le sommeil, le réveil ; après le repos, l'activité ; après le silence, l'expression.

L'enfant prend conscience de cette ambiance : il y est préparé. Toute son énergie latente s'est concentrée en lui et c'est un trop-plein qu'il libère par ses explosions bruyantes d'une colère de nourrisson.

L'enfant Bélier déteste la discipline.

Pour le faire obéir, il faut lui faire sentir que l'obéissance d'un enfant à ses parents est un élément de confort : il vit mieux en acceptant les contraintes qu'en les refusant. Il faut insister sur le fait que les ordres de ses parents ne sont pas l'expression de leur autorité, mais d'une nécessité vitale pour lui.

Au cours de la formation de sa toute jeune personnalité, les éducateurs de l'enfant Bélier ne devront jamais perdre de vue qu'il manque de persévérance dans l'effort.

Il est inutile de chercher à empêcher cet enfant de Mars d'avoir des coups de tête. L'éducateur sage devra s'efforcer de le canaliser et de diriger ses manifestations de force vers le but qu'il considère dans l'immédiat plus favorable à l'enfant.

Garçon ou fille, en bonne santé et normalement constitué, l'enfant Bélier est un casse-cou né. Mieux vaut, si la maman est craintive, l'entraîner à rester fort, à devenir souple, rapide, adroit, précis dans ses gestes et vif dans ses réflexes.

Si, à dix-huit ans, on ne peut pas lui interdire de conduire vite, au moins doit-on lui assurer des leçons de perfectionnement de conduite qui lui permettront de se tirer en toute sécurité de situations critiques.

En résumé, l'enfant Bélier sera très heureux s'il se sent compris, conseillé, soutenu, mais non contré, contrarié, retenu, freiné, brimé, frustré, en somme.

Il faut savoir, enfin, que le type pur d'un signe du Zodiaque, en fait, n'existe pas. Ce sont des tendances, des possibilités, des éventualités, car d'autres éléments que le signe solaire agissent sur la personnalité des natifs du Bélier notamment le signe zodiacal ascendant.

CHAPITRE III

Le Bélier et l'amour

Le point de départ de tout ce qui peut être exprimé sur ce sujet est le suivant :

Le natif du Bélier (j'entends ici homme ou femme) est excessivement sensible à la solitude. Il peut fort bien s'attacher et puis changer brusquement. Mais il n'apprécie pas ce comportement et préfère de beaucoup *s'attacher et rester fidèle* coûte que coûte.

Bélier, vous êtes au commencement d'un cycle de la nature. Le commencement, c'est la conception et la naissance. Vous êtes tentés par le côté sexuel de l'amour. Obscurément, il y a en vous le sentiment que vous avez pour rôle et pour programme de semer, de créer, de procréer. Votre attirance pour le sexe opposé est très vive, comme nécessaire ; vous êtes en cela poussés par votre destin plus encore que par votre psychologie et par votre cœur.

En tout ce qui concerne l'amour et la sexualité, vous êtes absolus, décisifs, directs. Vous êtes possessifs et légèrement égoïstes. Vous avez, en ce domaine, le même esprit de domination que devant les problèmes matériels de la vie.

Homme ou femme, vous êtes particulièrement fascinant, attirant.

Certains auteurs ont observé dans votre comportement affectif et dans vos relations avec les autres une sorte d'énigme psychologique. C'est une tendance, assez nette pour qu'elle ait été remarquée, à attirer à vous des personnes désirant se servir de vous qui, pour cela, vous sollicitent et ne parviennent finalement pas à combler cette solitude que vous détestez.

Le natif du Bélier non seulement semble vouloir se laisser faire par ces personnalités dévorantes, mais il les recherche en supposant que ce sont des êtres peu communs, des personnes originales et qu'il y trouvera beaucoup d'éléments passionnants. Lorsque le partenaire a livré sa vérité et qu'il a montré son avidité, le Bélier ne va pas, pour cela, s'en détacher. Il suppose, dans sa pureté instinctive, que la loyauté exige qu'il reste ainsi et il se laisse tout bonnement tondre la laine sur le dos.

Du moment qu'il possède quelque chose ou quelqu'un, le Bélier semble croire que, pour cette seule raison, la chose ou la personne est unique. De là à se persuader fermement que son choix est forcément le meilleur, il n'y a qu'un petit pas que le Bélier franchit allègrement d'un bond.

Votre situation vis-à-vis des autres, cher Bélier, se trouve alors terriblement embrouillée. Vous ne savez pas vous en tenir au choix moyen, aux demi-mesures, et vous complétez cet absolutisme par un curieux manque de discernement. Là, il faut que vous fassiez très attention.

Ce trait de caractère des Bélier, qui est général, se retrouve dans vos relations sentimentales. Si vous connaissez le signe de naissance de votre partenaire, vous adoptez l'attitude suivante : vous êtes nettement attiré par les natifs du Lion ; vous vous sentez en harmonie avec les natifs des Poissons ; vous estimez et appréciez les Gémeaux ; vous éprouvez une certaine sympathie pour les natifs du Sagittaire. Cela est absolument indépendant de l'ascendant de votre naissance. Il s'agit de rencontres fortuites avec des natifs d'autres signes et de la réaction qui est la vôtre.

Avec les natifs du Cancer, le Bélier éprouve des difficultés ; également avec ceux du Capricorne. Il en va de même avec ceux de la Balance, bien que les discussions qu'il peut avoir avec ces derniers ne se placent pas sur le plan affectif, mais souvent du point de vue juridique.

Il est essentiel, pour les natifs du Bélier, de communiquer leurs sentiments. Ils sentent cela, ils le devinent mais ils n'en perçoivent pas toutes les nuances.

Le Bélier et la sexualité

Le Bélier, malgré toute son impétuosité et son dynamisme typique, est, affectivement, un inquiet. Il suppose que personne ne peut le comprendre et c'est une constatation qui l'attriste, car il est très ouvert, très extériorisé, très communicatif. Lorsqu'il rencontre quelqu'un avec qui il se sent capable de communiquer, il le considère comme un être exceptionnel. Cette attitude, particulièrement sur le plan sexuel, n'est pas pour lui source de joie, mais cause d'angoisses.

En même temps que cet ardent désir de communiquer, le Bélier possède en lui un refus obstiné de se confier ; il déteste se livrer ; il ne dit pas ce qu'il trouve charmant, ce qu'il considère merveilleux. Il ne désigne pas davantage ce qui le rebute, ce qu'il considère comme mauvais. Il n'exprime rien de tout cela parce qu'il pense ne pas être compris, n'être même pas entendu. Il aime communiquer et il a toujours l'impression de s'adresser à des sourds. A des sourds ou à des personnes refusant de s'intéresser et ne le comprenant d'ailleurs pas.

Qu'est-ce, pour le Bélier, que la sexualité ? Rien de plus qu'une succession d'impulsions spontanées plus que délibérées.

Il faut se rappeler que le Bélier a un caractère primaire et qu'il est irréfléchi, impétueux, têtu, impulsif, dans toutes les circonstances de la vie et par conséquent aussi en amour.

Un Bélier est toujours en train de chercher le conjoint idéal. Ce n'est pas qu'il ait peu de chance sur ce point. Il en a autant que les natifs des autres signes. C'est qu'il croit toujours que la personne qu'il a enfin trouvée ne peut pas le comprendre, ne peut pas répondre à ses aspirations. Ce doute perpétuel l'incite à des atermoiements, des hésitations et des reculades qui le conduisent à épouser finalement quelqu'un de moins important, de valeur inférieure à la sienne, simplement parce qu'il se sent plus assuré devant la faiblesse de l'autre et croit que sa supériorité lui est une garantie de sécurité. Il souhaite assumer la direction du couple. Il se dit que dans cette situation ses sentiments se trouveront à l'abri du jugement d'autrui. Il craint plus que tout le ridicule.

Le natif du Bélier est placé sous l'influence de la planète Mars qui s'associe à tout ce qui est action, agressivité, lutte, dynamisme parfois un peu excessif. Sa Maison V est placée sous l'influence du Soleil.

Le natif du Bélier est un créateur dans tous les domaines, il l'est donc aussi sur le plan sexuel. Il y trouve, pour s'exprimer, des moyens que beaucoup d'autres considèrent comme non orthodoxes ; cela colore sa vie sociale, mais se traduit d'une façon plus aiguë dans sa vie intime.

Dans les rapports sexuels, le Bélier donne plus souvent et davantage qu'il ne reçoit, et cela, il l'accomplit avec une nuance d'abandon, de résignation, non dans une attitude positive, mais comme s'il ne pouvait pas faire autrement.

Le signe zodiacal correspondant à la Maison VII du Bélier, celle du mariage, est la Balance associée à la planète Vénus. La planète Vénus est la planète qui gouverne le signe zodiacal de la Balance. On a donc ici trois symboles astrologiques significatifs en ce qui concerne, cher Bélier, votre univers sexuel : *Mars,* planète directrice du signe du Bélier ; le *Soleil,* planète dominant, pour le Bélier, sa Maison V ; *Vénus,* qui gouverne la Maison VII du Bélier, la Maison du mariage. Ces trois planètes s'unissent pour faire de vous, Bélier, un idéaliste en ce qui concerne la vie sexuelle. Elles créent en même temps feu et émotion, ajoutés à l'exaltation de la découverte.

Mais, dès que *les relations deviennent routinières,* vous vous sentez découragé.

Une actrice célèbre née sous le signe du Bélier n'a pas hésité à confier que l'élément romanesque était l'essentiel de l'intérêt qu'elle portait aux problèmes sexuels. Elle avait besoin de l'excitation de la découverte, d'être traitée en fiancée. Elle en vint ainsi à s'éloigner de son mari pour aller à la recherche d'un homme assez patient et compréhensif pour se prêter à la satisfaction de ce besoin romanesque.

C'est un trait qu'il ne faut pas pousser à l'extrême. Il deviendrait, dans ce cas, une marque d'immaturité, d'infantilisme.

Cet élément supporte parfaitement d'être dosé avec les balances subtiles utilisées pour peser les produits très précieux ; il apporte alors du goût, de la vivacité, de l'attrait à une existence qui courrait sans cela le risque dramatique de s'enliser dans une pénible routine, quotidienne et lassante.

Le natif du Bélier, s'il doit se passer d'amour et de romanesque, ne trouve plus aucun intérêt à la vie sexuelle. Ce sont là pour lui des ingrédients essentiels ; sans eux, il laisse aller les choses ; il dort ; il n'a plus aucune activité profonde et qui mette en jeu tout ce qui est en lui de passionné et de capable d'exaltation ; il se laisse aller à toutes les concessions par indifférence ; comme, au fond de lui, il en est fâché, il devient irritable, furieux et s'en prend à lui autant qu'à son partenaire.

Le romanesque n'est d'ailleurs pas le seul élément que le Bélier place dans la sexualité ; il y savoure aussi le fait de découvrir qu'il peut vivre d'une manière absolument merveilleuse, exceptionnelle et parfaite. Tout Bélier voudrait vivre ainsi et en serait particulièrement heureux. Tant qu'il ne découvre pas de raison d'être fier de son partenaire, le Bélier reste froid comme la banquise. Dès qu'il peut savourer cette fierté, sa nature ardente se manifeste pleinement. Car le Bélier est aussi brûlant que les autres signes mais il a besoin de cet élément d'excitation : *être fier de son partenaire.* Sinon, il se déprime ; la sexualité devient pour lui tolérée, mais non plus appréciée.

Conseils aux hommes concernant les femmes natives du Bélier

Les natives du Bélier ne s'en laissent pas facilement conter et n'appartiennent pas à la catégorie des femmes-objets. Ce sont des êtres humains à part entière : elles savent parfaitement bien où elles vont et si l'on tente de les « mener par le bout du nez », on court à un grave échec et elles réagissent avec violence. Elles ont leur point de vue et s'y tiennent raisonnablement, mais avec une certaine force.

Un homme amoureux d'une native de ce signe n'a jamais intérêt à se laisser conduire par une routine machinale, à longer les sentiers battus et à se contenter des ornières parcourues par tout le monde. Il doit aller de l'avant et se battre sans réserve ni retenue.

La native du Bélier a des aspirations romanesques ; il faut que vous répondiez à ce qu'elle attend de l'amour et que vous lui apportiez le piment qu'elle attend de sa vie sentimentale. Elle n'admet pas la sexualité sans le sentiment amoureux ; elle cherche du nouveau, de l'inédit, comme s'il devait se créer une sorte d'amour qui lui serait spécifiquement réservée. C'est à cet ordre d'aspiration que l'amoureux de la native de ce signe doit répondre s'il veut réellement la rendre heureuse.

Une native du Bélier peut être passionnée, têtue, capricieuse, indépendante, changeante, versatile et parfois arrogante.

Elle peut avoir tout le sex-appeal du monde et se montrer d'une grande complaisance, mais cette attitude n'est que le résultat d'un grand orgueil. En fait, avec elle, la guerre n'est jamais gagnée ; il faut chaque jour trouver du neuf.

Il est inutile de tenter de la plier ; elle s'en irait aussitôt, car les natifs de ce signe sont capables d'un oubli total du jour au lendemain, rançon de leur goût du nouveau et de leur versatilité. Ils peuvent aussi savoir se souvenir lorsque cela en vaut la peine. La native du Bélier peut aussi, après une tentative maladroite de votre part, et s'étant sentie blessée, rester avec vous par loyauté, par devoir, par principe, mais comme vidée de toute sentimentalité, elle ne sera plus une véritable compagne ; même présente, vous la percevrez perdue pour vous.

Cependant, dans le bonheur, madame Bélier est réellement très charmante, très attirante, très gaie, pleine d'une adorable vitalité et de mille autres qualités qui vous ont d'abord attiré vers elle.

Les rapports avec une femme née sous le signe du Bélier ne sont jamais faciles, mais toujours passionnants. En tout cas, il ne faut jamais se décourager.

Conseils aux femmes concernant les hommes natifs du Bélier

Un natif du Bélier est surtout, nous l'avons vu, un être dynamique. Il aime le neuf, l'inédit, le singulier et veut se trouver toujours en tête de tout mouvement.

Vous avez déjà compris, vous, madame qui aimez monsieur Bélier, que vous devez toujours vous tenir à la pointe de la mode. Mais que vous suiviez réellement la mode de la haute couture ou que vous viviez selon un train plus modeste, ce qu'il attend de vous, c'est l'originalité, le style spectaculaire, la ligne « sophistiquée » ; le Bélier a horreur du négligé.

Contrairement à son apparence, monsieur Bélier n'est pas très sûr de lui ; en amour, il a besoin qu'on lui dise souvent qu'il est aimé. Comme il n'apprécie ni ce qui est banal et machinal ni quoi que ce soit de conventionnel, il faut trouver, pour lui redire vos sentiments, des manières neuves, imprévues, des inventions bien personnelles.

Le natif du Bélier est attiré par la passion, l'ardeur, les élans, et il en a besoin pour se sentir heureux et pleinement lui-même. Il peut paraître timide et réservé, mais si vous prenez l'initiative des démonstrations amoureuses, vous le verrez s'animer et devenir un homme charmant et attentionné.

Sur le plan sexuel, le natif du Bélier est très ardent ; signe de Feu, il aime d'une passion brûlante, son amour est toute flamme, ses baisers de véritables tisons.

Dans une union avec le Bélier, on court toujours le risque d'être victime de sa manie du changement ; sachez, mesdames, à cet égard, que lorsqu'il rompt, il ne revient pas, non par rancune, mais parce qu'il oublie : il n'est pas dans sa nature de revenir en arrière.

Le natif du Bélier est loin d'éviter les expériences en amour ; au contraire : il les recherche.

Il ne craint pas quelques bravades. Notez qu'il est sous l'influence de la planète Mars : il a donc tendance à être batailleur, provocant, sinon violent, car nous ne parlons ici que de l'amour.

Le natif du Bélier tient à se sentir apprécié. S'il croit percevoir que cela n'est pas le cas, toute son ardeur tombera et il se tournera vers quelqu'un d'autre, ou vers une autre occupation, et rien d'agréable ne saurait plus vous venir de lui.

Au contraire, si cette tendance est satisfaite, et s'il se sent à la fois aimé, apprécié, estimé et admiré, vous aurez le partenaire le plus divers, le plus brillant, le plus intéressant et le plus passionné que vous puissiez souhaiter.

CHAPITRE IV

Le Bélier et l'élue de son cœur

Monsieur Bélier devant madame Bélier

Ne vous étonnez pas, monsieur Bélier, dans le cas où vous épouseriez madame Bélier, de retrouver en elle vos propres habitudes et vos propres tendances. C'est tout à fait normal ! Ne tentez pas constamment de la forcer à adopter vos vues et à céder à vos directives. Comme vous, elle aime diriger, guider, transformer et critiquer. Comme vous, elle est incitée, par la planète Mars, à une agressivité souvent injustifiée ou tout au moins superflue.

Armez-vous d'une inhabituelle patience car vous l'aimez et vous savez qu'elle est digne de vous.

Votre terrain d'entente sera surtout l'amour physique, où vous trouverez vos plus grandes joies. Ensemble, vous aurez le bonheur de faire des enfants, ce qui renforcera votre union et rendra plus sensible et plus concret un bonheur dont vous aurez parfois tendance à douter.

Vos expériences professionnelles, vos inventions, vos fluctuations financières vont l'émouvoir à juste titre et peut-être vous fera-t-elle de vives critiques. Cela importe peu, c'est seulement l'avenir de vos enfants, de votre foyer, qu'elle protège, car elle en est la gardienne. Mais sachez que, profondément, elle aime autant que vous les sentiers nouveaux et les situations inédites.

C'est une vie d'animation, mais heureuse qui vous attend, si vous tenez compte de ces très simples directives.

Monsieur Bélier devant madame Taureau

Monsieur Bélier, quand vous connaîtrez madame Taureau, vous vous apercevrez qu'elle résiste à ce désir que vous avez toujours présent en vous de modifier les autres selon votre goût. Une dame Taureau, c'est quelqu'un d'assez fort pour vous résister. Mais que ne peut l'Amour !

Madame Taureau adorera être aux petits soins pour son monsieur Bélier ; aimera-t-il cela ? Pas toujours. Il craint parfois que toutes ces gâteries ne le dévirilisent. Vous, Bélier, vous voulez toujours être celui qui donne. Elle, Taureau, veut aussi se sentir forte et accorder tout ce qu'il est possible d'accorder en amour. Vous vous entendrez si vous, monsieur Bélier, êtes assez évolué pour ne pas douter de vous-même. Renoncez parfois à donner pour accepter de recevoir.

Comme vous, Bélier, aimez ce qui est nouveau, vous aurez tendance à entreprendre toujours de nouvelles affaires ; heureusement, madame Taureau, lente et solide comme une terrienne qu'elle est par son signe zodiacal, saura entretenir les affaires que vous aurez créées et que vous aurez ensuite abandonnées à leur sort pour en mettre d'autres en route. Dans ce sens, votre union se prolongera sur le plan professionnel.

Vous ne devrez pas vous étonner si les heurts, qui seront inévitables entre vous, prennent très vite une apparence dramatique. Vous êtes tous les deux belliqueux ; il faut vous résigner à ces échanges de vues un peu vifs et convenir que quelques étincelles ne doivent pas tout embraser. Faites alors la part du feu et que chacun cède une partie du terrain.

C'est à ce prix que vous aurez ensemble de très grandes joies.

Monsieur Bélier devant madame Gémeaux

Une jeune madame Gémeaux est tellement accaparée par ses propres sentiments, ses impressions, que l'homme qu'elle veut aimer, qu'elle croit aimer ne passe qu'au second plan dans sa pensée. C'est bien sûr, pour elle, un grave problème qu'elle doit s'efforcer de résoudre. La sexualité joue chez elle un rôle mineur et cela provient en fait de ce que, sur ce plan, elle est rarement satisfaite. Cependant, après quelques aventures sans suite possible, elle en vient généralement à la décision de n'aimer désormais qu'un seul être au monde, et ce personnage quasi mystique sera bien entendu un homme merveilleux.

Elle aimera son mari et ses enfants, et sera une bonne épouse. Saurez-vous apprécier son esprit vif et primesautier, son goût et sa loyauté ? Saurez-vous supporter son humeur changeante ?

Elle sera certainement impressionnée par votre force, par votre assurance, par l'air que vous avez d'avoir tellement confiance en vous. Votre nature généreuse, ouverte, vos impulsions, votre besoin de renouvellement lui plairont et surtout cette impression que vous donnez d'être en mesure de lui éviter tous les problèmes de la vie, toutes les difficultés. Elle appréciera vos conseils et aimera se laisser guider par vous.

Une seule ombre au tableau : elle risque de se lasser de vous voir jouer constamment le rôle du seigneur et maître.

Monsieur Bélier devant madame Cancer

Comme peu de femmes du Cancer peuvent supporter de vivre à côté d'un homme faible, vous serez le bienvenu, car vous êtes parmi les forts. Devant le mariage, madame Cancer sent fondre de tendresse la dure carapace derrière laquelle elle a toujours aimé se réfugier pour panser ses plaies sentimentales.

Vous tomberez amoureux d'elle à l'instant où elle tombera amoureuse de vous. Avant qu'elle n'ait eu le temps d'y réfléchir, posément et profondément, vous qui êtes la flamme même, vous l'aurez savamment enveloppée dans un mariage bien solide et bien confortable. Vous assumerez votre rôle de défenseur de sa faiblesse et de protecteur de sa candeur fragile, et vous allez adorer cela.

Vous constaterez entre vous de grandes divergences de vues au sujet de l'avenir ; elle voudrait une maison grande et sereine bourrée d'enfants adorables, et vous ne rêvez que déplacements et aventures, mais vous songerez aussi à vos enfants, quitte à les emmener avec vous.

Faire des enfants sera votre terrain d'entente : l'un et l'autre aimez l'amour et la sexualité ; là sera votre chance à tous les deux. Là se trouvera votre bonheur. Ce sera un bonheur d'une telle qualité qu'il vous récompensera des sacrifices que vous aurez consentis pour l'atteindre.

Monsieur Bélier devant madame Lion

Signes de Feu, vous êtes téméraires, ardents, généreux.

Madame Lion a l'habitude du succès en amour. Elle a toujours été entourée d'une « bande d'amis » depuis son adolescence et même avant. Comme, en grandissant, elle tend à devenir amoureuse du plus fort, du plus beau, du plus hardi des jeunes hommes qui l'entourent, vous avez toutes vos chances, monsieur Bélier.

Avec une telle femme, vous constituerez une équipe invincible.

Possédant vous-même du courage et de la confiance en vous, vous saurez respecter en elle ces mêmes qualités. Vous supporterez assez facilement quelques arrogances chez madame Lion parce que vous la comprendrez.

Votre couple ne vivra pas toujours sans discussions : ce serait invraisemblable ! Comme elle aime votre force et votre combativité, elle résistera un peu, puis cédera volontiers devant un « adversaire » qu'elle estime et qu'elle aime justement parce qu'il est plus fort qu'elle et tout aussi batailleur.

Vos rapports sexuels seront vifs, ardents et remplis de la bonne volonté réciproque de donner le maximum de plaisir au partenaire. Un tel couple ne peut pas manquer d'être heureux, s'il sait mesurer ses explosions et respecter le désir de domination de l'autre. Elle saura, en outre, vous soutenir en toutes les circonstances.

Monsieur Bélier devant madame Vierge

Madame Vierge aime réfléchir à une situation un peu longuement et peser toute chose avant de se mettre en train. Au contraire, monsieur Bélier, vous êtes impétueux et vous agissez rapidement. Elle est stratège, vous êtes combattant. A chaque engagement que vous lui proposerez, vous qui les aimez tant, elle demandera d'abord ce que cela va donner et si ce changement est bien nécessaire.

Lorsque vous aimerez madame Vierge et qu'elle tombera amoureuse de vous, ses amis lui diront que ce n'est qu'une aventure qui se terminera en quelques jours ; ce ne sera pas vrai. Vous avez pour elle et pour la façon dont elle sait organiser sa vie avec des motifs précis, car elle a beaucoup de sens pratique, une grande admiration et vous savez le lui dire.

Dans votre vie conjugale, vous serez l'initiateur, le créateur, et elle jouera le rôle de conservatrice pour sauver ce que vous risquez à chaque instant de gâcher par votre impétuosité.

Comme sur le plan sexuel vous êtes ardent, zélé, enthousiaste, vous la trouverez un peu compliquée, lente, difficile à émouvoir et à comprendre. Votre tendance sera de le lui reprocher, mais, quoi que vous fassiez, vous ne pourrez modifier ce qui tient à sa nature même et qui fait partie intégrante d'elle-même, peut-être ce pour quoi vous l'aimez.

Monsieur Bélier devant madame Balance

Lorsque vous rencontrerez madame Balance, vous l'aimerez parce que tout le monde l'aime. Elle sourit à tous et paraît toujours prête à flirter.

Il suffira qu'elle voie en vous l'homme qui lui fera faire table rase de toutes ses indécisions, et elle oubliera tous les autres. Sa pensée, son cerveau, son corps, réagissant à l'unisson, vous répondront avec une passion qui l'étonnera elle-même.

En vous épousant, elle s'adaptera instantanément à votre univers. Elle adoptera immédiatement le rôle que vous désirez plus ou moins consciemment lui voir jouer.

Vous serez ébloui par son élégance, ses manières suaves juste au moment où vous aurez besoin de douceur. Peut-être la croirez-vous plus sensuelle qu'elle n'est en réalité, car, pour vous plaire, elle jouera le jeu de la passion.

Il faut que vous sachiez, monsieur Bélier, que madame Balance n'est pas de ces femmes qui aiment qu'on les dirige, même si parfois, et pour un temps limité, elles aiment se sentir dominées.

Probablement serez-vous toute votre vie un peu étrangers l'un à l'autre, mais elle est si souple, si courtoise, si peu combative qu'il est possible que vous ne vous en aperceviez pas au milieu de la foule de vos projets. C'est en tout cas un bon complément pour vous.

Monsieur Bélier devant madame Scorpion

Madame Scorpion est une nature excessive : très bonne ou très mauvaise, selon son humeur et les jours qui passent. Amoureuse, elle exige l'amour complet. Elle veut pour mari un homme plus fort qu'elle mais désire en même temps l'égaler sur tous les plans.

Voilà, monsieur Bélier, les difficultés que vous aurez à surmonter auprès de madame Scorpion.

Votre union pourrait bien commencer par un rude affrontement, car si une forte attirance physique existe entre vous, vous êtes tous les deux sous l'influence de la planète Mars et vous ne pouvez vous contenter d'une joute verbale se terminant par un échange de baisers. Il existe entre vos deux corps une harmonie spontanée qui suffit à justifier des accordailles définitives.

Vous, monsieur Bélier, vous êtes le « pionnier » des signes du Zodiaque ; vous aimez disposer de votre liberté d'action et de mouvement. De son côté, madame Scorpion est parfois soupçonneuse, jalouse, alors que vous attendez d'elle une parfaite confiance en votre fidélité. Elle souhaitera, devant vos questions, hausser une épaule désabusée ; à quoi bon ? Mais vous tenez à entendre ses réponses, vous voulez poser le problème en profondeur dans l'espoir de le résoudre. Il n'y a pas de solution et vous recommencerez sans cesse, car vous tenez, tous les deux, à vos idées et vous ne voulez pas céder.

Que madame Scorpion accepte de baisser pavillon et que vous la preniez amoureusement dans vos bras et tout ira bien.

Monsieur Bélier devant madame Sagittaire

Lorsque madame Sagittaire, pour la première fois, posera son regard sur vous, monsieur Bélier, elle pensera que vous étiez destiné de tout temps à vous trouver enfin à son côté et que, quoi qu'il arrive, vous ne la quitterez plus. Elle peut tomber amoureuse de vous en l'espace d'un éclair. Ensuite, elle va réfléchir longuement avant d'accepter le mariage. Elle ne peut pas toujours expliquer ses sentiments, mais elle veut que ses actes soient raisonnables et justifiés.

Elle appréciera en vous un amant solide et passionné ; elle ne sera pas chagrine si vous manquez parfois un peu de subtilité ; elle saura vous faire deviner ce qu'elle attend de vous plus qu'elle ne vous le demandera. Et vous le lui accorderez volontiers.

Sachez reconnaître son intelligence ; elle peut très bien être pour vous une aide dans votre carrière. Elle ne vous le dit pas mais, dans les questions relatives au travail, elle voit plus clair que vous. Essayez de partager l'intérêt qu'elle montre pour les questions spirituelles, philosophiques ou religieuses. Et surtout emmenez-la dans des clubs sportifs où vous aurez l'un et l'autre le plaisir de rivaliser.

Monsieur Bélier devant madame Capricorne

Madame Capricorne vous paraîtra au premier abord indéchiffrable. Elle a visiblement des ambitions pratiques et paraît surtout vouloir de l'argent. Pourtant, sous une sorte de voile qu'elle tire sur le monde complexe de ses sentiments profonds, vous saurez découvrir les émotions bouleversantes qui créent en elle de regrettables inhibitions.

Lorsque vous devenez amoureux, monsieur Bélier, vous êtes tout feu, tout flamme. Elle sera plus lente que vous et, tandis que vous aurez déjà forgé des projets précis, elle analysera prudemment ses premières impressions. Avant qu'elle ne se soit rendu compte de ce qui lui arrive, vous la serrerez dans vos bras et, comme c'est une gentille fille, elle sera heureuse ; et puis elle vous aimera.

C'est donc à vous, monsieur Bélier, que revient le rôle principal.

Si vous vous disputez, ce sera à propos d'argent. Vous êtes libéral, elle est économe, et vous lui reprocherez parfois son esprit de fourmi qui met tout de côté.

Mais vous saurez la cajoler et elle se laissera entraîner, par vous et avec vous, dans des aventures qu'elle n'aurait osé tenter avec aucun homme.

Monsieur Bélier devant madame Verseau

Vous, monsieur Bélier, qui êtes vivace et ambitieux, pourriez bien rencontrer madame Verseau au cours d'une joute oratoire. Comme vous devinerez qu'elle est autant capable de donner que de recevoir, vous poserez sur elle un regard intéressé : elle est élégante, elle est raffinée. Vous allez devenir des amis. Rien ne s'oppose à ce que vous réalisiez ensuite un mariage très réussi.

Vous n'avez jamais apprécié d'être le camarade d'une fille ; vous avez toujours préféré être son amoureux.

Il se trouve que madame Verseau se laissera conquérir par vous car elle estime beaucoup votre combativité et votre dynamisme. Vous allez tenter de vous emparer d'elle, comme vous le faites habituellement. Elle va vous paraître moins passionnée que vous et vous vous efforcerez de la débarrasser de ses complexes. Vous voilà exactement dans ce rôle d'initiateur que vous aimez beaucoup.

Admirant à quel point vous voulez bien vous intéresser à elle, à ses goûts, à ses pensées, par amour et non par curiosité, elle appréciera votre générosité et se laissera influencer tout en ayant sur vous aussi quelque effet, notamment en vous rendant moins agressif. Lorsque, bouillant de désir, vous la prendrez dans vos bras, quelle que soit l'heure, elle se sentira heureuse, car elle comprendra la qualité et l'intensité de votre amour.

Monsieur Bélier devant madame Poissons

Madame Poissons a toujours été une rêveuse ; écolière, elle écrivait des vers dans les marges de ses cahiers de mathématiques. Elle n'a jamais apprécié les sciences exactes.

Vous trouverez en madame Poissons un écho de cette enfance qu'elle rend poétique et irréelle. Ce romantisme invraisemblable, doublé d'une intuition très au-dessus de la moyenne, et qui peut aller jusqu'à la voyance, vous attirera particulièrement parce que vous êtes tout à fait étranger à cet univers occulte. En madame Poissons, vous découvrirez chaque jour une femme imprévue et même surprenante.

Madame Poissons aime se sentir protégée et approuver tout ce qu'on lui propose. Vous-même tenez à diriger votre vie comme vous l'entendez et n'aimez pas les contraintes. Voilà un terrain sur lequel vous allez pouvoir vous entendre. Cela n'implique pas que vous marcherez main dans la main sur le chemin de la fortune. Mais tenez-vous l'un et l'autre à cette fortune ? Peut-être pas...

Madame Poissons aurait pu tout aussi bien rester célibataire et n'en pas souffrir. Mariée, elle est extrêmement caressante, tendre et passe des heures à chercher ce qui vous plaira. Elle le trouve toujours et c'est un monde de prévenances qui vous entourera désormais si vous savez prendre pour elle les grandes décisions.

LE TAUREAU

CHAPITRE PREMIER

Portrait des natifs du Taureau

Le Taureau est le deuxième signe du Zodiaque. Le premier signe, le Bélier, possède un caractère essentiellement masculin. Le Taureau est un signe féminin. Cela ne veut pas dire que les hommes natifs de ce signe sont efféminés, loin de là ! Le caractère du Bélier est primaire, celui du Taureau est secondaire.

Le Taureau reçoit des impressions et des sollicitations et les « rumine » avant de se mouvoir. Cela ne nuit ni à sa force ni à ses qualités intellectuelles : c'est simplement une autre façon d'être, un autre style.

Charme, délicatesse et jalousie

Natif et native du signe zodiacal du Taureau possèdent dans tous les cas un grand charme personnel.

Le charme est un élément de la personnalité qui se distingue de la beauté avec laquelle il a peu de rapports. Les signes du Zodiaque ne sont pas plus dispensateurs de beauté qu'ils ne le sont d'intelligence ; ils répartissent d'autres éléments.

Les natifs (nous incluons toujours dans ce pluriel les natives) du Taureau ont beaucoup de sensibilité et apprécient les plaisirs de la chair ; cela, pourtant, reste exprimé dans un style direct, radicalement éloigné de toute perversion compliquée. Nous ne rangeons pas dans ces perversions l'homosexualité car elle est involontaire. Chez l'homme de ce signe, la chair féminine constitue en toute simplicité un avant-goût du paradis, tandis que chez les femmes, on décèle une passion spontanée pour les hommes de belle stature, de physique avantageux et de lèvres gourmandes.

Les Taureau, hommes et femmes, sont presque toujours à la fois jaloux et coléreux. Cela peut donner des mélodrames affreux ou simplement de bonnes querelles de ménage retentissantes, au sortir desquelles on se livre à des séances de réconciliation qui sont capables de souder définitivement une union si besoin était.

Un épicurien

On peut dire que, dans les profondeurs de l'âme d'un natif du Taureau, s'entremêlent des instincts et des tendances obscures qui jamais n'apparaissent au grand jour. Cela se masque très bien sous un grand respect des marques extérieures de la morale et des bons usages. Il arrive même que l'on rencontre des natives de ce signe qui, avec l'âge, exagèrent cet amour des apparences morales et deviennent confites en dévotion et en bonne moralité, plus superficielle que sincère, car les sentiments tortueux ne les gênent pas.

Il faut cependant considérer que Vénus déploie une grande activité dans ce signe. L'influence de cette planète apporte au personnage, homme ou femme, un goût délicat qui est inné, le sens de l'élégance, l'amour du confort, le désir de réunir autour de soi les éléments d'un foyer réellement apaisant, heureux, facile, agréable, avec de la beauté, de la chaleur, une bonne nourriture, de bons livres, de la belle musique, toutes choses qui font la vie douce et plaisante.

On accorde au signe zodiacal du Taureau deux caractères qui le stigmatisent et expliquent son action sur ses natifs. D'abord, le fait d'être un signe de Terre. Il s'agit de l'élément le plus dense des quatre qui sont : le Feu, la Terre, l'Air et l'Eau. Le Taureau dépend de l'élément le plus consistant. C'est aussi le plus solide et le plus stable.

Par ailleurs, il est un signe fixe.

Ces diverses indications se retrouvent dans la personnalité du natif. Le Taureau est un signe cristallisant, qui condense les énergies printanières et pousse vers leur réalisation toutes choses en formation. La mise en train est réalisée par le Bélier, dispensateur de la chaleur.

Dans le même mouvement, le Taureau ne peut pas être un caractère primaire ; il est un continuateur, et non un novateur. Le natif du signe a un caractère plus réfléchi que spontané. Chez lui, les impressions et les informations perçues par les sens s'inscrivent lentement, pénètrent dans les replis de la mémoire et s'y gravent profondément ; elles n'influent sur le psychisme qu'après avoir été analysées.

L'importance du passé

L'importance donnée au passé est bien l'une des conséquences directes évidentes du caractère secondaire de la psychologie du Taureau. On peut dire que le Taureau regarde et considère ce passé plus facilement qu'il ne se tourne vers l'avenir. C'est encore un trait de caractère par lequel il se différencie du Bélier.

Le natif du signe du Taureau est un être sensible, qui se laisse facilement marquer par ses émotions. Une blessure morale, un chagrin ont sur lui des effets de longue durée. Il n'oublie pas. Et quand il pense avoir oublié, son subconscient reste encore soumis à son passé.

Pour un Taureau, tout est durable. Ses attitudes intellectuelles comme ses sentiments. S'il se fâche, il met longtemps à revenir sur cette réaction et faire la paix avec lui n'est pas chose rapide. Il persiste dans la mauvaise humeur comme, ensuite, il persistera dans le regret de cette mauvaise humeur. S'il a des remords, il les a pendant longtemps. Mais il a autant de persévérance dans ses bons sentiments : son amitié est longue, constante. Son dévouement ne cesse pas vite ; il n'est pas facile à décourager et il persévère dans ses entreprises. Il a des habitudes et il y tient : rien ne le contrarie comme de modifier l'ordre établi du déroulement de sa journée ; il n'apprécie pas les improvisations.

Il peut supporter les affronts sur l'instant, puis, comme si l'impression pénétrait lentement en lui, tout à coup, il éclate et proteste. Beaucoup plus tard, la blessure peut se rouvrir inopinément, révélant qu'en fait elle ne s'est jamais cicatrisée.

Sur le plan physiologique, le Taureau est classé « lymphatique-nerveux ». Certains auteurs décrivent le natif du Taureau comme un individu aux formes massives : c'est une impression intellectuelle. Il est des Taureau volumineux mais il en est de fins, de déliés, selon des éléments secondaires influant sur leur complexion.

Un être avide et sain

L'instinct du Taureau est surtout fait du goût de vivre, de self-défense, d'une avidité étrange de posséder le monde tout entier, et d'une grande facilité d'épanouissement de la vie individuelle ; cela s'accompagne d'un certain désir de sécurité, et, par-dessus toute chose, de la recherche du confort.

Un natif du signe du Taureau est avant tout un être moralement et physiquement sain. Il se sent en contact avec l'universelle nature et il participe ardemment au cycle des saisons.

Il aime suivre ses instincts et, sur le plan de la sexualité, ceux-ci sont assez impérieux. Il a généralement une grande ardeur sexuelle.

Les instincts qu'il a tendance à suivre sont de capter, de prendre, d'attirer, d'absorber, de digérer. Tout cela se définit par l'importance de la bouche.

Le Taureau n'est pas sans avidité réelle ni gourmandise. Il aime absorber et il aime gagner ; il lui arrive d'être très âpre au gain. Il veut posséder et de préférence de la terre. Cela le rassure. Il convoite, il envie, il désire. Le Taureau adopte la même position sur le plan affectif car sa nature forme un tout homogène. En amour, il est avide et particulièrement jaloux. Il faut qu'il enveloppe, qu'il attire, qu'il conquière, qu'il absorbe. C'est un envoûteur.

Lorsque les planètes Jupiter et Mars sont présentes dans son ciel de naissance, elles favorisent ces tendances.

Le physique du Taureau

Le visage du natif du Taureau affecte souvent une forme susceptible de s'inscrire dans un trapèze plus large en bas qu'en haut. Les mâchoires sont développées, donnant une grande importance à la bouche. Le front est large, le nez droit et large, les yeux grands, saillants et écartés. L'ensemble de la personne est bien en chair, de construction solide et forte, avec un cou épais et de larges épaules.

On distingue trois types physiques du Taureau.

On a le type « vache », qui est d'un naturel lymphatique, avec une morphologie convexe : le bas du visage, le front et le ventre sont proéminents.

En second lieu, on a le type « bœuf », moins lymphatique, plus calme que mou. Il est laborieux, tenace et fort. Ses traits sont moins convexes. Le bas du visage est large, mais avec la charpente maxillaire énergique. Le front est bombé, mais haut et découvert ; enfin les volumes du corps sont de muscles plus que de tissus graisseux.

Enfin, on a le type « Taureau » pur, vif, brusque, musclé, sanguin, puissant, passionné et coléreux.

Étant donné l'existence de ces trois subdivisions d'un même type, on n'a plus lieu de s'étonner de découvrir parmi les natifs du Taureau des natures en apparence très diverses et des personnes physiquement très différentes et bien loin de ressembler à l'animal symbolique.

On dit qu'on reconnaît facilement dans la rue le natif du Taureau à la seule vue de sa démarche.

S'il est accompagné, le Taureau coupe sa marche de brusques arrêts et de pauses pour accentuer ses paroles ; mais s'il va vers un but précis, avec un horaire déterminé, il adoptera une allure ferme et régulière d'un bout à l'autre de son trajet.

Il a la démarche traînante. Il y ajoute une tendance presque constante à baisser la tête, gardant le regard presque toujours fixé au sol et présentant non seulement le front, mais souvent le dessus de sa tête. Il semble donner au sol une grande importance et vouloir s'y appuyer et s'y enfoncer à chaque pas.

Sa poignée de main est chaude, accueillante, bienveillante. Chez la femme, la voix est douce et très agréable, charmante.

CHAPITRE II

Le destin des natifs du Taureau

Nous allons voir quels sont les éléments qui, communs à tous les Taureaux, rendent semblables leurs destins.

La santé

Le signe zodiacal du Taureau tend à conférer au natif une excellente et robuste santé.

On rencontre, chez les Taureau, deux sortes de tempérament. L'un est nerveux, froid, taciturne, lent et lourd. L'autre est sanguin, émotif, expansif. Le Taureau n'est pas du genre à apprécier les sacrifices ni les purifications. Il se conduit ainsi très mal envers son organisme et principalement envers les organes de l'assimilation et de la combustion des aliments. La plupart des Taureau finissent par souffrir de diverses maladies dites de pléthore, parce qu'ils abusent de la bonne nourriture.

La zone la plus sensible chez le Taureau est le cou. Cette sensibilité affecte la bouche et les dents, mais aussi le pharynx, les cordes vocales, les glandes du cou, le sommet des poumons, la partie supérieure des bronches.

L'intelligence du Taureau

Quand vient l'âge où l'on choisit une carrière, le Taureau se voit placé devant un problème d'une telle importance qu'il serait dommage de ne pas faire intervenir l'Astrologie.

Il possède un esprit réaliste, concret, pratique, avec un bon sens évident, le don de voir les choses simplement et sainement, les deux pieds sur terre et sans aucun risque de se perdre dans les nues.

Il s'agit d'une forme d'intelligence particulièrement orientée vers l'efficacité. Elle tend à trouver l'utilisation des choses concrètes.

Un Taureau ne manque certainement pas d'imagination et même d'imagination créatrice, mais celle-ci n'intervient pas dans ses observations, elle n'entrave pas ses facultés d'enregistrement.

Il est fait pour les professions qui exigent une régularité de gestes et d'actes. Il choisit volontiers un travail qui paraîtrait monotone à d'autres. Le Taureau est capable d'un excellent rendement dans cette catégorie de métiers ; il peut s'y maintenir longtemps et y devenir un « ancien » très expérimenté.

Ce qui précède est surtout valable pour le Taureau « froid ».

Le caractère « chaud » choisit plutôt des activités complexes et apprécie les grandes entreprises qui deviennent l'œuvre de toute une vie.

On peut dès lors dresser les grandes lignes caractérisant les professions que tend à choisir un Taureau et qu'il a intérêt à choisir.

Ce sont des travaux demandant un certain automatisme, où il faut utiliser les sens et surtout le toucher et la capacité d'observation pratique. Par exemple, le travail manuel. Ce travail devra porter sur des matières stables et naturelles comme la terre, les briques, le bois, le cuir, etc.

Le Taureau a intérêt à choisir une profession qu'il puisse exercer à la campagne ; les champs et aussi les jardins lui sont favorables, du fait qu'il s'agit d'un signe de Terre. Par extension, un Taureau aura également ses chances sur les chantiers, même urbains, car ils ont un puissant contact avec le sol.

Enfin, tenons compte du fait que les natifs du Taureau sont, à cause de Vénus, sensibles à la beauté ; aussi peut-on leur conseiller l'exploration de leurs dons artistiques dans toutes les branches des Beaux-Arts, ainsi que dans le domaine du spectacle.

Certains Taureau semblent attirer magiquement la fortune ; d'autres l'atteignent par leur ténacité. Ceux qui restent pauvres souffrent d'un déséquilibre de leurs capacités professionnelles ou de gestion. Si c'est votre cas, révisez ces deux points de vue.

Les enfants du Taureau

Il ne s'agit pas des enfants du natif du Taureau, mais de ceux qui naissent sous ce signe et que je pourrais aussi bien appeler les Taureau enfants.

Dans son premier âge, cet enfant se montrera calme et souriant ; son psychisme secondaire qui lui impose un instant d'immobilité avant toute action, le fera paraître lent, difficile à émouvoir, animé de peu de zèle. Mais en revanche, son calme le rendra particulièrement aimable, souriant, agréable à garder, à soigner, à élever. Il est facile à nourrir dès ses premières bouillies, comme il sera plus tard un bon convive. Il assimilera bien, comme il aura bien mangé et bien digéré, et son poids augmentera suivant ces courbes régulières qui font la gloire des mamans.

Et puis, ce sera le deuxième âge, période où l'enfant prend conscience de sa personnalité, de son individualité et se détachera de sa mère, psychiquement. Il se manifestera en tant que personnalité libre en exprimant sa volonté et c'est à cet instant que les choses pourraient se gâter. Le Taureau est têtu. Cet enfant ne se mettra pas très souvent en colère et il sera capable d'essuyer plusieurs refus sans rien manifester ; mais lorsque la réaction se déclenchera, la scène sera dure et pénible pour les parents.

Le second trait qui mettra la patience de l'entourage à dure épreuve est une lenteur caractéristique provenant de la psychologie secondaire.

Cet enfant est fondamentalement affectueux et loyal, ce qui facilitera grandement son éducation.

Un autre écueil apparaîtra au cours de l'enfance du petit Taureau.

Possessif et jaloux, c'est un enfant qui refuse de donner à d'autres ses jouets, même lorsqu'il ne s'en sert plus. Même s'il s'en lasse, il veut les conserver, d'abord parce qu'il a ce sens de tout garder qui remplit les greniers, ensuite parce qu'il ne veut pas que d'autres profitent de ce qui lui a été donné.

Enfin, à partir de l'adolescence, il est possible que le caractère de l'enfant Taureau se gâte parce qu'il deviendra ambitieux, et trop souvent arriviste forcené. C'est une attitude qui passe plus tard, lorsqu'il acquiert de l'expérience et de la sagesse, mais elle peut causer quelques désagréments dans les années de la formation.

CHAPITRE III

Le Taureau et l'amour

Les natifs du signe du Taureau possèdent pour l'amour et pour la sexualité un don remarquable. N'oubliez pas que le Taureau est le second des signes du Zodiaque, donc un signe de printemps, de germination, de montée de la sève. Le Taureau, c'est le développement des bourgeons, la pousse des feuilles et des boutons floraux qui commencent à s'entrouvrir à la lumière comme autant de petits cœurs charmants qui s'entrouvrent à l'amour.

On remarque que le Taureau tend, dans ce domaine, à rechercher l'inhabituel ; il semble attirer à lui des êtres exceptionnels et se mettre facilement dans des situations curieuses. Cela ne signifie pas que le Taureau soit un blasé, ayant besoin d'éléments étranges et d'émotions imprévues pour arriver à s'extérioriser. Mais on constate qu'il se trouve attiré plus volontiers par des situations hors de la routine que par des cas tout à fait classiques.

L'influence de Mercure donne un esprit très critique. Cette attitude apporte aux natifs du Taureau une très forte tendance à analyser, à décomposer les sentiments éprouvés, ainsi que ceux que l'on éprouve pour eux.

On ne peut pas dire que l'amour gagne à cette espèce de désossage méthodique. Cela n'est jamais favorable au développement d'un sentiment durable. La sensibilité du partenaire peut fort bien ne pas supporter cette attitude d'entomologiste observant le comportement des fourmis ; il est des réactions et des élans qui sont freinés par la sensation qu'un œil géant les décortique au microscope. Quelle que soit la délicatesse d'un Taureau, il peut toujours commettre cet impair et regretter ensuite de voir s'éloigner la personne aimée.

Cependant, un bon Taureau connaît le remède aux peines qu'il lui arrive de causer ! Il est très sensuel et possède une grande capacité d'aimer. Avec ces deux traits, que ne peut-on faire !

Physiquement, un Taureau est surtout attiré par les natifs de la Vierge et des Poissons ; le Scorpion l'excite et le provoque ; le Bélier l'intrigue et l'attire ; il est en harmonie avec un Capricorne.

Une nette maladresse

On peut se tromper sur les sentiments des Taureau parce qu'ils ne sont pas très démonstratifs. Un Taureau peut se noyer dans de longues périodes de silence, mais cela n'implique aucunement qu'il n'apprécie pas d'avoir un compagnon, une compagne. Ce silence reste le plus souvent inexpliqué ; si c'est l'homme qui est « Taureau » et sa femme d'un autre signe, cette dernière se sentira désespérée devant l'attitude de son mari. Il y a là une tendance sur laquelle les Taureau doivent veiller. Si, à l'inverse, c'est une femme Taureau qui se plonge dans ce silence, son mari sera frappé et se posera des questions.

Le Taureau a le don de commettre des erreurs et de mal placer son affection. Il choisit impulsivement et n'utilise pas, dans ce domaine, la lenteur réfléchie qu'on lui connaît par ailleurs et que, parfois on lui reproche. Il se laisse entraîner, dans le domaine de l'amour, par l'attrait physique qui répond à son besoin de rapports sexuels satisfaisants ; dans sa hâte, au lieu de tenter simplement une expérience, il se précipite dans l'absolu et donnerait aussi bien toute sa vie pour un moment de plaisir.

Le Taureau, s'il veut être comblé en amour et fonder un foyer heureux, doit d'abord éviter une tendance légèrement masochiste, qu'il a d'instinct, de choisir un partenaire qui critique ses habitudes ; car ses habitudes, le Taureau ne les changera pas, il devra plutôt se résoudre à changer de partenaire, ce qui n'est jamais bon.

Taureau qui me lisez, il faut rectifier ce trait de caractère qui vous nuit dans la construction d'une véritable vie affective et d'une union fondée sur l'amour et la confiance. Pour cela, luttez contre votre éternel entêtement. Dès que vous constatez que le partenaire aimé est bien l'être de votre vie, demeurez près de lui, mais ne tentez pas de lui faire dire trop tôt qu'il est d'accord avec vous. Et si vous voyez que vous vous êtes égaré et avez misé sur le mauvais cheval, retirez la mise : ce n'est vraiment pas nécessaire d'être persévérant. Ainsi pourrez-vous remédier à ce qui, chez vous, devient parfois une entrave au bonheur.

En bref on pourrait dire que, dans l'amour, les natifs du Taureau, hommes et femmes, veulent ce qu'il y a de meilleur, mais sont finalement disposés à accepter quelque chose de bien inférieur. Il arrive ainsi que la tendresse annule les exigences de la sexualité.

Ce sont des gens qui ont besoin de faire des expériences. S'ils s'unissent définitivement avant d'avoir accompli ces explorations, il faudra bien qu'ils cèdent à leur besoin de variété en donnant quelques coups de canif, en définitive assez anodins, dans le contrat de mariage.

Que leur conjoint le leur pardonne et tout rentrera dans l'ordre.

Conseils aux hommes concernant les femmes natives du Taureau

Si vous êtes épris d'une femme native du signe du Taureau, il faut que vous la connaissiez bien pour ne la point heurter et pour lui donner le bonheur qu'elle attend de vous.

Il est nécessaire que vous sachiez d'abord que la native du Taureau apprécie en l'homme la force, l'énergie, l'autorité et la capacité de diriger. Elle semble forte, mais elle préfère que ce soit vous qui exerciez la force.

Si elle manifeste quelques caprices, il sera bon de céder sur certains points pour lui faire plaisir ; mais il faudra aussi rester fermement sur vos positions en d'autres points, car elle doit sentir que vous êtes capable de volonté, vous aussi. Si vous étiez trop faible, trop facilement consentant, elle risquerait de vous retirer son estime et sa considération.

Elle n'apprécie absolument pas la fragilité. Certaines femmes, nées sous d'autres signes, se font volontiers maternelles pour consoler un homme. Ce n'est pas le cas de la native du Taureau. Pour elle, l'homme doit être fort ; il console, mais n'a pas besoin de se faire consoler ni dorloter.

Une native du Taureau, comme tous les natifs, hommes et femmes de ce signe, apprécie le luxe et le confort. Elle aime les belles choses, les étoffes douces et moelleuses, les meubles solides et beaux, les jardins bien soignés. Pourrez-vous lui donner cela ? Il le faut pour son épanouissement. Il le faut, même si vous devez consacrer à votre travail professionnel et à vos ambitions un temps que vous auriez aimé lui réserver. Elle vous saura gré de vos efforts et vous en témoignera sa reconnaissance par encore plus d'amour.

Sur le plan sexuel, une native du Taureau est en mesure de donner les plus grandes satisfactions à son mari. Elle sera toujours bien disposée. Que son mari exprime clairement ce qu'il désire, elle sera très coopérative. Elle est capable de se révéler entraînante, apaisante, tentante, charmante et vous préparera de rayonnants souvenirs.

La native du Taureau est séduisante et sexuellement attirante. Elle peut manquer d'esprit, elle ne manque jamais de charme. Elle est en mesure de communiquer à son partenaire une incroyable gamme d'émotions. Mais il faut gagner ce que l'on désire ; il faut donner à madame Taureau la tentation de l'accorder. Il ne faut jamais la forcer. Avec elle, ce serait la pire erreur.

Il est préférable d'avoir madame Taureau comme alliée que comme adversaire.

Conseils aux femmes concernant les hommes natifs du Taureau

Le Taureau veut toujours et partout ce qu'il y a de mieux en toute chose. Que cela ne vous incite pas à penser qu'il est en mesure de sacrifier des fortunes à la satisfaction de ses goûts ; il n'y sacrifie que ce dont il peut disposer. Il est très équilibré. C'est un homme pratique et réaliste qui sait toujours où il va et comment il réglera son loyer ou ses impôts.

Il est doué d'un robuste appétit, qu'il s'agisse des plaisirs de la table ou que l'on étende cette expression aux plaisirs sexuels. C'est un personnage qui ne sait pas se contenter de promesses : il lui faut des réalisations. Ne soyez donc pas coquette avec lui si vous n'avez pas l'intention de jouer le jeu jusqu'au bout.

Vous, madame, qui voulez faire votre bonheur avec un Taureau, vous devrez surveiller quelque peu son style de vie et veiller à ce qu'un raisonnable équilibre le maintienne en bonne condition.

Pour qu'il soit heureux, vous devez être l'un et l'autre en pleine forme et en bonne santé. L'obésité le guette.

Il se donne des airs rudes et ne recule pas devant les expressions brutales et crues : ne le suivez pas dans cette voie ; il n'apprécierait pas du tout les vilains mots sur vos jolies lèvres.

Il ne vous fera pas une vie quotidienne facile. Il sera trop occupé par son métier ; il restera parfois plus silencieux que vous ne le voudriez et, jaloux, il éclatera, d'autres fois, en colères spectaculaires. Mais, foncièrement, il est gai, équilibré, simple, net, sain, facile à comprendre, facile à satisfaire quand on l'a compris.

Il sera toujours le plus solide appui et vous pourrez toujours compter sur lui ; c'est un fort ; loin d'être parfait, il est bien l'homme que les jeunes filles imaginent dans leurs rêves. Il est en mesure de vous apporter à la fois la sécurité matérielle et la sécurité affective. Que demander de plus ?

Seul un Taureau très évolué admet sans rechigner que s'il peut penser que sa maison est bien à lui, sa femme, elle, conserve une part de libre arbitre.

On peut dire que ce sentiment ne fait pas partie intégrante de son être ; c'est comme un élément résiduel.

Monsieur Taureau est un excellent père de famille. Traditionnaliste et conformiste, il possède un grand sens des valeurs morales. Il est même plutôt sévère, mais sa famille reconnaît volontiers qu'il prêche encore plus par son exemple que par ses paroles.

CHAPITRE IV

Le Taureau et l'élue de son cœur

Monsieur Taureau devant madame Taureau

Monsieur Taureau sera tout disposé à apprécier à sa juste valeur l'efficacité de madame Taureau, sa bonté chaleureuse, son intelligence sur le plan professionnel, et sa faculté réelle de gagner de l'argent.

Sur le plan sexuel, leur entente sera étonnante. Chacun se donnera secrètement pour tâche de procurer mille délices à l'autre. Comme chacun sera doué pour ce genre d'entretien, il en résultera une parfaite harmonie qui, étant donné les principes des Taureau, sera complétée sur le plan sentimental et celui de l'affection amicale. Nos deux Taureau ont tout ce qu'il faut pour former un couple uni. Encore faut-il qu'ils se rencontrent et que, le hasard les ayant mis en présence l'un de l'autre, ils veuillent tenter l'expérience.

Une ombre à ce tableau idyllique : le Taureau n'est pas toujours en état de dynamisme et ses périodes de calme et de silence peuvent ne pas correspondre avec celles du partenaire.

Monsieur Taureau est un maître de maison qui adore inviter ses amis et ses relations : il sera ravi de la façon dont sa femme les recevra.

Les dons de maîtresse de maison de madame Taureau, d'ailleurs, ne seront pas réservés aux amis et relations : elle sait fort bien ménager de charmantes soirées à deux et son mari, rentrant chez lui écœuré par la vie professionnelle, peut s'attendre à retrouver dans un foyer bien à son goût tous les éléments propres à le ramener au calme optimisme qui est le sien. Comme il sera fier de sa femme, il l'aimera d'autant plus.

Un couple idéal ? Est-ce que cela existe ? Vos amis pourront le penser devant vous, M. et Mme Taureau. Ils n'ont pas lieu de connaître vos problèmes personnels, sur lesquels les Taureau sont toujours très discrets. Mais la jalousie de monsieur Taureau risque d'apporter quelques nuages dans ce ciel serein. Et comme madame Taureau n'est certes pas exempte de ce sentiment, il y aura des éclairs orageux, de temps à autre.

Monsieur Taureau devant madame Bélier

Si un Taureau devait passer toute sa vie sans aucun être humain auprès de lui, est-ce à une dame Bélier qu'il demanderait de partager sa solitude ?

Monsieur Taureau, vous êtes fort ; vous êtes bien installé dans votre façon de voir, bien appuyé sur votre lopin de terre. Vous allez vous trouver avec une dame Bélier qui ne veut pas se tenir immobile, même dans le luxe et le confort ; elle veut toujours avancer.

Vous accorderez une grande importance à la poésie, à la musique, à la peinture, à la danse et vous allez tenter de faire partager à madame Bélier vos goûts éclectiques, mais éclairés.

Madame Bélier a toujours été dynamique et rapide et elle a toujours aimé rêver à ce que serait son amour, l'homme de sa vie. Elle a toujours espéré qu'il serait aussi enthousiaste qu'elle. Vous devez vous réveiller et devenir un peu plus vif pour lui plaire. Elle est aussi chaleureuse et passionnée que vous-même et ce sera certainement votre meilleur terrain d'entente que ce désir de donner, de plaire, d'aimer et cette science sexuelle innée qui vous fera partager à deux des heures inoubliables.

Avec madame Bélier, monsieur Taureau, vous deviendrez plus vif, plus rieur et vous pourrez être extrêmement heureux.

Si c'est madame Taureau qui épouse monsieur Bélier, comme elle est énergique, elle tentera peut-être l'épreuve de force dès que l'occasion s'en présentera. Elle aurait tort de le faire, mais qui pourrait l'en empêcher ?

Monsieur Taureau devant madame Gémeaux

Madame Gémeaux est une personne qui aime flirter, et vous aimez cela vous aussi, monsieur Taureau ! Pendant la période où vos sentiments seront encore superficiels, vous pourrez persuader madame Gémeaux que vous êtes l'homme qu'il lui faut. Sans doute mettrez-vous un peu plus de temps à vous faire une opinion sur elle, mais il ne tient qu'à vous de vous y prendre un peu plus tôt. Sachez que vous plaisez tout de suite à madame Gémeaux : elle devine que vous serez l'homme appelé à stabiliser ses humeurs qui ne cessent d'aller de l'extrême joie à la plus profonde tristesse sans que vous sachiez toujours pourquoi.

Vous allez vous laisser envoûter par la joyeuse vitalité de madame Gémeaux et par sa beauté ; elle se laissera conquérir encore plus vite par votre énergie sans prétention et cette solidité que vous portez en vous et qui n'est certainement pas un vain mot.

Sociables l'un et l'autre, vous deviendrez vite son seigneur et maître, qu'elle veuille ou non ce style de vie ; elle l'acceptera parce qu'elle vous aimera et qu'elle vous prendra en bloc, sans songer aux points de détail.

Elle saura tenir votre maison et vous donner l'impression d'y régner en maître incontesté ; mais vous savez très bien qu'elle n'en fera qu'à sa tête, ce qui apportera un peu de variété dans votre existence.

Monsieur Taureau devant madame Cancer

Madame Cancer tient aux vieilles traditions selon lesquelles il n'y a que le premier amour qui compte. Il faudrait que vous soyez ce premier amour et que votre bonheur dure toute la vie. En fait, cela ne se passe pas ainsi. Les demoiselles du Cancer n'épousent pas leur premier flirt. Il faudrait, pour qu'elles acceptent de se marier, que leur partenaire leur assure une sécurité durable.

Vous pourriez être cet homme-là, monsieur Taureau. En votre présence, l'imagination de madame Cancer trouvera des ailes et elle encouragera vos dispositions à fonder un foyer. Puisque vous aimez vous sentir seigneur et maître, votre femme sera très heureuse de devenir le centre de votre vie.

Attention à votre jalousie, monsieur Taureau ! Vous souffrirez des amis de madame Cancer, de ses frères, de ses enfants, les vôtres, mais surtout les siens. Vous voulez l'exclusivité de votre femme, qu'on se le dise !

Si c'est une dame Taureau qui unit son cœur au cœur d'un monsieur Cancer, leur couple sera très harmonieux.

Madame Taureau, vous tenez à centrer votre vie sur votre foyer ; monsieur Cancer y tient aussi. A ce foyer, vous ne serez jamais quantité négligeable ; quelle que soit la durée de votre vie conjugale commune, ses sentiments de considération pour vous ne varieront pas. Il est si romantique et si tendre ! Il prend l'aspect d'un personnage très lancé, très mondain, très sociable ; et, au fond sous sa carapace de « cancer » (cancer veut dire crabe), il est classique, traditionnel et tendre.

C'est exactement le mari qui convient à madame Taureau.

Monsieur Taureau devant madame Lion

Pour madame Lion, le succès en amour est chose naturelle. Depuis sa tendre enfance, elle est celle qui accapare l'attention et capte l'affection de l'entourage.

Mademoiselle Lion a toujours été amoureuse du plus beau, du plus fort, du plus remarquable des garçons de son quartier, de son lycée, de son équipe. Sportive, elle a partagé leurs parties les plus rudes et elle s'y est distinguée. A l'école, sans être forcément plus intelligente que les autres, elle a toujours été la plus brillante. Elle est de ces gens qui, quoi qu'ils fassent et de quelque manière qu'ils le fassent, donnent toujours l'impression de le faire mieux que quiconque.

Elle a le don de susciter dans le cœur de tous les hommes qu'elle rencontre le sentiment qu'elle serait éventuellement sensible à leur chaleur, à leur admiration, enfin à leur amour. Mais elle est plus exigeante que cela et ce qu'elle demande en amour c'est aussi une réponse à ses aspirations cérébrales. L'amant parfait doit réagir à toutes ses sollicitations et lui donner cette inspiration qui la rend désirable et passionnée, démonstrative et volontaire.

Un risque est à courir, si monsieur Taureau épouse mademoiselle Lion : elle peut se retrouver désillusionnée dans la vie de tous les jours et redescendre sur terre péniblement du haut du septième ciel où elle avait l'habitude de se voir en rêve. C'est alors à monsieur Taureau de jouer le jeu et de conserver la tendresse de sa « lionne ».

Monsieur Taureau devant madame Vierge

Madame Vierge ne devient pas facilement amoureuse et elle évalue sans illusion les partenaires qui peuvent se présenter à elle. Beaucoup d'entre elles évitent l'amour le plus longtemps possible, puis se marient tardivement. Mais le désir pratique d'avoir un foyer et des enfants les y encourage plus que la recherche physique de l'amour.

On reconnaît que, chez les natives de la Vierge, les impulsions sexuelles dominent rarement l'existence ; elles ne sont cependant pas froides, encore moins frigides, et ce n'est chez elles qu'une attitude intellectuelle et affective. Un Taureau amoureux d'une Vierge saura bien trouver le chemin de son cœur et inventer les mots et les situations propres à éveiller sa sexualité.

Madame Vierge se laissera faire très volontiers dès qu'elle se sentira intriguée intellectuellement par cette expérience.

L'union réalisée, elle sera une auxiliaire très précieuse pour son mari qu'elle aidera de toutes les façons dans sa carrière et dont elle saura assurer le confort au foyer. Elle cherchera toujours à mieux faire, et ombre légère au tableau, à améliorer monsieur Taureau qui, souvent, ne le souhaite pas...

Monsieur Taureau devant madame Balance

Le flirt a toujours été le sport favori de mademoiselle Balance. Elle a flirté avec tous les hommes qu'elle a rencontrés. Elle se sait charmante et attirante et elle sait aussi que son esprit de compréhension et son sens des relations humaines sont capables de retenir près d'elle ceux dont elle souhaite ne pas se séparer.

Elle possède un sens pratique réel de la justice et de l'équité et elle peut partir en guerre contre ceux qui seraient injustes envers son mari.

Mais elle s'adapte aussi à toutes les situations. A partir du moment où elle est mariée, elle se conforme à l'univers de son époux.

Monsieur Taureau est amateur d'art et de confort, ce qui ne déplaît pas à madame Balance, mais il est jaloux et madame Balance n'aime pas cela. Par ailleurs, madame Balance n'est pas très méticuleuse dans les soins du ménage et monsieur Taureau le déplore ; ils auront donc l'un et l'autre des concessions à se faire pour trouver l'accord parfait. Il faudra que madame Balance s'efforce de persuader monsieur Taureau de sa fidélité et de l'intérêt qu'elle attache à soigner un intérieur pour lequel il est disposé à d'assez sérieux sacrifices financiers.

Monsieur Taureau devant madame Scorpion

Il ne faut pas accorder foi aux gens qui prétendent accabler le Scorpion de toutes sortes de méchancetés et de sensations compliquées. Le Scorpion n'est ni meilleur ni pire que les autres ; un signe zodiacal n'indique ni l'attitude morale ni le degré de bonté ; il ne signale que des aptitudes physiques ou psychologiques et quelques éléments disposés comme une sorte de prédestination, sans plus. Le libre arbitre reste intact. Quant aux qualités proprement dites, c'est-à-dire conformes ou non à la morale couramment admise, ce ne sont pas les dispositions astrales qui en décident, mais l'éducation et le milieu. Madame Scorpion n'est donc pas plus désagréable qu'une autre, mais elle n'est pas simple.

Un Scorpion est essentiellement combatif. Madame Scorpion le sera donc et elle gagnera souvent ses batailles. Elle a toujours été une chercheuse d'absolu qui veut tout ou rien. Qu'elle rencontre un Taureau, dont le signe est exactement à l'opposé du sien, et elle aime tout de suite l'impression de ferme stabilité qui émane de sa personne. Elle sent tout de suite qu'avec lui une vie laborieuse et intense est possible.

Ils sont tous les deux possessifs et jaloux. Ils se préparent des orages sensationnels, à moins qu'ils ne deviennent si unis qu'ils ne feront qu'une seule et même personnalité alors à peu près invincible.

Madame Taureau, éventuellement, se sentira tout de suite attirée par monsieur Scorpion parce qu'elle reconnaîtra en lui un caractère opposé au sien propre. Qu'adviendra-t-il lors de ce premier contact ? Il peut se révéler très désagréable et l'histoire risque de se terminer là. Il peut aussi se révéler excellent.

Monsieur Taureau devant madame Sagittaire

Au cours de sa jeunesse mademoiselle Sagittaire s'est toujours très bien entendue avec les hommes. Elle est un gentil petit « copain » et une amie loyale. Elle ne donne pas son cœur très vite, ni très soudainement. Elle appartient à un signe où les jeunes filles ont la réputation de jouer les Dianes chasseresses avec pour gibier le cœur des garçons.

Sa conception de l'indépendance peut se trouver brusquement désavouée par ses conceptions amoureuses. Elle va se fiancer facilement avec un garçon dont elle pense monts et merveilles. Il faut reconnaître qu'elle se sentira aussitôt terriblement liée par ses promesses.

Souvent madame Sagittaire ne se marie qu'après avoir goûté un temps la vie de célibataire. Mariée, elle devient une épouse loyale, d'esprit large. Sans être une maîtresse de maison parfaite, elle saura apprivoiser suffisamment monsieur Taureau pour lui rendre la vie agréable.

Elle est capable d'aimer avec emportement tout en s'efforçant inlassablement de réformer son mari. Elle sentira souvent les choses de la même manière que monsieur Taureau.

La jalousie ne sera pas absente et monsieur Taureau provoquera même son épouse par quelques incartades. Les scènes de ménage ne sont pas exclues, mais chacun aura assez d'esprit pour les raccommodements classiques.

Monsieur Taureau devant madame Capricorne

Lorsqu'une fille du Capricorne atteint l'âge où l'on rêve aux garçons, elle n'a nulle envie de devenir amoureuse. Elle ne croit pas trouver un être qui mérite ce sentiment. Et puis, le destin intervient.

Elle est zélée et tient à bien faire tout ce qu'elle entreprend. Pour ce qui est de sa romance et de son mariage, mademoiselle Capricorne va se livrer à son habitude de perfectionniste.

Il faudra bien que monsieur Taureau sache se faire accepter par les parents, car elle ne supporterait pas de complications dans une union officielle. Elle veut un mari capable de s'adapter à ses traditions et qui ait une grande valeur personnelle.

Elle a beaucoup d'amour à donner, bien qu'elle soit au premier abord plutôt froide et sérieuse. Il faut la découvrir et ne pas la décevoir. On devine que monsieur Taureau est tout à fait en mesure de la satisfaire sur le plan sexuel.

Elle tend à être possessive et jalouse et c'est sur ce point que l'union Capricorne-Taureau risque de connaître quelques orages. Elle va concentrer toutes ses ambitions sur la carrière de monsieur Taureau : en cela, elle sera bien la femme qui lui convient, celle qui l'attendra avec beaucoup d'amour au cœur d'un foyer bien organisé et plaisant.

Monsieur Taureau devant madame Verseau

Mademoiselle Verseau a fait preuve dès sa plus tendre enfance d'un instinct grégaire remarquable. Elle n'était jamais seule et s'intégrait avec facilité et bonheur au groupe, à la collectivité. Mais elle se crée bientôt des difficultés en collectionnant autour d'elle ceux qu'on appelle des « canards boiteux ». Sa sensibilité est ainsi orientée.

Monsieur Taureau est l'opposé d'un « canard boiteux ».

Par ailleurs, mademoiselle Verseau ne fait pas grand cas des questions sexuelles. Monsieur Taureau sait les apprécier. Il y a là un léger décalage et monsieur Taureau devra initier madame Verseau à des joies qu'elle ne soupçonnait pas jusqu'à leur rencontre.

Madame Verseau voudra modifier légèrement monsieur Taureau ! Elle va essayer de changer ses habitudes, de le faire sortir de sa maison, de l'intéresser à ses vues humanitaires. En fait, c'est surtout lui qui changera madame Verseau, car il est plus fort, plus autoritaire et elle cédera par amour. Pour lui plaire, elle se fera élégante, elle s'efforcera de recevoir comme il se doit ses amis et ses relations d'affaires. Cependant, en son for intérieur, elle se jurera d'éviter le plus possible à son cher Taureau des occupations d'une telle futilité.

Monsieur Taureau devant madame Poissons

Madame Poissons aime par-dessus tout que l'on s'occupe d'elle, que l'on veille sur elle.

Monsieur Taureau aime veiller sur les autres ; il aime organiser la vie de chacun et donner son opinion sur le comportement de ceux qui l'entourent.

Dans une union entre monsieur Taureau et madame Poissons, il y aura accord parfait : il la protégera, et elle adorera cela.

Madame Poissons appréciera grandement les buts que monsieur Taureau se propose dans la vie. Il souhaite une situation d'une certaine importance ; elle pense que c'est là ce qu'il faut à un homme « bien ». Il apprécie un intérieur confortable ; elle apprécie tout ce qui dans la vie est beau et bon. Il la veut gracieuse et elle sent qu'elle est en mesure de lui plaire. Ils aiment tous les deux les enfants.

En définitive, tout semble concourir à une union heureuse.

Monsieur Taureau apportera à madame Poissons un grand sentiment de sécurité et c'est ce dont elle a le plus besoin. Cependant, aucun tableau ne se révèle sans ombre. La réprobation de monsieur Taureau quant aux rêves de madame Poissons est à noter. Il n'apprécie pas qu'elle se laisse influencer par tous les courants d'idées : il est plus sélectif.

Mais madame Poissons est malléable ; c'est là que se trouve le secret du bonheur de ce couple.

LES GÉMEAUX

CHAPITRE PREMIER

Portrait des natifs des Gémeaux

Une psychologie dite primaire

Chez un Gémeaux, c'est le premier mouvement qui est le bon, c'est la première impression qui compte. Il possède une personnalité vive et spontanée. En cela, on peut le comparer au natif du Bélier qui, lui aussi, a une psychologie primaire. Le second signe du Zodiaque, le Taureau, apporte à ses natifs un caractère secondaire, c'est-à-dire réfléchi, n'obéissant à son premier mouvement qu'après un intervalle de quelques secondes...

Avec les natifs des Gémeaux, la spontanéité est aussi rapide que chez le Bélier, mais le mouvement, le style de la réponse sont plus légers, moins énergiques, moins forts, et la brutalité qui peut, parfois, se rencontrer chez un Bélier n'existe qu'exceptionnellement chez un Gémeaux. Pour se rappeler cette distinction, il suffit de se rappeler la différence qui sépare la vivacité du feu de la rapidité de l'air : le Bélier est un signe de Feu, le Gémeaux est signe d'Air. On se rend compte du rôle que jouent les éléments dans la personnalité des sujets.

Devant la vie, devant les faits, un Gémeaux saisira immédiatement l'essentiel ; il le recevra, le sentira, l'adoptera, l'acceptera, le comprendra à l'instant même et réagira en conséquence. Toutes les impressions reçues produisent en un instant leur maximum d'effet. Mais, chez la majorité des natifs de ce signe, il n'en reste rien ensuite !

Cela exprimé sous une forme schématique qui varie dans le détail suivant la personnalité de chacun.

C'est une forme de caractère qui implique une grande largeur du champ des observations. Le Gémeaux voit et perçoit très vite. Il reçoit de nombreuses impressions simultanées et celles-ci couvrent un large champ d'observation.

Que va-t-il faire de toutes ces impressions ?

Un « secondaire » réfléchirait, ne serait-ce qu'une seconde, et choisirait l'une d'entre elles pour l'exploiter à fond.

Le Gémeaux voit tout, note tout, mais n'utilise qu'une infime partie de sa récolte. Cependant, la récolte est vaste, elle couvre un large champ d'observation. Par conséquent, si peu qu'il lui en reste, c'est encore beaucoup par rapport à ce que récolte le Taureau. Le Gémeaux ne « collectionne » pas les informations, il ne les « engrange » pas ; il les relâche comme il le ferait d'oiseaux libres qui se seraient fourvoyés dans son grenier...

L'intérêt de cette sorte de caractère réside surtout dans sa faculté d'oubli des impressions subjectives.

Expliquons-nous.

Les effets de la spontanéité

Le natif des Gémeaux n'est pas un être pour qui la vengeance est un plat qui se mange froid. S'il désire se venger, c'est à la minute même, sans attendre, sous l'impact de la contrariété, qu'il souhaite le faire. Une heure après, il est déjà trop tard : ou bien l'incident est admis et classé, ou bien il ne laisse aucune trace et il est oublié. Le natif des Gémeaux est un être très éloigné de la rancune, il ignore ce sentiment.

Le Gémeaux est l'être le plus prompt aux enthousiasmes hâtifs. Il se passionne pour une personnalité qu'il découvre ; il prend feu pour une mode nouvelle ; il se jette avidement sur un projet ; mais rien ne sera bon qui ne puisse se réaliser immédiatement.

La personne qui lui est sympathique répondra peut-être avec amitié ou passion à ses avances ; ce sera parfait. Si cela ne se produit pas, qu'importe ! Au bout d'un temps très court, la déception sera effacée par un élan semblable envers quelqu'un d'autre.

S'il y a réponse favorable, si le contact s'établit, les sentiments du Gémeaux peuvent devenir très vifs, mais rarement pendant longtemps ; le Gémeaux classique, à l'état pur, n'est pas un être constant.

S'il adopte un projet agréable ou qui l'inspire, il fera en sorte de le réaliser dans les moindres délais. Si un obstacle l'oblige à remettre à plus tard la mise en route de cette réalisation, si cette réalisation exige une préparation longue et minutieuse, qu'est-ce que cela peut faire ! On renonce ! Il y a tant et tant d'autres projets possibles !

Le Gémeaux est un être spontané, vif, rapide, essentiellement mobile.

Il est ainsi parce qu'il est sous un signe d'Air et que rien n'est plus mobile que l'air. C'est la brise, c'est le vent, c'est la tempête, c'est le tourbillon, mais c'est aussi la vie, l'oxygène revivifiant, le dynamisme et la vitesse ; c'est souvent l'efficacité.

Le Gémeaux est un voyageur. N'est-il pas sous l'influence de Mercure, le dieu qui a des ailes aux talons ? Ce n'est pas sans raison qu'on lui attribue ce parrainage, ou bien disons que la présence de ce parrainage n'est pas sans effet ; comme on voudra l'entendre.

Une des conséquences de ce caractère de mobilité, c'est un perpétuel désir de ne pas se trouver « engagé ». Il est l'être qui s'en va dès que tout semble vouloir le retenir. Il ne restera jamais immobilisé dans une situation qui s'éternise, car il s'y sent englué.

L'attention des natifs de ce signe a beaucoup de difficulté à se fixer pour une certaine durée ; c'est un esprit qui n'aime pas faire l'effort de se concentrer, car cet effort lui est pesant et désagréable ; il n'en a heureusement pas souvent besoin. En cela, il s'apparente au Bélier, autre caractère « primaire ».

Pour répondre à cette aspiration qu'il a toujours de voir les problèmes se résoudre rapidement, le Gémeaux a une forte tendance à choisir les solutions astucieuses ; il a sa logique : plus une solution est rapide, plus il a tendance à l'adopter. Il pense vite et souhaite que tout le monde en fasse autant. Il n'est pas toujours un champion de la ponctualité, mais il va vite.

Sa mobilité reste souple. Le Gémeaux ne va pas bousculer son entourage pour activer le mouvement. Il sait très bien se faufiler, se glisser entre les obstacles, passer là où un Taureau s'arrêterait pour reconsidérer le problème. Il n'exige cependant pas que les autres partagent son goût de la rapidité ; il sait avoir ce goût en lui, et les autres sont « comme ils sont ».

Le Gémeaux est une personnalité adaptable

Le fait d'accueillir et d'utiliser rapidement les impressions reçues entraîne à une faculté qui n'est pas très répandue : l'adaptabilité.

Lorsqu'un natif des Gémeaux, particulièrement doué — par suite de l'influence de ce signe zodiacal — pour les changements de position, de situation, de domicile ou autres, se trouve dans l'obligation de réaliser un de ces changements, il met à s'adapter à sa nouvelle situation autant de rapidité qu'il en a mis à fuir la précédente. Il change et il s'adapte.

S'il change de profession, le Gémeaux ne perdra pas beaucoup de temps pour se mettre au courant de son nouveau travail. Sitôt arrivé, un regard circulaire lui donnera une information suffisante sur ses nouveaux collègues dont il saura immédiatement quels sont ceux qui lui accorderont leur aide. En même temps, il aura entendu les explications qu'on lui aura données pour fixer son rôle au sein de cette entreprise ; et, toujours en ce même instant, il aura décidé de la manière dont il exécutera ce qui lui est confié avec le minimum de problèmes.

Cette adaptabilité se manifeste aussi sur le plan des relations affectives. Il est à peu près certain que le Gémeaux n'est pas un être fondamentalement fidèle ; bien qu'il puisse le devenir en fait, ce n'est pas instinctif chez lui.

La dualité des Gémeaux

Il faut songer, en essayant de dépeindre la psychologie des natifs du signe des Gémeaux, au fait qu'il s'agit d'un signe double.

Le signe des Gémeaux est représenté par des êtres humains et non des animaux, comme la plupart des signes zodiacaux.

Avec un signe de représentation à figure humaine, il y a la volonté d'une grande mesure dans les traits caractéristiques : c'est seulement en caricature que l'on est tenté de créer des hommes-animaux, ou dans un graphisme symbolique très poussé.

Nous avons donc ici une personnalité double, mais dominée par la raison, cette qualité que l'Homme dit lui être propre. La raison, l'intelligence, la parole, tout cela entre en compte dans la personnalité symbolisée par le signe des Gémeaux.

Le Gémeaux sent en lui, plus que tout autre, la présence d'un autre moi qui, éventuellement, peut fort bien l'observer en action et commenter cette action. De sorte que le Gémeaux, en même temps qu'il agit, se regarde agir et se juge. Cela crée la facilité que nous avons déjà signalée de se détacher du milieu ambiant pour se « transporter » ailleurs.

Le physique des Gémeaux

Le Gémeaux se rattache à la catégorie des nerveux traditionnels à dominante sèche.

Le physique est longiligne ; cela exprime parfaitement que sa taille est haute par rapport à sa carrure ; qu'il a le visage ovale plus que rond ; que ses doigts sont longs et minces ; que ses membres se révèlent très déliés.

Il est généralement d'une taille au-dessus de la moyenne des types morphologiques de sa région, de sa race. Lorsqu'il n'est pas de haute taille, il est miniaturisé, c'est-à-dire que, même de taille moyenne ou de petite taille, il a toujours la silhouette élancée, parce que ses proportions restent les mêmes.

Astrologiquement, en raison de ses caractères, au point de vue de son signe de naissance, les organes les plus importants chez lui sont ceux de la locomotion et ceux de la relation : les bras et les jambes allongés.

En général, le visage est triangulaire, avec prédominance du front ; un visage de chat.

Le menton est fin, étroit, parfois pointu.

Les yeux, généralement grands, ont le regard vif, souvent moqueur. Ils expriment la plupart du temps une attention en éveil avec une pointe d'ironie sous-jacente.

Le Gémeaux est un signe d'Air.

Éminemment mobile et rapide, il s'extériorise volontiers par des gestes, qu'il a très vifs et très précis à la fois. C'est un personnage nerveux, ou apparemment nerveux.

Sous un autre aspect, il refuse cette nervosité et tâche de la faire disparaître, tout au moins en apparence. Il arrive qu'il contienne volontairement ses réactions, soit par principe personnel, soit par éducation. Il est alors très sobre, presque excessivement sobre de mouvements et d'expressions ; au lieu que les remous intérieurs s'extériorisent et apparaissent nettement sur ses traits et dans ses gestes, tout est contenu et subsiste toutefois, mais à l'intérieur de son être. Alors se développent en lui des tempêtes, d'autant plus rudes qu'elles sont contenues, et des tourbillons émotionnels ignorés de tout son entourage et surtout de ceux-là mêmes qui lui reprochent parfois de manquer de cœur, d'affection, de tendresse.

Il jouit d'une très grande et très réelle vitalité. Il peut subir impunément des chocs qui abattraient tout autre, même plus robuste et plus lourd que lui. Lui, il s'en remet.

Sa vitalité apparaît dans ses attitudes, qui ne sont jamais embarrassées, ni maladroites, mais restent volubiles, vives, variées, expressives et toujours fort à propos.

Très extériorisé, il est loquace.

Il est disert, gai, moqueur. Il imite fort bien les autres et sait être très vivant et amusant en société.

Sa poignée de main est ferme et souple, jamais dure, mais expressive, significative et variant avec le sentiment qu'il éprouve envers ceux à qui il la donne.

CHAPITRE II

Le destin des natifs du Gémeaux

Pour l'instant, avant d'étudier le destin et les chances du natif des Gémeaux, considérons plus attentivement sa santé.

La santé du Gémeaux

L'influence prépondérante de la planète Mercure crée un type particulièrement nerveux, donc très émotif, et un type particulièrement sensible. Au physique, cela ne va pas dans le sens d'une grande robustesse.

En apparence, la constitution du Gémeaux est plus fragile que robuste. Seule son intense vitalité, qui est autant physique que psychique, peut compenser ce manque de forces ; dans la plupart des cas cette compensation a lieu, et elle est très efficace.

Le Gémeaux est toujours en mouvement. Dès qu'il consent à s'arrêter et à se laisser aller à une parfaite relaxation, il récupère toutes les forces qu'il paraissait avoir perdues. Comme il se révèle rapide en tout, il continue ici encore d'être rapide et sans histoires. On le voit dépérir brusquement et sembler se défaire, se désagréger, presque ; après une heure ou deux de réelle détente, dans de bonnes conditions, notre Gémeaux réapparaît frais « comme un gardon »...

Cela naturellement quand il s'agit de fatigue simple ou bien de malaises qui, en réalité, ne devraient pas avoir de gravité chez les autres personnes, mais en acquièrent souvent à cause de l'état d'esprit et du temps nécessaire à une récupération des forces. Chez les Gémeaux, la récupération des forces est assez rapide pour que le mal n'ait pas le temps de s'installer et gagner du terrain, dans la mesure, nous y insistons, où il ne s'agit pas d'une maladie caractérisée et qui peut être aussi grave chez lui que chez tout autre. Mais ces maladies sont rares dans une existence et les malaises qui vous abattent sont beaucoup plus fréquents.

Le Gémeaux vit très loin des manifestations animales de la vie ; il aurait plutôt tendance à se considérer comme un « pur esprit » que comme un être enfoncé dans la matérialité.

Comme s'il était un être éthéré, il ne tient pas beaucoup à absorber des nourritures reconstituantes et traditionnelles ; il adoptera volontiers une diététique si elle lui paraît légère et intellectualisée.

Chez le natif du signe des Gémeaux, le plexus solaire revêt encore plus d'importance que chez les autres. Les conséquences de cette situation sont les suivantes.

Le plexus solaire règle les manifestations du système nerveux sympathique et parasympathique. Le moindre trouble, qui passerait inaperçu chez tout autre, revêt chez un Gémeaux, du moment où le plexus solaire est en cause, l'aspect et la gravité d'une crise d'asthme, d'un rhume des foins, d'urticaire, voire d'eczéma ou d'ulcères variqueux.

Par ailleurs, étant d'un signe d'Air, les organes respiratoires sont chez le natif des Gémeaux particulièrement importants. Ils sont, en même temps, extrêmement sensibles.

Un Gémeaux craint les bronchites, la pneumonie et la tuberculose pulmonaire, ainsi que les réactions séreuses telles les otites, les sinusites et les méningites.

Il est nécessaire de donner ici aux natifs des Gémeaux un bon conseil : respirer.

Il est pour eux indispensable d'effectuer les mouvements de gymnastique tendant à développer le thorax et la capacité thoracique ; s'il n'aime pas la gymnastique en chambre, le Gémeaux pourra pratiquer le yoga, dont l'originalité et l'intellectualité lui plairont et l'encourageront à persévérer, promettant de grandes manifestations et, en fait, aboutissant à un progrès dans la domination des mouvements respiratoires.

Une autre source de malaises pour un Gémeaux réside dans l'effet psychosomatique des conflits internes que, souvent par pudeur, le Gémeaux n'extériorise pas.

En cas d'importante crise psychique, le Gémeaux est exposé aux désordres nerveux et aux troubles de la psychosensibilité. Il commencera par une forte et silencieuse tension nerveuse et poursuivra par des crises de nerfs, avant d'arriver au *break-down,* c'est-à-dire à la rupture de l'équilibre.

Étant donné ces conditions, un Gémeaux a tout intérêt à éviter le tabac, l'alcool, les épices et même les médicaments. En ce qui concerne ces derniers, puisqu'il est bien forcé, dans certains cas, d'en absorber il s'efforcera de les varier, de ne pas toujours utiliser les mêmes.

L'orientation professionnelle du Gémeaux

Le Gémeaux adolescent se sent capable d'exercer avec le même succès plusieurs métiers ; par ailleurs, il est très jeune de mentalité et ne tient pas beaucoup à entrer dans le monde des adultes, ce monde où l'on travaille et où l'on prend sérieusement ses responsabilités. Ce qu'il déteste, dans le fait de choisir une carrière, c'est qu'il va devoir se borner à aller dans une seule direction, alors que toutes l'attirent et que ce qu'il aime surtout, c'est le changement.

Devant ce problème, certains Gémeaux ne se résignent jamais, qu'ils en aient ou non conscience, à choisir une carrière : ce sont de ces gens qui passent sans cesse d'un métier à l'autre et ne se résolvent pas à se spécialiser.

Ce que les Gémeaux devraient savoir, c'est que le choix, s'il est bien fait, peut parfaitement ne pas exiger d'eux la limitation à une seule espèce d'activité, situation qui les brise et les frustre. Dans la multiplicité des professions, il en existe qui présentent la possibilité d'avoir des occupations très diversifiées alors même que l'on poursuit une seule et même carrière. Ce qu'il faut avant tout rechercher, pour un Gémeaux, c'est, sur le vaste clavier des multiples professions, celles qui permettent de mettre en valeur les qualités de rapidité, d'adaptabilité, de sociabilité des Gémeaux. Cela pourra être un travail polyvalent, varié, itinérant.

Ce sera aussi une occupation permettant de larges et nombreux contacts avec le public, car c'est ce qu'un Gémeaux fait le plus volontiers.

On peut confier à un Gémeaux des responsabilités, même très sérieuses, il saura toujours y faire face. Dans la mesure où son système d'organisation ne dépend que de lui, sa rapidité compensera facilement les creux provoqués par son éventuel manque d'assiduité.

Toutes les professions qui entraînent une communication avec les tiers, avec le public, lui conviennent.

Le métier de conseiller en relations publiques semble être un de ceux qui lui conviennent le mieux. Au second rang viennent les professions commerciales dans le métier de vendeur.

On remarquera que ce choix ne doit pas impliquer un effort musculaire, le Gémeaux n'ayant généralement pas une très grande force physique. Il est toujours du côté des minces et des nerveux.

Les métiers du spectacle peuvent le tenter, mais il n'atteindrait, d'après ses caractéristiques, qu'assez difficilement à la véritable grande gloire, parce qu'il n'est ni assez robuste ni assez persévérant dans l'effort. Toutefois, dans le spectacle de variétés, ou à titre d'animateur, meneur de revue, présentateur, un Gémeaux peut se faire une belle place.

Son attitude au travail

C'est surtout dans sa manière d'aborder le travail que le Gémeaux témoigne de sa mobilité. Il parvient toujours à s'organiser en fonction des circonstances. Il ne répète jamais le même mouvement et ignore ce que sont les habitudes. Il est inventif, vif et précis, et n'a pas besoin d'une observation approfondie ni de longues réflexions pour savoir comment s'y prendre. Il lui suffit souvent de savoir à quel résultat il doit arriver ; il trouve le meilleur moyen lui-même.

Est-il besoin d'envisager pour lui la possibilité de s'inclure dans une équipe ? Il n'est réellement pas fait pour cela et sa manière toute personnelle de travailler constitue un obstacle à une mise en commun d'un même effort. Son style de travail est unique et même deux Gémeaux se livrant à la même besogne dans des conditions semblables n'agiront pas dans le même sens, ne prendront pas le travail par « le même bout ».

S'ils veulent réussir leur existence sociale, les Gémeaux doivent refréner leur esprit de raillerie et d'ironie. Sauf s'ils adoptent la carrière de polémiste ou de chansonnier !

Ils doivent dominer leur impatience et leur nervosité, sous peine de se rendre malades d'anxiété.

Les Gémeaux doivent donc développer en eux, pour équilibrer mieux leur personnalité, un élément essentiel : la conscience de ce que l'on est, de ce que l'on fait, de ce que l'on vaut.

Il ne faut pas se laisser aller, il ne faut pas se prendre trop à la légère, ne pas se moquer de soi, il ne faut ni s'ignorer, ni se résigner, ni s'oublier.

Les enfants Gémeaux

Si votre enfant naît sous le signe des Gémeaux, voici à quoi vous attendre.

Il sera doté d'un esprit très curieux et, très tôt, il se livrera à ces travaux de prise de contact du monde environnant qui occupent tant les bébés. Dès qu'il le pourra, il posera des questions ; tous les enfants en posent, mais l'enfant Gémeaux dépasse largement les autres dans cette curiosité insatiable.

Dès son plus jeune âge, votre enfant Gémeaux se révélera humain, généreux, intelligent et d'esprit inventif.

Il aime très tôt le changement et la diversité. Il est toujours préférable de l'occuper car il ne reste pas inactif et, s'il trouve lui-même quelque chose à faire, cela peut être une... bêtise ! Ne le grondez pas ; c'est à vous qu'il appartient de donner un but à son agitation.

Il révélera très tôt mille talents qu'il sait très bien apprécier lui-même, développer, exercer. Là encore, vous devrez le diriger afin d'éviter quelques erreurs : il ne faudrait pas le gronder s'il n'a pas été averti de ce qu'il ne fallait pas faire ; sachez qu'il essaiera tout !

Très adaptable, vous pourrez facilement le confier pour une garde, pour un séjour chez des parents ou des gardiens nourriciers, car il se plie très vite aux changements et s'en amuse.

Votre enfant Gémeaux peut vous sembler difficile à comprendre. Cela sera très simple si vous étudiez attentivement la psychologie de ces natifs. Ce sont généralement des enfants qui savent intuitivement beaucoup de choses et vous serez étonné de leur bon sens. Ignorant les conseils d'autrui, ils aiment appliquer leurs propres méthodes, mais ils laissent facilement inachevé tout ce qu'ils entreprennent. Ici, le rôle éducateur des parents peut être un élément essentiel s'ils arrivent à inculquer à l'enfant la nécessité de finir ce qu'il a commencé. On lui mettra ainsi en main le palliatif à son principal défaut.

CHAPITRE III

Le Gémeaux et l'amour

Le signe des Gémeaux est extrêmement intellectualisé ; il ne tend que d'une manière très relative vers la sexualité, lui préférant une conception intellectuelle, mentale, cérébrale de l'amour.

A partir de la notion d'adolescence, voyons comment se développe, chez le natif des Gémeaux, le sentiment amoureux et l'appel du sexe.

L'attitude du Gémeaux devant l'amour peut n'être d'abord qu'une réaction de pure curiosité. C'est ce sentiment de curiosité qui fait du Gémeaux un grand amateur de flirt.

Pour lui, seule l'émotion vive est intéressante et cette émotion n'existe que dans les commencements d'une aventure amoureuse. Les joies viennent les premières, et puis les peines, et ensuite l'oubli des unes et des autres. Il n'y a plus qu'à recommencer.

Dans la dualité du signe, on a pu trouver deux types de natifs : ceux qui vont se livrer à ce jeu de la chasse à l'émotion neuve et ceux qui ont une grande crainte de ce genre de vie, qui se replient sur eux-mêmes et qui refusent l'amour parce qu'il peut les faire souffrir.

Le Gémeaux, qu'il appartienne à l'un ou à l'autre de ces types, est toujours un instable et un hésitant dans le domaine amoureux. Il reste toujours craintif, que ce soit dans l'un ou dans l'autre cas.

Le Gémeaux peut se livrer d'autant plus facilement à cette chasse à l'aventure qu'il est essentiellement mobile et adaptable, qu'il a donc juste les qualités requises pour rendre faciles les nouveaux contacts.

Aimer, pour un Gémeaux, c'est suivre la méthode des petites collégiennes qui sont amoureuses par deux d'un professeur, homme ou femme, peu leur importe, l'essentiel n'étant pas dans le problème sexuel. Cependant, chez les adolescentes il n'est question que d'amour platonique, même s'il prend les formes de la passion. Chez l'adulte, la situation est moins compréhensible parce que le monde des adultes ne veut pas comprendre et souvent voit des complications là où le Gémeaux ne voit qu'une pure simplicité. Ce sont des objections traditionnelles qui peuvent se périmer d'un jour à l'autre, si l'on considère les tentatives de vie communautaire au sein desquelles elles trouvaient leur place. Remarquons au passage que ce n'est pas le problème passionnel qui a fait échouer les petites communautés mixtes, mais d'autres écueils, comme par exemple la provenance des ressources, le partage des tâches.

Le Gémeaux amoureux s'adapte volontiers au rythme de l'autre, partage tout naturellement ses intérêts et ses joies, ses problèmes et ses travaux. Il entre complètement dans sa vie et tend à devenir son double, adoptant ses goûts et ses habitudes. Il y ajoute facilement les mêmes préoccupations intellectuelles, ce qui sert de prétexte à des rencontres où le sentiment amoureux reste sous-jacent et limité — comme le souhaite ce grand enfant qu'il est encore —, les autres occupations, le travail que l'on partage, demeurant seuls en évidence.

Il va sans dire que ces traits de caractère ne concernent que les Gémeaux à l'état pur et que les types mixtes, à cause de l'influence d'un ascendant, peuvent éventuellement réagir d'une manière très différente ; ils peuvent aussi évoluer et montrer des changements de caractère à différentes époques de leur vie.

Conseils aux hommes concernant les femmes natives des Gémeaux

On admet généralement que la représentation du signe des Gémeaux par deux enfants réunis signifie que les natifs de cette période de l'année ont une double personnalité. Chez la femme des Gémeaux, cette double personnalité se manifeste surtout au plan affectif et au sujet des problèmes du cœur.

On peut considérer que l'un des jumeaux personnifie l'apparence extérieure de la femme, une apparence délibérément voulue et adoptée pour créer une image réservée aux autres, tous les autres, indépendamment de l'image vraie de l'être.

L'autre enfant représenté dans le symbole du signe est alors le moi profond, l'être vrai, tel qu'il existe, pense, vit, aime mais qu'une grande réserve, une pudeur irrésistible empêchent de montrer ses sentiments, même aux êtres les plus proches.

Le moi profond n'apparaît que dans de très brefs instants de bouleversement moral ou de relaxation psychique. Immédiatement après l'avoir laissé se manifester, le Gémeaux reprend son ironie coutumière pour se railler lui-même. Cela est plus remarquable chez les femmes Gémeaux que chez les hommes pour la simple raison que les femmes, en général, se confient plus facilement que les hommes.

La dualité des Gémeaux s'exprime encore par deux tendances qui divisent la femme : une partie de son âme reste très attachée à son enfance, même si elle s'est trouvée en contradiction avec ses parents ; l'autre est tournée vers l'avenir et forge des projets. Mais, toujours, il y a un moi raisonnable et froid qui observe méthodiquement les activités affectives du second moi passionné.

Les hommes qui rencontrent sur leur route une femme Gémeaux doivent avoir cette dualité présente à l'esprit pour la comprendre et pour en saisir tout le charme et toute la réelle valeur.

Sachez que, dans cet exercice périlleux qui consiste à la fois à aimer et à se regarder aimer, madame Gémeaux est souvent plus amoureuse de l'amour même que de l'objet de cet amour. C'est un peu compliqué, mais très près de la vérité. Que ferez-vous ? Vous vous contenterez de vous laisser aimer de cette façon et vous veillerez à vous renouveler souvent pour que votre partenaire, qui est réellement volage, ne vous quitte pas — dans la mesure où vous êtes désireux de la garder.

Si vous voulez avoir de grandes chances de vous marier à une demoiselle Gémeaux, sachez qu'elle préfère se lier à un homme qui pourrait être son père, ou presque, qu'à un homme de son âge.

Lorsqu'elle se marie, la native des Gémeaux oublie toutes ses expériences précédentes ; bien qu'elle ait donné à chacune de ses aventures une assez grande importance et qu'elle ait vécu ses diverses émotions avec une remarquable intensité, elle utilisera une formule très courante chez les Gémeaux : « Ce n'était rien, c'est oublié. »

Conseils aux femmes concernant les hommes natifs des Gémeaux

Monsieur Gémeaux est avant tout un être actif, parfois agité, qui aime communiquer, c'est-à-dire se trouver en contact avec beaucoup de personnes et transmettre de l'une à l'autre diverses informations pouvant aller jusqu'aux commérages. Il parle, il écrit, il dit, il déclare.

On vous dira tout de suite qu'il est avant tout un être versatile.

C'est que son esprit est toujours en quête d'impressions nouvelles. Il est capable d'exercer une foule de métiers ; il sait qu'il doit se spécialiser et il accepte de le faire, mais après de nombreuses expériences.

Il reste très près de son enfance et il entretiendra avec sa mère, tant qu'elle vivra, des relations très étroites et très suivies : il est inutile de tenter de l'en éloigner ; c'est lui qui s'éloignerait de vous.

Il faut faire très attention à ce que l'on dit à un amoureux Gémeaux, car il est, sur le plan affectif, très susceptible et, si on le fâche, il s'en va. Terminé...

Inutile, si vous vivez avec un Gémeaux, de tenter de le placer devant un problème sérieux, grave, inquiétant. Il n'aime pas être inquiet. Il répond : « Ce n'est rien, oubliez-le ! » et il oubliera.

Il est d'une parfaite aisance dans ses premiers mots et dans ses premiers moments, alors qu'habituellement les jeunes gens se sentent gauches et se montrent maladroits. Il faut donc que la jeune fille sache apprécier, et qu'elle le lui laisse deviner, cette adresse, cet esprit, cette facilité de communication. Il faut qu'elle réponde aux premières passes de cette épée légère et brillante des phrases à double sens sans lourdeur, des rires fins et des allusions moqueuses. Inutile de donner du poids à ces propos qui correspondent exactement à ce qu'on appelle le marivaudage.

Pour conquérir un monsieur Gémeaux, mesdames, il faut nécessairement entrer dans son jeu, mais avec une légèreté aérienne, car l'Air est son élément.

Pour conduire monsieur Gémeaux au mariage, il faudra aussi connaître sa mère.

La mère du Gémeaux ne sera jamais étrangère à sa vie et à sa vie familiale, surtout. Il faut qu'elle vous accepte, si vous voulez tenter votre chance auprès de son fils. Et, pour qu'elle vous conseille en fille bien-aimée, rien ne sera négligé de votre part, mais vous ne ferez rien de trop appuyé non plus.

Si, au cours de votre manœuvre diplomatique et amoureuse, vous venez à savoir que vous n'êtes pas la seule à bénéficier de ses attentions, ne faites pas de reproches à monsieur Gémeaux : il disparaîtrait aussitôt de votre vie et, même s'il en avait de la peine, il ne reviendrait plus vers vous, appliquant une fois de plus sa devise devant les incidents désobligeants de la vie : « Ce n'est rien, oublions ! »

Vous voyez que vous auriez tout à perdre dans un éclat.

Le Gémeaux amoureux

Avant de tenter de définir les rapports des Gémeaux avec les autres signes, il faut se pénétrer de quelques notions assez générales : d'abord le caractère intellectuel, cérébral, de ces natifs. Un Gémeaux pense à son ou à sa partenaire et l'apprécie « en esprit », plus que physiquement. Mais ce travail intellectuel ne semble pas suivre la logique. Une bonne dose de complexité découle du caractère double de ce type. Le Gémeaux doute toujours des intentions d'autrui. Il ne les voit pas comme des tendances plus ou moins spontanées, mais vraies ; au contraire, il est fier de se sentir en mesure d'y déceler un jeu, un masque, une apparence derrière laquelle se dissimule la véritable intention, celle qu'il faut déceler, signaler, retenir. Et, si cette attitude est courante dans l'ambiance professionnelle, on la constate aussi en amour. C'est pour cela qu'on a l'habitude de considérer le natif des Gémeaux comme inconstant. Pour lui, avoir, au cours d'une aventure amoureuse, un autre amour, comme en réserve, ne constitue pas une tendance à la duplicité : il prend simplement ses précautions dans la crainte d'être déçu par son partenaire. Il a peur des chagrins d'amour !

CHAPITRE IV

Le Gémeaux et l'élue de son cœur

Monsieur Gémeaux devant madame Gémeaux

Vous ferez un couple heureux certainement mais, comme madame Gémeaux, vous devrez tenter, vous aussi, de vous adapter et de faire quelques concessions : il serait trop injuste que le bonheur ne se gagne pas par quelques sacrifices !

Vous vous sentez toujours, monsieur Gémeaux, dans un état de disponibilité affective. Votre épouse aura beaucoup à faire pour vous conduire vers une relative unité et une constance à peu près normale. Pourtant il le faudra bien, si vous vous mariez.

Sachez, monsieur Gémeaux, que madame Gémeaux a votre caractère et, ce qui est grave, c'est qu'elle ne se sent appartenir à personne, tout en se donnant très facilement. Elle n'ose pas refuser de se laisser conquérir. Pour vous, ce ne sera qu'un jeu de la prendre, mais une tâche assez délicate que de la garder.

Ce qui vous servira, c'est sa façon de s'adapter, de se modeler sur vos goûts, de copier votre nature. Elle y réussira du premier coup. Vous êtes tellement semblables !

Malheureusement, si vous êtes plus fort qu'elle, plus cultivé, plus expérimenté, ou plus âgé, elle risque de disparaître en tant que personne indépendante et de n'être plus que votre reflet. C'est un écueil dont on ne perçoit la présence que lorsqu'il est trop tard.

Mais c'est la seule ombre à une telle union.

Monsieur Gémeaux devant madame Bélier

Monsieur Gémeaux est un homme qui parle bien, qui est intelligent et intuitif. Mais il est un peu superficiel, aussi bien sur le plan intellectuel que sur le plan affectif.

Madame Bélier est ambitieuse. Elle aimerait que son mari travaille bien et réussisse dans sa carrière, quelle que soit celle-ci d'ailleurs, car madame Bélier peut faire face à toutes sortes de problèmes. Elle est très travailleuse et ne se repose jamais. Elle peut se sentir irritée en voyant que monsieur Gémeaux, son époux, au lieu de faire œuvre utile, se prélasse en lisant quelque revue sans aucune utilité pratique.

Pourtant monsieur Gémeaux est aimé de sa femme. Elle est tombée amoureuse de lui très vite, dès qu'elle a vu comme il était gai, amusant, adroit et capable de si bien parler de tout ce qu'il sait et sachant tant de choses nouvelles pour elle.

Le premier problème qui se posera pour madame Bélier, c'est la durée de son amour pour monsieur Gémeaux. Elle le trouve un peu superficiel et, sur le plan sentimental, bien léger.

Mais comme elle est apte à admettre le changement, comme elle sait ce qu'est la versatilité, elle va faire en sorte de s'en accommoder, si elle désire garder pour mari monsieur Gémeaux.

Monsieur Gémeaux devant madame Taureau

Ce sera, au premier abord, une union assez surprenante.

Madame Taureau sera attirée et intéressée par le caractère mercurien de monsieur Gémeaux. Il sera bon qu'elle prenne le temps de la réflexion avant de s'engager dans une affaire de cœur et vers le mariage.

C'est d'ailleurs son habitude. Madame Taureau ne fait rien à la légère. Elle appartient à un signe fixe et à un signe de Terre ; elle a donc une psychologie secondaire.

Son partenaire, monsieur Gémeaux, léger, volubile, brillant, disert, la charmera. Pendant qu'elle réfléchira tranquillement à leur rencontre, il aura échafaudé mille et un rêves à son sujet. Il est si rapide !

Monsieur Gémeaux aimera probablement se fixer enfin parce que madame Taureau lui organisera un intérieur confortable et beau. Il aimera en elle des dispositions artistiques qu'il est tout à fait apte à comprendre. Mais, de son côté, madame Taureau devra faire beaucoup de concessions car son mari lui paraîtra léger, inconsistant, enfantin même.

Faites donc un effort, monsieur Gémeaux, pour ne pas trop choquer ni chambouler votre si belle et si tranquille madame Taureau !

Monsieur Gémeaux devant madame Cancer

Monsieur Gémeaux s'intéresse à tant de choses diverses qu'on a toujours beaucoup de mal à le suivre. Cette difficulté ne se présentera pas avec madame Cancer. En effet, il suffira que cette mystérieuse personne au visage rond, au teint clair, aux gestes lents, aux yeux rêveurs l'intrigue suffisamment pour qu'il se penche résolument sur le problème qu'elle constitue pour lui et s'attache à le déchiffrer.

Mais il ne songera pas au mariage, car monsieur Gémeaux ne songe jamais au mariage. Il faut qu'on lui en parle pour qu'il se décide à y arrêter un instant sa pensée fugace.

Lorsqu'il aura pris conscience de son attachement à madame Cancer, il en sera tout surpris. Bien qu'il soit généralement agité, nerveux, emporté, superficiel et versatile, monsieur Gémeaux va décider de passer sa vie avec elle et il sait être si persuasif qu'elle acceptera.

Il a tellement besoin de madame Cancer !

Il a besoin de sa calme indulgence ; il a besoin d'être réconforté par ses bonnes paroles ; il a besoin qu'elle le ramène vers le bon sens lorsqu'il se met en colère ; il a besoin de longues conversations. Il veut être constamment rassuré.

Sa présence charmante sera la récompense de madame Cancer et ils seront longtemps heureux.

Monsieur Gémeaux devant madame Lion

Il est toujours tentant, pour un natif des Gémeaux, de se lancer dans une aventure. Lorsque monsieur Gémeaux décidera de s'intéresser à madame Lion, c'est surtout une sorte d'amour teinté fortement de cérébralité qu'il éprouvera pour elle. L'amour physique ne venant qu'au second rang, il est possible que ce couple n'en fasse réellement l'expérience qu'une fois marié.

Ce n'est qu'au cours d'une troisième phase que le cœur de monsieur Gémeaux sera enfin engagé : un, le cerveau ; deux, les sens ; trois, le cœur...

Madame Lion, elle, trouvera particulièrement exaltant de devenir amoureuse de monsieur Gémeaux.

Comme un Gémeaux sait toujours fort bien parler, il saura exprimer tout ce que, justement, madame Lion souhaitait s'entendre dire. Il l'admirera sincèrement, car il sait intuitivement qu'elle est fière, affectueuse et loyale. Il sent à quel point elle se pourlèche en écoutant les flatteries subtiles qu'il lui adresse dans des discours enrubannés. Et puis ils aiment tellement l'un et l'autre rire et s'amuser qu'ils adoreront faire cela ensemble. Ce sera un couple essentiellement gai !

Pour sauvegarder leur union à travers les agitations de monsieur Gémeaux, madame Lion devra faire des efforts, mais quelle récompense !

Monsieur Gémeaux devant madame Vierge

Doué, spirituel, brillant, monsieur Gémeaux charmera madame Vierge dès leur première rencontre.

Elle le verra jeune et vulnérable, et ses instincts maternels lui inspireront le désir de le protéger.

En fait, monsieur Gémeaux recèle beaucoup de résistance ; il n'a pas besoin de beaucoup de protection mais, à travers son indépendance qu'il ne cesse de mettre en avant, il apprécie très fort de retrouver, après avoir gambadé dans la nature, un refuge paisible et rassurant.

L'union entre monsieur Gémeaux et madame Vierge a toutes les chances d'être bonne, mais extrêmement mouvementée. Les deux partenaires ont en commun leur intelligence, leur esprit analytique, entre autres qualités ; mais, tandis que monsieur Gémeaux n'aime rien tant que la variété, madame Vierge préfère de beaucoup la vie tranquille.

Une autre différence est qu'elle est tout d'une pièce tandis que son partenaire a une double personnalité. Cela peut poser des problèmes car, à certains moments, madame Vierge ne comprendra absolument plus rien à monsieur Gémeaux.

Il faudra alors qu'elle accepte de lui faire confiance les yeux fermés.

Leur bonheur est donc au prix de quelques concessions, mais on peut dire qu'ils se conviennent l'un à l'autre.

Monsieur Gémeaux devant madame Balance

Le signe de la Balance est celui des associations et des relations humaines. Le flirt est le sport favori de madame Balance. Lorsqu'elle rencontrera monsieur Gémeaux, évidemment, ces deux dilettantes se souriront. Ils se sentiront du même pays, de la même veine, de la même espèce.

Monsieur Gémeaux est capable de faire le bonheur de madame Balance et celle-ci sera heureuse de faire pour monsieur Gémeaux les courses, la lessive, la cuisine, et puis de revêtir de temps à autre, pour lui seul, sa plus belle toilette.

Monsieur Gémeaux appréciera beaucoup ce qu'elle fera pour lui, car il ne manquera pas de le remarquer : il aime les femmes bien organisées et apprécie la valeur d'une élégante tenue après une journée de travail. Il aime d'autant plus une bonne organisation autour de lui qu'il est lui-même incapable de la réaliser.

Sociables l'un et l'autre. Ils aimeront s'entourer d'une foule d'amis qu'ils apprécieront et qui le leur rendront largement. Ils aiment l'un et l'autre être informés de tout, qu'il s'agisse de faits divers, de découvertes savantes ou de mouvements politiques : une foule de revues et de journaux viendront s'abattre sur les tables de leur maison et ils passeront beaucoup de temps à les lire et à en parler, tous deux très experts dans le commentaire.

Ils se compléteront de la manière la plus délicate et, dans l'animation de leurs rapports quotidiens, s'il arrive qu'ils se mettent en colère l'un contre l'autre, tout s'effacera dans un nouvel élan d'amour.

Monsieur Gémeaux devant madame Scorpion

Madame Scorpion est une personne qui a le don d'attirer l'attention. Il émane d'elle une sorte de magnétisme.

Lorsqu'elle devient amoureuse, il lui faudrait l'amour complet : drame et gloire, combat pour la posséder, etc. Ce qu'elle souhaite, c'est avoir un mari plus fort qu'elle et être plus forte que lui ! On voit tout de suite comme c'est facile !

Si ce n'est pas ce genre de passion qui éclate entre monsieur Gémeaux et madame Scorpion, elle peut quand même s'accorder avec lui en concluant une sorte d'association d'affaires, sous le nom de mariage. Monsieur Gémeaux apporte dans ce couple l'élément pétulant, inspirateur, productif d'idées, de suggestions, de commentaires, tandis que madame Scorpion apporte, de son côté, en remplacement des élans passionnels qu'elle n'éprouve peut-être pas — si elle les éprouve, il y aura encore plus d'inspiration —, un minimum de sérieux, de gravité dans la vie de monsieur Gémeaux.

Elle le forcera à travailler sérieusement et plus régulièrement qu'il ne voudrait.

Une telle union n'ira pas sans difficulté, mais elle peut conduire loin et haut ceux qui sauront la maintenir à travers les vicissitudes assez sérieuses que leurs natures respectives ne vont pas manquer d'attirer.

Monsieur Gémeaux devant madame Sagittaire

Madame Sagittaire influence tous ceux qui la connaissent par sa manière de vivre, par cette façon qu'elle a de dire ce qu'elle pense, tranquillement et sans se préoccuper de l'effet produit.

Elle a un penchant certain pour l'aventure, avec un grand amour de la liberté d'esprit. Consciente de sa valeur mais sans en tirer aucune fierté, madame Sagittaire n'accepte pas les positions inférieures. Il lui faut un certain niveau de vie.

Dans la rencontre de monsieur Gémeaux, elle va trouver intérêt et stimulation. Ensemble ils sont capables d'échafauder mille projets : il est l'Air, elle est le Feu.

Monsieur Gémeaux peut stimuler madame Sagittaire comme l'air, par son souffle, anime le feu. Leurs pensées iront souvent dans la même direction et, s'ils sont très amoureux l'un de l'autre, ils prononceront inopinément les mêmes mots en même temps ! Leurs esprits communiquent directement.

Ils pourront former ensemble un de ces couples modernes, très élégants, aimant les soirées hors de la maison, en faisant garder les enfants.

Ils vont pouvoir vivre leurs aventures sur le plan de l'esprit et réussir une existence unie et tout à fait exceptionnelle.

Monsieur Gémeaux devant madame Capricorne

A l'âge où les filles ne pensent qu'à l'amour, mademoiselle Capricorne était loin de ces futilités : elle était exactement la fille sage dont rêvent la plupart des familles. Elle pensait à ses études, à faire du sport, à écouter les projets de ses parents. Elle considérait avec réserve et même dédain les couples que formaient avec leurs premiers amoureux ses camarades de classe et de jeux. Elle n'était pas du tout romanesque. Elle ne réservait pas de place à l'amant ou au fiancé dans ses plans d'avenir.

Le Capricorne est froid.

Et puis il arrive que monsieur Gémeaux la découvre et, entre deux passades, s'intéresse plus profondément à cette sage personne.

Mademoiselle Capricorne le regardera et dira : il n'est pas pour moi. Or, il peut arriver ceci : soudainement et seulement parce que le temps des amours est venu pour lui et pour elle, ils tomberont amoureux l'un de l'autre.

La présence de monsieur Gémeaux n'apportera pas un grand réconfort à madame Capricorne. C'est elle, plutôt, qui devra le remonter ; mais ils auront d'excellents moments de gaieté.

Il la tiendra l'esprit en éveil, il lui apportera une bienfaisante détente, elle lui procurera l'atmosphère sereine dont il a toujours besoin.

Dans ce sens, leur union sera un succès.

Monsieur Gémeaux devant madame Verseau

Depuis qu'elle sait ce que c'est que rêver, mademoiselle Verseau rêve à l'amour comme à la rencontre d'une âme sœur. Pour elle, l'amour a toujours été affaire d'esprit et d'âme. Les demoiselles Verseau n'apprécient pas instinctivement le mariage ; elles lui préfèrent une tendre amitié ou une union irrégulière.

Monsieur Gémeaux sera l'homme capable de jeter bas cette forteresse et de s'emparer de la place, c'est-à-dire du cœur. Madame Verseau sera tombée dans ses bras, corps et âmes soumis, avant même que l'un et l'autre n'aient eu le temps de faire connaissance.

C'est seulement alors qu'ils se découvriront.

Nés l'un et l'autre sous un signe d'Air, ils ont des points communs. Ils ne sont ni l'un ni l'autre de grands sentimentaux mais ont tous deux de l'esprit. Monsieur Gémeaux sera prêt à accepter toutes les fantaisies de madame Verseau sans tenir aucun compte d'un « qu'en-dira-t-on » dont ni l'un ni l'autre ne se soucie.

Ils aimeront voyager ensemble et leur ménage sera toujours des plus gais. Seuls leurs enfants seront une force susceptible de les retenir à la maison.

Monsieur Gémeaux devant madame Poissons

Il y a dans madame Poissons quelque chose qui paraît un peu en marge du monde réel et ce mystère attire beaucoup d'hommes vers elle. Elle est infiniment intuitive et point n'est besoin de prononcer des mots pour qu'elle sache tout ce qu'on voulait lui dire.

Ce caractère semble très éloigné de celui de monsieur Gémeaux, qui parle beaucoup et agréablement, qui est agité, gai et divers. Comment peuvent-ils se connaître, se comprendre et s'aimer au point de constituer un couple ?

Madame Poissons a rêvé d'une existence merveilleusement harmonieuse et elle pense à monsieur Gémeaux, délicieux et tellement amusant, comme à un partenaire possible. Il semble que ce soit une erreur.

Sitôt l'union réalisée, ce qui était charme et mystère en monsieur Gémeaux devient pour madame Poissons une source de soucis et d'anxiété : il faut qu'elle accepte de vivre aux côtés d'un être nerveux et vif, elle qui est avant tout calme et secrète.

Monsieur Gémeaux, cependant, saura dire à sa chère madame Poissons combien il l'aime avec des termes choisis et une telle ferveur qu'elle oubliera toutes les tracasseries nées de sa perpétuelle agitation et se laissera adorer comme une mystérieuse sirène qu'elle est, au fond d'elle-même.

LE CANCER

CHAPITRE PREMIER

Portrait des natifs du Cancer

Sont nées sous le signe du Cancer les personnes venues au monde entre le 22 juin et le 22 juillet.

A la base de nos observations, retenons que le germe est alors en train de se constituer, que la vie songe à peine à redonner la vie, que rien n'est encore décisif.

L'eau originelle

Le Cancer est d'abord un signe d'Eau.

C'est une eau grouillante de germes de vie, car le Cancer est encore dans la période ascendante de la vie : la fleur est épanouie, et sa fin est encore un commencement, parce qu'elle va donner le fruit qui enferme et protège la graine, elle-même source de la vie future.

C'est une eau à l'aspect dormant, car l'eau vive est un tout autre symbole, elle est une eau qui court et ne peut rien retenir ni nourrir. Elle recueille, peut-être, les éléments chimiques et biologiques qui créeront le milieu propre à la naissance de la vie. Mais le véritable creuset d'où sont issus, à l'origine, les êtres vivants, c'est une eau immobile, silencieuse et tiède, étalée dans la fertilité de cette saison où la lumière est largement dispensée, car ce sont les jours les plus longs.

La psychologie du natif du Cancer se ressent de ces circonstances. La première ébauche sera timide autant qu'hésitante. Ne se situant pas facilement dans la « programmation » universelle, ce personnage reste longtemps enfantin : il lui faut attendre de voir dans quel sens se précise son destin.

Au cours de cette attente, n'étant pas en mesure de se tourner vers un avenir dont il ignore tout, dont rien ne lui signale la couleur, il reste dans le giron maternel. Il reste près de ces eaux mères, dont il se sent issu. Sa filiation, c'est la seule chose dont il soit sûr. Tout l'attire et tout l'angoisse. Le sein maternel reste à la fois la seule certitude et l'unique refuge.

Pour ces raisons et du fait de ces circonstances, le Cancer restera toute sa vie en étroite union avec sa mère en particulier, avec tout ce qui a rapport à la mère en général. Toute sa vie, il s'appuiera sur sa mère, ou sur le souvenir de celle-ci, ou sur la notion de mère et de maternité, enfin sur tout ce qui entourait la mère, c'est-à-dire sur toute son enfance, avec le décor environnant et qu'il regrettera toujours, quel qu'il ait été.

Il n'a aucune directive pour aller de l'avant. Aussi ce n'est qu'en hésitant qu'il avancera dans la vie, ce que symbolise la démarche du crabe qui se propulse latéralement.

Ainsi, à peine sorti des eaux mères, il tente d'y revenir ; dans le meilleur des cas, il ne s'en va pas en leur tournant le dos. Marchant « sur le côté », il peut, à la moindre alerte, à la moindre angoisse, se retourner pour reprendre courage, force et vie en s'assurant que le marécage natal est tel qu'il l'avait laissé et prêt à l'accueillir ; que la maison de son enfance est encore en place avec sa mère prête à le soigner, le calmer, le consoler si des aléas et des vicissitudes le blessent.

Avec ces regrets et ces retours en arrière, la vie du Cancer ne peut s'élaborer très vite.

Mais nous savons déjà quels éléments peuvent modifier le type pur et nous ne nous étonnons pas de connaître des Cancer qui ne correspondent pas à cette description. Il y en a pourtant et ils sont la majorité.

Sur le plan psychologique, la vie du Cancer s'élabore donc lentement et son développement se réalise machinalement, avec des arrêts et des retards, des reprises et des régressions, comme s'il tâtonnait, s'il hésitait à devenir lui-même, totalement individuel et indépendant.

Le Cancer de type pur est un être qui ignore la hâte.

Une carapace de protection

La personnalité du Cancer de type pur est à caractère féminin.

Cela ne veut absolument pas dire que les hommes de ce signe manquent de virilité, mais que ce sont des êtres réceptifs, passifs, sensibles, vulnérables et soumis à l'influence de la Lune.

Le Cancer rêve de rester enfermé dans sa carapace, dans l'œuf natal. Il n'apprécie pas d'être lancé dans ce vaste monde où la moindre chose le fait souffrir. Pour résister, il s'est armé dans le style défensif.

On le croit dur et insensible : il est tendre, sentimental et fragile. Mais il s'est mis à l'abri.

Dans la vie de tous les jours, ce besoin de sa carapace se traduit chez le Cancer par le goût du travail fait à la maison : il est tenté de rester enfermé chez lui plutôt que d'aller vers les événements extérieurs. Il attend les offres plutôt que d'aller tirer les cordons de sonnette.

Mais cette situation rêvée pour lui et, notez-le au passage, bien féminine, n'est pas toujours réalisable. Dans la plupart des cas, le Cancer est bien forcé de sortir, de prendre le train de banlieue avec la cohorte des autres travailleurs, de venir se mêler à la foule laborieuse et de se retrouver pour chaque journée de travail en contact avec les « autres », c'est-à-dire avec ce qu'il craint. Il le fait, mais il en souffre. Quand il rentre le soir à la maison, il a besoin de calme et de douceur. Il a besoin de portes closes, de fenêtres calfeutrées, de tout ce qui sera en sécurité, pour que cette soirée et cette nuit, uniquement consacrées à la satisfaction des besoins vitaux, lui fassent oublier les coups reçus au point qu'il puisse repartir le lendemain...

Un grand incompris

Le Cancer est un incompris qui, souvent, ne le sait pas lui-même. Il ne prend pas l'attitude extérieure de l'incompris traditionnel ; il reste simple et calme. En fait, c'est là que se trouve la source du manque d'harmonie de sa vie : il demeure un étranger pour les autres parce que les autres sont en général extravertis, ou tout au moins jouent le jeu des relations humaines ; tandis que le Cancer ne joue pas le jeu ; il se tait ou parle pour faire du bruit, mais non pour exprimer réellement sa pensée. Comme c'est un personnage lent, il ne peut pas briller dans la conversation banale et mineure des contacts de chaque jour.

S'il ne trouve pas sa compensation, il se repliera de plus en plus sur lui-même.

La compensation, c'est une âme compréhensive qui est unie à

lui avec assez d'amour pour deviner ce qu'elle ne comprend pas.

Sans cette compensation qui peut le transformer, il va replier ses pattes sous lui, arrondir et consolider sa carapace, rentrer pinces et antennes et, solidement abrité, attendre que tout passe. Car, dans son attachement aux origines, il sait bien que rien ne demeure et que tout change.

A l'extrême, il devient misanthrope, un misanthrope plus tranquille que celui de Molière, car il ne dira pas grand-chose mais, comme Alceste, il partira, sans prévenir ses amis, vers un lieu isolé.

Un endroit écarté
Où d'être homme d'honneur on ait la liberté.

Ce sont là les principales tendances qui habitent le Cancer de type pur.

On croit en général que le Cancer reste froid parce qu'il est peu sensible et on lui reproche souvent l'existence de sa « carapace » comme une preuve de son égoïsme. Or, il y a peu de signes zodiacaux qui donnent à leurs natifs une telle capacité émotionnelle que celle que le Cancer apporte. Et, de plus, le natif de ce signe est sous l'influence de la Lune.

La Lune exerce non seulement une grande influence sur la vie organique, mais encore sur le rêve, la vie intérieure profonde, la mémoire et l'inconscient. Dans tout cela, rien qui provoque la sécheresse de cœur, l'égoïsme, mais, au contraire, les éléments d'une très belle et intéressante sensibilité.

Le Cancer est un grand émotif.

Il ne se distingue pas par une très grande activité, ou alors c'est qu'il fait sur lui-même un très gros effort : il se classe parmi les surémotifs sous-actifs.

L'émotivité, c'est sa vie. Les mouvements de son cœur, ses motivations.

Du fait que la Lune est changeante, le Cancer ne sera pas un être attaché irréductiblement à des habitudes et à des attitudes.

Deux états psychologiques à partir d'un type unique

Partant de cette base de profonde sensibilité, nous pouvons suivre l'évolution du Cancer et constater qu'il peut prendre deux routes. La première fera de lui un sentimental. Ce sera généralement sous l'influence de la planète Saturne dominant dans son ciel de naissance. Mais on sait que les effets de la planète Saturne ne sont jamais exempts de problèmes.

Le Cancer, sous cette influence, peut devenir un velléitaire. Il sera constant, fidèle, attaché au passé et aux habitudes, mais mélancolique et résigné.

C'est une personnalité secondaire, qui se souvient de tout, qui pense longuement avant de réagir et qui supporte mal l'agitation et la précipitation.

Une autre voie fera de lui un nerveux. Cela peut se produire sous l'influence des planètes Mercure et Mars qui se trouveraient en bonne position dans son ciel de naissance.

C'est alors un type que mine le besoin de changement, qui se laisse aller à des enthousiasmes brusques et brefs. Il est mobile, vif, et primaire. Mais il reste toujours très attaché à son passé.

Souvent une seule et même personne passe insensiblement d'une attitude à l'autre.

Le Cancer paraît être surtout un être pour qui le souvenir est essentiel. Il se souvient, d'abord. On peut en conclure que c'est la mémoire qui caractérise la nature de son intelligence. Il sait parfaitement bien s'en servir, s'il le veut bien et s'il ne se laisse pas emporter par une imagination qui ne lui manque pas, non plus.

Mémoire, intuition, imagination sont fondamentales chez lui.

Portrait physique d'un Cancer

Le signe zodiacal du Cancer ne donne pas une physionomie très typée à ses natifs et l'on discerne de grandes différences entre eux parce qu'ils sont influencés davantage par leur signe ascendant que par leur signe solaire.

Néanmoins, quelles que soient ces influences, on retrouve toujours profondément un type de base, qui est le lunaire.

C'est un type qui a un tempérament lymphatique-digestif et psychique.

Il a, généralement, des formes arrondies, tout en lignes courbes et confortables. Il est plus gras que musclé. Le visage est rond, au front bombé, mais l'importance se situe au niveau de la bouche. Les yeux sont à fleur de tête et les arcades sourcilières à peine marquées. L'expression est assez enfantine par suite de l'indécision du tracé des traits.

Le teint a tendance à rester pâle, même blafard. Le regard est doux. L'expression habituelle est craintive, naïve, étonnée, rêveuse.

Sous l'influence des conditions de vie, il peut se transformer en un genre de nerveux crispé que tout irrite et qui semble souffrir du moindre frôlement.

Ce dernier est un grand émotif, qui rougit et pâlit en un éclair ; son visage est très mobile. Il peut pleurer facilement.

Les uns et les autres sont très humains et de contact amical.

Leur santé serait bonne et solide s'ils n'avaient cette propension que donne le tempérament lymphatique aux troubles ganglionnaires.

Comme ce sont des hyperémotifs, leurs nerfs sont mis à dure épreuve et c'est suffisant pour leur faire courir le risque de devenir les victimes d'une névrose caractérisée.

Il semble que, pour les remettre en bonne santé, la meilleure méthode, plutôt que des traitements qui ne peuvent être que très longs et que le patient ne suivra pas assez longtemps (manque de constance, ou manque de possibilités matérielles), soit d'étudier une « remise en état du terrain », c'est-à-dire traiter en profondeur des symptômes sans chercher directement à les apaiser.

Ce sont les clients parfaits des stations thermales, parce que l'eau leur est toujours favorable, et aussi parce qu'il s'agit alors de traitements doux et s'étalant sur un grand laps de temps.

Les cures par hypnotisme leur sont également favorables, mais elles ne sont pas encore très répandues.

CHAPITRE II

Le destin des natifs du Cancer

A l'instant d'un choix fondamental, les Cancer se divisent en deux groupes : d'une part, les « Cancer végétatifs » ; d'autre part, les « Cancer nerveux ».

Il ne s'agit pas d'un choix volontaire et délibéré, mais du résultat des tensions internes et de la personnalité du sujet.

L'orientation professionnelle du Cancer

Le choix d'une carrière, malheureusement, n'est pas toujours fondé sur des motivations logiques. Les attirances et les répulsions ne sont pas forcément explicables.

Ce sont souvent des manifestations spontanées, dépendant de l'instant, du milieu, du subconscient.

On s'aperçoit alors que le choix des natifs du Cancer est fonction de leur caractère essentiel.

La direction choisie par les végétatifs les conduit aux métiers les plus automatisés parce qu'ils obéissent en cela à une tendance impliquant l'économie des forces physiques qui est en eux. Ce sont des organismes bien réglés qui, une fois qu'on leur a appris les mouvements qu'ils auront à exécuter pour accomplir leur tâche, s'en tiennent là, avec la plus parfaite régularité.

On peut leur confier des travaux extrêmement délicats et précis, s'il y a automatisation, ils s'y révéleront très compétents.

En ce sens, le Cancer de nature végétative est parfait.

Dans notre monde industriel voué de plus en plus à l'automatisation, il est assuré de trouver toujours de nombreux débouchés.

Ce genre de travail n'exigeant qu'un effort cérébral minimal notre

Cancer pourra tout à son aise, et tant qu'il voudra, se laisser aller à des rêves, car les rêves ne troublent en rien le travail automatique.

Les Cancer nerveux, naturellement et comme on pouvait le prévoir, prendront un tout autre chemin.

Les métiers qui les tenteront seront ceux où l'on doit aller et venir, se déplacer, agir selon sa propre inspiration, organiser soi-même son emploi du temps, son programme.

Le comportement au travail du Cancer végétatif

Le Cancer végétatif est calme et lent. Il ne trahit aucune émotion. En général, il se présente à l'heure exacte à son poste de travail ; mais, si un incident l'a mis en retard, il ne fera pas pour cela un pas plus vite que l'autre !

Il est endurant et résistant. Il est également docile et accepte de se conformer aux coutumes et aux usages de la profession et de l'entreprise. Mais, dans quelque cas que ce soit, il est préférable de ne pas le brusquer.

Comme il est discipliné et comprend facilement ce qu'on attend de lui, ce serait lui faire une peine inutile.

Une remarque s'impose : il est essentiel de savoir que le natif du Cancer est un timide. C'est un trait qui le gêne dans les premiers jours d'une nouvelle fonction, car il évite de solliciter des directives ; s'il lui manque un instrument de travail, il perdra de longs moments à essayer de s'en passer avant de demander qu'on lui en procure un.

Ses tendances naturelles, qui l'attachent au foyer, à la famille, lui font préférer les ambiances de travail où le personnel est peu nombreux. Dans le cas contraire, il ne serait à l'aise que s'il était incorporé à une petite équipe fixe et fermée. S'il doit s'insérer dans une chaîne de fabrication avec un rythme imposé, il y sera rigoureusement régulier, mais souffrira de n'être plus qu'un numéro anonyme dans la foule.

Il tient beaucoup à la sympathie de ses supérieurs et à celle de ses camarades de travail et, comme il est très sociable, il se lie vite ; on ne peut bientôt plus se passer de sa présence.

Il n'aime pas beaucoup les changements et, parce qu'il est timide, il n'a pas toujours la situation qu'il mérite.

Parfois, on la lui propose, mais cet avancement exigerait de sa part qu'il accepte de changer de lieu de travail et par conséquent d'ambiance, de chefs et de camarades.

Le Cancer nerveux devant le travail

Il serait plutôt à ranger parmi les instables, les gens qui ne savent pas s'organiser méthodiquement.

Il paraît au premier abord plus dynamique que son frère végétatif ; il est souvent pris pour un fort, un ambitieux, un volontaire, un actif.

En fait, ce n'est pas tout à fait cela.

Il a son style personnel de travail, il faut qu'il soit encadré et fermement maintenu dans ses fonctions si on veut le conserver utilement dans une entreprise. Son efficacité est plutôt inégale.

Il est tout aussi sociable que son frère, mais il va trop vite jusqu'à la familiarité. Il est même tenté d'en abuser.

Le Cancer nerveux est en somme moins équilibré, moins simple, moins logique que le Cancer végétatif, bien qu'il paraisse à l'observateur superficiel avantagé par un plus grand nombre de dons naturels.

Il est inconstant et change souvent d'emploi, de métier, car il arrive difficilement à se maintenir en place.

Parfois on ne le gardera pas ; mais, le plus souvent, c'est lui qui s'en ira.

En ce qui concerne l'avancement, ses chances sont inégales. Tout dépendra de la nature du poste auquel il accède. S'il s'agit simplement d'un avancement d'ancienneté, lié uniquement à un titre et à une augmentation de la rémunération, ce sera excellent pour lui.

S'il s'agit d'accéder à un poste de commandement, l'avenir dira s'il est apte à ce niveau ; il peut faire un bon chef d'équipe, ou un bon chef de bureau ; mais au rang d'ingénieur, de chef de service ou de directeur, il n'est plus en mesure de fournir un effort assez régulier et il ne trouve pas en lui les qualités qui font l'autorité et qui appellent de la part des collaborateurs l'obéissance et le respect. Ce n'est pas là que se trouve sa vocation.

Les chances du Cancer dans la vie

Notre natif du Cancer se dessine maintenant avec une certaine précision.

Évidemment, il s'agit encore d'un modèle assez généralisé et que bien d'autres circonstances vont différencier en types plus particuliers, plus précis, et, finalement plus proches de la ressemblance avec la réalité.

Quelles sont donc ses chances de succès dans la vie ? Pouvons-nous nous hasarder à en parler ?

Ses meilleures chances de bonheur sont de toute façon près de la maison natale. Qu'il puisse y passer tous les jours de sa vie, ce seront tous des jours heureux. Mais il faut que les circonstances s'y prêtent.

Les chances du natif du Cancer commencent à s'orienter, à se dessiner, avant même qu'il ne vienne au monde. Étant donné ce lien si puissant qui l'attachera à sa mère, c'est d'elle que va dépendre la plus grande partie de son bonheur.

En ce qui concerne la puissance et la richesse, on ne saurait assurer que les dons des natifs du Cancer les portent vers de tels succès. Toutefois, par la voie artistique, étant donné leur exceptionnelle sensibilité, ils peuvent rencontrer la gloire, et faire preuve d'un talent exceptionnel.

Sur le plan du bonheur personnel, les chances du Cancer dépendent de la sagacité avec laquelle il saura choisir la compagne de sa vie. Le conjoint sera l'ersatz de la mère, principalement dans les situations où la mère fera défaut. Le rôle de l'épouse ou du mari sera de remplacer ce berceau naturel par une aura de tendresse et l'organisation d'un foyer où les éléments essentiels seront le confort et la sécurité. Dans une telle situation, le Cancer pourra trouver le bonheur, le calme, et aussi de meilleures conditions pour la réussite de sa carrière professionnelle.

Cependant, nous l'avons dit plusieurs fois, le type pur des natifs d'un signe du Zodiaque est rare et les types mixtes sont nettement différents.

L'enfant Cancer

Si votre enfant est né sous le signe du Cancer, vous aurez trouvé dans les pages qui précèdent les éléments qui vous permettront de le comprendre.

Il sera un enfant tranquille, qui vous donnera beaucoup d'affection et pour longtemps. Vous savez que son bonheur sera près de vous : mais que vous aurez le devoir de le pousser à s'éloigner un certain temps, par exemple à la fin de ses études, sans quoi il serait trop vulnérable. Et puis, sa carrière mise en route, son propre foyer fondé et vivant, vous compléterez son bonheur en lui proposant de venir vous joindre à lui ou en lui offrant votre maison.

Son jour faste est le lundi ; ses nombres favorables, le 2, le 6 et le 12.

Vous choisirez donc les lundis pour les actes ponctuant sa vie de petit enfant, un vaccin, un changement de régime, sa présentation à l'école, etc. Et les nombres qui sont les siens pourront être appliqués dans la décoration de sa chambre, dans ses jouets, dans ses vêtements : un hochet à douze boules sera son premier jouet, et ses premières brassières auront deux ou six boutons.

Son métal est l'argent, sa petite cuillère, son gobelet pourront être faits de ce métal.

Ses jouets devront s'inspirer des animaux favorables à son signe : les crustacés et les coquillages. Dès que vous le pourrez, conduisez-le au bord de la mer et apprenez-lui les multiples jeux que l'on peut inventer avec les coquillages, sur la plage.

Ne le secouez pas s'il vous paraît somnolent ou renfermé ; il lui faut un jour propice pour s'épanouir et s'exprimer ; par ailleurs, soumis à l'influence de la Lune, il est capricieux, et ni lui ni vous ne pourrez l'éviter ; il sera aussi un peu mythomane, il ne mentira pas en vue de cacher une faute, mais il inventera facilement des histoires, des aventures et des anecdotes purement fictives, parce qu'il est sous l'influence de la Lune ; son humeur en sera constamment influencée.

CHAPITRE III

Le Cancer et l'amour

Le Cancer est, nous l'avons vu, un signe lunaire féminin ; nous avons précisé dans quel sens on doit interpréter le terme « féminin ». C'est un être réceptif, passif, sensible et émotif.

Pour un natif du Cancer, à la base de toute sentimentalité il y a le vieux rêve raisonnable et traditionnel : maison où l'on s'installe, épouse aimée autant qu'aimante, et le cercle des beaux enfants qui assureront à la fois une vieillesse heureuse et la perpétuation de la famille.

Chez le Cancer, le rêve n'est pas improvisé et l'amour n'est pas subit. Il dispose d'un rêve longuement mûri, qu'il compare au monde réel. Ce qu'il espère n'est pas une brûlante passion, mais un écho paisible et sensible du climat qu'il trouvait au foyer familial. Dans l'amour, il va chercher d'abord l'affection et la tendresse ; il demande aussi douceur, protection et consolation. Il recherche l'équivalent de l'irremplaçable amour maternel. Cet amour, il le veut sans partage, compréhensif, indulgent, réconfortant, et surtout un amour qui soit sans drames, sans heurts.

Le Cancer est romantique, imaginatif, idéaliste. Il espère une idylle confiante, une magie, un songe se faisant réalité et dont la seule pensée lui donne un choc au plexus.

Longtemps, il médite ce rêve et puis, un jour, est-ce à cause de l'âge, des dispositions des astres, de mille conjonctions, cette lumière intérieure se reflète harmonieusement sur un être, sur un visage, et c'est l'éclatement de la passion.

Il vient de trouver son âme sœur. Il est amoureux.

A partir de cet instant, rien ni personne ne fera démordre notre Cancer de son amour, auquel il tient désormais plus qu'à tout.

Impossible de faire la moindre critique : l'être aimé est parfait. Désormais on s'en tient là, on aime, on épouse, on reste auprès de la personne élue et parée de toutes les perfections.

Il se trouve qu'en général le choix — et c'est heureux — n'est pas mauvais.

Le Cancer et la sexualité

Le natif du Cancer, ce lunaire, tantôt apathique, tantôt nerveux, est-il hanté de désirs sexuels ? Est-il touché par des tentations érotiques ? Est-il aussi calme que les eaux près desquelles il vit symboliquement ?

Le Cancer est un être qui donne plus qu'il ne reçoit. En amour, c'est sa réaction.

Comme il peut s'en rendre compte, les changements d'humeur des personnes de son entourage risquent d'influencer son propre état émotionnel. Cette prédisposition à se laisser entraîner par les états d'âme des autres se révèle même dans la vie sexuelle. Dans ce domaine aussi, le Cancer a tendance à se laisser influencer.

Dans l'attitude du Cancer, qui se place sur le plan sexuel parmi ceux qui donnent plus volontiers que parmi ceux qui reçoivent, on peut voir une certaine noblesse. Aimer c'est donner. Mais les rapports sexuels doivent constituer un échange et le Cancer ne semble pas en être persuadé. Il est donc utile de conseiller aux natifs de ce signe de tenir compte de cette remarque et de se corriger, car ils pourraient rencontrer des difficultés en conservant inébranlablement cette attitude passive. Il y a des limites à la féminité.

L'équilibre sexuel est une nécessité et le bonheur qu'il apporte pourra combler les aspirations affectives du Cancer. Il n'a que trop tendance à faire en sorte que la joie, le bonheur, la satisfaction soient souvent éprouvés seulement par l'« autre ». Même s'il ne tient pas à changer d'attitude, il y aura en lui, sans qu'il le sache, des réactions de frustration.

Il faut donc que le Cancer sache en premier lieu qu'en amour il est aussi nécessaire de savoir recevoir que de savoir donner.

Le Cancer a des besoins sexuels assez ardents. Pour lui, c'est un élément important de la vie. Il y associe la tendresse, à laquelle il tient beaucoup, la famille et la loyauté. Il aime « pour le bon motif ».

Dans cette attitude, qu'on ne saurait critiquer, il est quand même préférable de ne pas aller jusqu'à l'absolu. On courrait le risque de déceptions cruelles.

En amour, il arrive que le Cancer, dans son élan, souhaite être plus que tout autre. Il veut susciter un élan exceptionnel. Mais il ne doit pas négliger qu'il est sous l'influence de la Lune. La Lune, qui représente un élément féminin, expliquerait, dit-on, cette propension à donner plus qu'à recevoir.

Les femmes du Cancer sont en général séduisantes mais elles recherchent dans l'amour la sécurité. Si elles ne l'y trouvent pas, elles rompent sans tarder.

Les hommes sont émotifs et influencés par ce qui les entoure. Pour un Cancer, l'acte sexuel n'est pas quelque chose d'isolé, un tout en soi. C'est une partie seulement de ses rêves, inséparable du foyer-refuge, et du confort moral.

Si le Cancer ne trouve pas, ne réussit pas à trouver dans l'amour, dans la sexualité, la sécurité et le confort auxquels il aspire, il arrive qu'il renonce définitivement au mariage et porte ailleurs ses rêves, ses aspirations, son intérêt.

La Maison V du signe du Cancer, celle qui concerne le domaine sexuel, est habitée par le Scorpion. Cela crée une tendance complexe au secret, au mystère, et appelle une grande prudence de la part des natifs du Cancer. Des gens sans scrupule pourraient profiter de ce goût du mystère qui se trouve chez les natifs du Cancer : ces derniers risquent de se voir conviés à d'étranges réunions où l'on cherchera à les retenir, à les hypnotiser, et de se réveiller ensuite impliqués dans de curieuses aventures.

Un Cancer est tout compte fait assez réaliste pour qu'une fois averti il en tienne compte.

Ajoutons qu'il y a dans le Cancer deux éléments ennemis de son bonheur : d'une part la jalousie, toujours gênante pour le partenaire et qui, si elle est une preuve d'amour, est aussi un manque de confiance ; et d'autre part un esprit possessif trop marqué, susceptible de passer aux yeux du partenaire pour une entrave à son libre arbitre. De ces deux défauts, le Cancer devra s'efforcer de se débarrasser s'il veut bâtir un bonheur long et durable.

Conseils aux hommes concernant les femmes natives du Cancer

Une femme native du signe zodiacal du Cancer aspire, dès que l'amour semble naître en elle, à fonder un foyer. Vous trouvez qu'elle est un peu prompte à se décider ; c'est chez elle un instinct. Elle n'y peut rien changer. Elle a besoin d'être rassurée, et recherche la sécurité. Si vous tenez à elle, il faut que vous le lui disiez nettement ; ne pensez pas que cette assurance la fera plus coquette et taquine et qu'elle en abusera ; pas du tout. Sachant que vous êtes amoureux d'elle, elle vous apportera des joies merveilleuses. Souvenez-vous qu'elle donne, en amour, plus qu'elle ne demande.

Une dame Cancer a besoin, à son côté, d'un homme sincère et affectueux, la sexualité, pour elle, ne se concevant pas sans affection.

Conseils aux femmes concernant les hommes natifs du Cancer

De quelque signe que soit la femme amoureuse d'un natif du Cancer, elle devra se méfier et ne pas abuser de son amour ; il se laissera faire, sans aucune manifestation, pour voir jusqu'où elle ira ; et puis, quand une quelconque borne sera dépassée, il s'en ira. Il y a un point de non-retour dont lui seul connaît les coordonnées.

Le natif du Cancer est avant tout très affectueux : il est également constant et fidèle, et il tient beaucoup à s'assurer que sa partenaire sera toujours présente à son appel. La sécurité est pour lui une nécessité.

Sa partenaire devra, même si elle est réellement très amoureuse de lui, lui expliquer qu'il ne suffit pas de donner, en matière d'amour et de sexualité ; il faut aussi être capable de recevoir et même de prendre, et surtout d'exprimer que l'on désire recevoir et que l'on est heureux de ce qu'on vous donne.

La femme considère en général le mariage comme une association dans laquelle la sexualité joue un rôle sérieux et nécessaire. Si elle cherche à attirer un Cancer pour s'en faire épouser, il est bon et utile qu'elle sache que son partenaire l'observe et souhaite organiser complètement le style de leur vie future.

La femme cherche également, en amour, un être qui soit son opposé. Elle apprécie quelqu'un dont le caractère soit exactement l'inverse du sien. L'aventure sexuelle, pour le natif du Cancer, implique un changement d'habitudes, une modification de ses plans, un renouvellement de son style de vie.

Il tient à une certaine morale, pas tellement par principe, mais dans un esprit pratique, dans ce sens qu'il ne s'habitue pas au laisser-aller dans ce domaine.

Sans être parfait , le Cancer est fidèle à sa parole, ne détruit pas un foyer par le fait d'une liaison inconsidérée, et ne s'engage que dans une relative sécurité. Il a besoin de respecter la femme qu'il aime car il ne sépare jamais amour et foyer.

Quand l'homme du Cancer est déçu en amour, il se tourne vers la gastronomie. Il mange, mange beaucoup et grossit. Pour lui, la bonne chère est consolatrice des peines de cœur.

Quand il est malheureux, il se gave. Quand il est heureux, il apprécie tout autant de bien manger, mais il mange moins, ce n'est plus une compensation psychique, c'est simplement la satisfaction d'un besoin.

Quand on connaît un Cancer, rien qu'à le voir grossir ou maigrir, on peut juger de son bonheur ou de ses déconvenues en amour.

Il est utile de faire remarquer aux hommes natifs du Cancer qu'il y a dans leur comportement vis-à-vis de la nourriture comme compensation un cercle vicieux. S'ils se consolent en mangeant, ils grossissent, et s'ils sont gros, il perdent de leur charme et des chances qu'ils ont de retrouver un autre amour. Mais il est vrai que, dans un chagrin d'amour, on se garde bien de penser à recommencer une autre expérience !

Il faut que les Cancer se gardent de négliger leurs problèmes physiques ; or, si on se laisse aller à grossir, par exemple, ce qui se fera imperceptiblement, il sera, en revanche, pénible et laborieux de maigrir ensuite ; ces changements de régime alimentaire ne sont jamais rapides et ils ne sont jamais bons pour la santé non plus. Quand le natif du Cancer se sent déprimé, quand il a de la peine, rien ne lui interdit de s'offrir quelques bons repas pour remonter son moral et même son tonus, mais à une condition : qu'à une qualité supérieure corresponde une quantité réduite !

Et enfin sachez qu'il y a une phrase lapidaire qui vous convient particulièrement, natifs du Cancer ; c'est celle-ci : « Ne pas confondre sexualité avec reproduction. »

Dans le cours de vos expériences sexuelles, rien ne vous oblige à ne prendre en considération que les femmes vous paraissant susceptibles de fonder un foyer avec vous. On peut butiner ailleurs en attendant l'ange prédestiné.

Pour la plupart des natifs du Cancer, il est important de se rendre compte du rythme de leurs changements d'humeur. Extrêmement variables, comme la Lune sous l'influence de laquelle se déroule le principal de leur existence, ils pourraient prévoir ce qui peut arriver s'ils observaient ce rythme. Il est inutile, en effet, de chercher à nouer des relations sexuelles dans une période de noir abattement.

De même, si l'on traverse une phase de pessimisme, il est inutile de se poser trop de questions sur les résultats des entrevues sentimentales ; tout ce que dira l'autre sera mal interprété. C'est une période au cours de laquelle il faut « laisser faire, laisser passer ». Vive le libre-échange en amour !

CHAPITRE IV

Le natif du Cancer et l'élue de son cœur

Monsieur Cancer devant madame Cancer

Madame Cancer cherche en lui ses chances de bonheur dans la sécurité. Ses chances sont exceptionnelles, car c'est aussi ce que cherche monsieur Cancer quand il la rencontre.

Il lui parle agréablement de ses voyages et des curieuses collections qu'il en a rapportées, tandis qu'elle écoute en se demandant s'il est maintenant vraiment mûr pour se fixer et rester à son foyer.

Selon l'humeur dans laquelle il trouve madame Cancer, monsieur Cancer sera gai ou triste, optimiste ou non, et s'efforcera de se mettre à l'unisson avec celle qu'il aime.

En amour, monsieur Cancer sera volontiers celui qui donne et souhaitera que madame Cancer soit celle qui reçoit. Mais elle préfère, elle aussi, donner plus que recevoir et cet assaut de zèle et de concessions sera leur seule opposition. Pour que tout se passe le mieux du monde, chacun d'eux doit savoir prendre et aussi donner. L'amour n'est complet qu'à cette condition. Si vous n'en êtes pas capable, ne tombez pas amoureux de madame Cancer !

Monsieur Cancer devant madame Bélier

Les natifs du Bélier sont en rapport avec la Maison du Cancer relative au prestige, à la carrière, aux ambitions.

Cela permet de supposer que, pour monsieur Cancer, la présence et l'amour de madame Bélier seront une aide dans son ascension sociale et professionnelle.

Il ne tient pas tant que cela devoir quoi que ce soit à sa femme, mais il n'y pourra rien ; les astres en ont décidé ainsi.

Madame Bélier n'aura de cesse qu'elle ne vous ait communiqué son goût du travail bien fait, des projets sans cesse renouvelés et de l'universalité des ambitions. Vous ajouterez à ses initiatives votre ténacité proverbiale et, si votre timidité est un frein, cette ténacité sera d'un grand secours ; madame Bélier pense au commencement des projets, mais elle n'envisage jamais leur achèvement ; pour elle, il va de soi que ce que l'on commence devra bien se terminer un jour ou l'autre.

Sauf, bien entendu, la vie qu'elle commence avec le Cancer, vie qui sera plus stable et plus tranquille que ce qu'elle avait rêvé, mais probablement aussi plus heureuse et plus profitable. Les enfants ne tarderont pas à couronner une telle union.

Monsieur Cancer devant madame Taureau

Entre monsieur Cancer et madame Taureau peut naître un sentiment d'amitié. Monsieur Cancer donne une grande importance à l'amitié. Mais madame Taureau préfère carrément des relations plus conformes à cet appel des sens qu'elle éprouve souvent et que ce monsieur Cancer vient de mettre en mouvement. Pourquoi, se dit-elle, ne pas vivre avec lui une amusante aventure ? Mais attention ! Monsieur Cancer n'est pas homme de fantaisie. Monsieur Cancer rêve mariage et foyer. Dès qu'il a vu madame Taureau, il l'a imaginée en mère de famille et a souhaité lui faire des enfants. On n'y peut rien changer, un Cancer a le sentiment de la famille chevillé à l'âme.

Il ne convient pas que monsieur Cancer passe par tous les caprices de madame Taureau ; il vaut mieux qu'il lui fasse part de ses règles à lui et lui exprime nettement son point de vue ; cela évitera un gaspillage regrettable de temps, d'argent, de patience et peut-être même d'amour.

Mais la Lune protégera ces amours et le bonheur n'est pas si loin...

Monsieur Cancer devant madame Gémeaux

On considère généralement que Cancer et Gémeaux sont réciproquement en état de neutralité. C'est la planète Mercure qui régit les Gémeaux, et le Cancer est sous l'influence de la Lune. La mise en présence de ces deux êtres crée en général un état de tension. Cela peut venir du fait que le signe des Gémeaux, dans le ciel des natifs du Cancer, habite la maison relative aux institutions, aux restrictions, au secret. Malgré cette tension, monsieur Cancer sera tenté de faire ses confidences à madame Gémeaux : elle a le don de provoquer ce genre de conversation. Elle l'incite à descendre en lui-même et monsieur Cancer se laisse faire.

Une union est possible, mais elle sera faite davantage de promesses que de réalisations.

Quand Gémeaux et Cancer sont unis, ils ont l'habitude de se critiquer mutuellement, chacun puisant dans son amour pour l'autre un irrésistible besoin de le corriger ; ce à quoi l'autre ne tient pas tellement.

Monsieur Cancer devant madame Lion

Une union entre madame Lion et monsieur Cancer présente un grand intérêt. Madame Lion est sous l'influence du Soleil, monsieur Cancer sous celle de la Lune. Que va donner leur rencontre ? Madame Lion est une personne très vivante, très sociale, qui apprécie de briller dans le monde ou dans le milieu où elle vit ; monsieur Cancer est doux, calme, tenace et malléable. Il aime par-dessus tout son foyer et, pour garder près de lui madame Lion, sa conquête, il fera tout ce qu'il faut. Ils sont assez différents l'un de l'autre pour trouver déjà un grand intérêt à se découvrir réciproquement.

Le Lion est un signe zodiacal qui habite, chez le Cancer, la Maison relative aux revenus, à l'argent, aux biens personnels. Avec un Lion comme épouse monsieur Cancer accumulera les biens.

Si monsieur Cancer est tenace, madame Lion, de son côté, est obstinée. Les relations avec elle peuvent ne pas être exemptes de quelques problèmes. Le Lion a tendance à dominer ; il ne faudrait pas que monsieur Cancer se laisse trop carrément dominer par le Lion. Mais il peut bénéficier de son appui.

Monsieur Cancer devant madame Vierge

C'est avec la Maison concernant les voyages que sont en rapport, pour les natifs du Cancer, les natives de la Vierge : voyages, relations, idées et une certaine agitation. La planète de madame Vierge est Mercure. Celle de monsieur Cancer est la Lune. Cette rencontre, à cause de l'influence réciproque et simultanée de ces planètes, poussera les deux partenaires à bâtir des projets, énoncer des idées, expérimenter divers modes de vie.

La présence de madame Vierge a tendance à dynamiser monsieur Cancer qui se met aussitôt à faire des progrès par lui-même. La Vierge l'encourage à penser au lieu de rêver, à analyser au lieu de n'utiliser que son intuition. Elle exalte, critique, veille à la fois sur le travail, la situation et la santé de son cher Cancer. Monsieur Cancer ne pourra plus se laisser aller, il devra être toujours conscient. S'il ne pense pas pouvoir supporter un tel changement de vie, il vaut mieux qu'il renonce tout de suite à sa Vierge. Madame Vierge n'acceptera pas de se laisser aller à la facilité. Elle tient, au contraire, à imprimer son style à tout son entourage.

Monsieur Cancer devant madame Balance

Madame Balance tend à rappeler à monsieur Cancer qu'il y a lieu de songer à un minimum de sécurité. Elle attire son attention sur les placements d'argent, sur la nécessité de dresser un programme de vie, de planifier les travaux de construction d'une maison, etc. Elle indique clairement et simplement ce qu'elle pense nécessaire de faire, mais peut-être ses suggestions sont-elles d'un niveau trop élémentaire pour influencer valablement monsieur Cancer.

Il faut préciser que, dans le signe du Cancer, la Balance occupe la Maison IV, celle qui concerne la vie domestique, le foyer, la propriété, le pays, l'avenir.

En concrétisant les appréhensions informulées de monsieur Cancer, une madame Balance risque de créer certains obstacles entre elle et lui. Elle est si pressée de démontrer la nécessité de se mettre en train qu'elle suscite en monsieur Cancer la sensation assez désespérante d'avoir échoué avant même qu'il n'ait commencé d'y songer.

Monsieur Cancer avec madame Scorpion

Monsieur Cancer se sentira physiquement attiré par madame Scorpion.

Le signe du Scorpion influe un Cancer sur la Maison relative à l'amour, les spéculations, etc.

Il existe entre ces deux signes d'eau une très grande compatibilité. Mais monsieur Cancer devra éviter de trop plaisanter avec madame Scorpion car elle prend tout au sérieux. Il faut qu'il le sache et que, dès le premier jour, il se conduise en conséquence.

Dans leurs relations, il y aura une agréable chaleur, mais on peut facilement prévoir quelques étincelles.

Monsieur Cancer n'aime pas le changement, mais la présence de madame Scorpion, pourtant, en apportera quelques-uns. Il faudra bien qu'il se décide à sortir de temps à autre de sa carapace.

L'attirance pour le Scorpion étant d'origine astrale, il est inutile de résister ; que monsieur Cancer adopte plutôt quelque nouvelle façon de vivre qui puisse unir leurs goûts réciproques.

Il existe dans l'union du Cancer avec le Scorpion un élément de force qu'il convient de ne pas ignorer.

Monsieur Cancer devant madame Sagittaire

Une dame Sagittaire peut devenir dans l'existence d'un monsieur Cancer un élément vital.

Monsieur Cancer a pour planète directrice la Lune : peu d'action, beaucoup de rêve.

Madame Sagittaire a pour planète directrice Jupiter, qui représente la force.

L'association des deux planètes directrices de monsieur Cancer et madame Sagittaire va donner une forte impulsion aux activités de monsieur Cancer et combattre en sa faveur les retards, les timidités et les atermoiements qui sont souvent le lot des lunaires.

Auprès de madame Sagittaire, monsieur Cancer va découvrir une vie animée, ardente, active, affairée. Une existence belle et riche.

Madame Sagittaire s'intéresse à sa santé, veille à son bien-être, non pas machinalement, mais avec autorité et décision. Elle saura l'amener à terminer ses tâches sans que cela le fatigue.

En véritable Cancer que vous êtes, vous aurez trop tendance à donner plus encore que vous ne recevrez. Mais lorsqu'elle dépendra entièrement de vous financièrement, elle ne vous en aimera que mieux.

Monsieur Cancer devant madame Capricorne

Dès que monsieur Cancer aura une aventure avec une dame Capricorne, leurs entretiens s'orienteront vers les possibilités de mariage. Madame Capricorne apporte avec elle l'influence de la planète Saturne. Monsieur Cancer sera ranimé et agité par cette modification, lui qui est un calme lunaire. Sa partenaire lui suggérera des changements, suscitera le désir de faire des expériences, et ils s'entendront comme c'est souvent le cas avec deux extrêmes, qui souvent s'attirent.

Madame Capricorne inspire confiance à monsieur Cancer.

Madame Capricorne ne va pas tarder à faire sentir à monsieur Cancer qu'il n'est pas satisfait de ce qu'il a ; qu'il lui faut une vie plus exaltante. Elle va lui parler de l'opinion publique, des réactions des gens à ses efforts ; elle va aussi lui demander de changer ses habitudes, de cesser de demeurer timide et réservé ; il doit rechercher les approbations, les applaudissements et, sous son influence, il le fera.

Lorsqu'ils sont séparés, Cancer et Capricorne ont des idées opposées ; mais, s'ils s'unissent, ils changent l'un et l'autre, et c'est une troisième voie qu'ils découvrent et décident de parcourir ensemble.

Monsieur Cancer devant madame Verseau

Monsieur Cancer a une attirance pour les dames Verseau qu'il est appelé à rencontrer.

Il existe une harmonie entre Cancer et Verseau. Le Verseau habite la Maison du Cancer relative à l'occulte, au secret et à l'argent des associés.

Monsieur Cancer est intrigué par madame Verseau. Il suppose qu'elle détient l'explication des mystères. Il se confie à elle, lui dit jusqu'à ses pensées intimes. Elle stimule son intérêt pour les choses occultes, et il est réceptif aux idées non orthodoxes.

Madame Verseau laisse espérer à monsieur Cancer une vie domestique harmonieuse et des liens affectueux. De plus, elle l'attire sexuellement.

Monsieur Cancer envisage comme bénéfique une union avec le Verseau ; c'est chez lui inexpliqué mais assuré.

Avec madame Verseau, l'attention de monsieur Cancer va se concentrer sur les biens matériels, ce qui est favorable à la maison, au foyer. De son côté, monsieur Cancer facilitera à madame Verseau les occasions de s'exprimer.

Une union Cancer-Verseau est certainement de bon augure.

Monsieur Cancer devant madame Poissons

Le jour où monsieur Cancer aura rencontré madame Poissons, il décidera qu'avec elle il pourra voyager loin et longtemps. Elle est celle qu'il aimerait emmener avec lui sur une île déserte :

A ses côtés, pour monsieur Cancer, apprendre devient une aventure ; vivre est aussi une aventure.

L'un et l'autre nés sous un signe d'Eau, ils ont tant de points communs qu'ils ont l'impression, dès les premiers mots échangés, de se connaître depuis toujours.

Ils peuvent poursuivre leur conversation toute une nuit et parvenir à l'aube après avoir décidé de changer la face du monde.

Que monsieur Cancer ne précipite pas les choses ; il n'est pas doué pour la précipitation, et madame Poissons, tant qu'on ne la brutalise pas, reste à portée de voix.

Madame Poissons sera, pour monsieur Cancer, une inspiratrice et elle lui donnera le goût d'écrire.

Avec madame Poissons, monsieur Cancer sera transporté vers d'autres cieux, toujours plus haut.

LE LION

CHAPITRE PREMIER

Portrait des natifs du Lion

Les personnes nées dans la période qui commence le 23 juillet et se termine le 22 août sont sous le signe du Lion.

Il ne saurait être question d'assimiler les natifs du Lion à cet animal, ni même à ce que la symbolique traditionnelle attribue au roi des animaux. Pas plus qu'il ne nous viendrait à l'idée d'assimiler à un crabe le natif du Cancer et de supposer Vierges toutes les jeunes filles nées entre le 23 août et le 22 septembre.

Ajoutons à ce préambule que le Lion est un signe de Feu et que l'élément Feu donne énergie, vitalité, ambition, enthousiasme et confiance en soi.

Le Lion est, d'un certain point de vue, une sorte de Bélier mûri, au plein de sa force, au point culminant de sa carrière.

Un bilieux plein de vitalité

Si tous les natifs du Lion n'ont pas une force physique capable de supporter la comparaison avec celle du roi des animaux, il faut néanmoins reconnaître que, de tous les signes, il est celui sous lequel les natifs ont la plus grande force corporelle. L'aspect physique est le plus souvent celui d'une charpente solide bien proportionnée, de traits énergiques et lumineux et d'un système musculaire équilibré. La santé est robuste et le sujet naît et grandit sans trop poser de problèmes.

On considère que le natif du Lion a un tempérament de bilieux.

Ses mouvements expriment une extériorisation des pensées, des impressions, des sentiments : le Lion fait des gestes. Il agit.

Cette action est là pour utiliser son trop-plein de vitalité : tout le comportement du sujet est marqué par une abondance, une ardeur, une diversité rapide des impressions et des réactions qui sont uniques dans le Zodiaque. La carrure, l'énergie provoquent le désir d'agir, et cela se traduit souvent par une forte tendance à la revendication. Cette somme d'énergie disponible peut aller jusqu'au goût de l'aventure, se mettre au service de l'ambition ou conduire à l'esprit de domination.

Activité d'abord

Le natif du Lion, est, en principe, et si rien ne vient contrecarrer exceptionnellement sa nature, un être sain. Il voit les choses avec naturel, son esprit est équilibré, détaché des étroitesses d'un égoïsme qui, pour lui, en raison de sa force, serait parfaitement superflu. En conséquence, il n'est pas méfiant et suppose *a priori* les autres aussi naturels que lui. Aussi ignore-t-il les voies tortueuses, les mensonges, les ruses, les méfiances, les hésitations, la timidité. Si, par suite de circonstances particulières, il perd ce bel équilibre, il est tout décontenancé et sent nettement que son équilibre doit immédiatement être compensé sous peine de sentir sa personnalité faire naufrage. Il trouve d'ailleurs, dans un tel cas, l'aide nécessaire auprès d'un ami ou d'un partenaire aimé.

Il est donc confiant, heureux et sans complications.

De cette certitude innée due à sa force et de son équilibre résulte chez lui un air d'autorité raisonnable qui l'impose dans le milieu où il vit.

Cela se passe toujours ainsi, quelle que soit sa situation sociale. Car, à lire le portrait d'un Lion, on serait tenté de dire : « Mais ils naissent donc toujours dans les classes dirigeantes ? » Non, mais s'ils sont issus d'une famille très modeste, ils ne tardent pas à monter de plusieurs échelons dans la société ; et, de toute façon ils agissent toujours comme s'ils avaient la puissance. C'est une habitude, un instinct, un style ; ils sont ainsi.

Une personnalité secondaire

En analysant le caractère du Bélier, nous avons remarqué qu'il s'agissait d'une psychologie dite primaire : la personne est spontanée, vive ; elle considère les faits au présent et a tendance à oublier ce qui est passé. La réaction est immédiate, mais de brève durée.

Une personnalité secondaire, telle celle que nous avons rencontrée chez les natifs du Taureau, observe et réfléchit avant d'agir.

Le Lion appartient à cette seconde catégorie.

Nous avons donc deux éléments définissant sa psychologie : c'est un être actif et pourvu d'une psychologie secondaire.

Pour lui, vouloir c'est pouvoir, car il se sent assez fort pour prendre ce qu'on ne lui donnerait pas.

Dans les cas limites, si les circonstances, les astres, l'entourage ont sur lui une influence mauvaise, il peut devenir tyrannique et chercher à résoudre tous ses problèmes par la violence.

Il est possible que l'agressivité vienne accentuer encore cette note de violence. Nous avons vu que l'agressivité était apportée par la planète Mars.

Au contact d'un obstacle, un Lion agressif lancera dans le combat les forces qu'il a en réserve, et cela en dépit de toutes les résistances qui lui seront opposées.

Le caractère secondaire du psychisme du sujet évitera dans la majorité des cas que n'éclate un drame car, instinctivement, le Lion n'agit qu'après réflexion. Parfois, la colère sera partiellement feinte, pour mesurer l'étendue de la crainte qu'elle inspire.

Le Lion ne supporte pas d'être vaincu. Dans le meilleur cas, il évite la compétition s'il n'est pas assuré de la victoie. S'il est vaincu, il subit un grave choc psychique.

Connaissant sa force et n'étant pas d'une nature méfiante, le Lion attaque toujours de face. Il ignore les « coups fourrés », les « combines » et les manœuvres souterraines.

L'émotivité

Son appétit de vivre le pousse à l'action ; appétit veut dire attirance et désir. Un Lion voit dans la vie qui se présente à lui telle et telle chose qu'il souhaite posséder, qu'il voudrait obtenir ou réaliser. Ses sentiments à cet instant se manifestent et toute son affectivité entre en action. Il est poussé par une « émotion ».

Tout l'être, physique et psychique, est mis en état d'alerte dès qu'une émotion se manifeste. Sa vitalité, son dynamisme, sa force musculaire et toutes les possibilités de décision entrent alors en mouvement. Car chez le Lion l'émotion se traduit par un état parfaitement passionnel.

Le caractère de secondarité de sa psychologie atténue heureusement les mouvements de la passion. La cohérence, la systématisation et une certaine inhibition psychique en sont favorisées. La secondarité unifie et bloque les désirs en les canalisant vers un but. Il n'est, dès lors, plus question de céder à des impulsions désordonnées, à des passions, mais, sainement, de reviser les émotions, de les sérier, de bloquer celles qui sont superflues et ne répondent pas au but choisi tout en favorisant celles qui vont dans le sens souhaité.

Cette disposition naturelle donne au Lion les plus grandes chances d'atteindre le but qu'il s'est fixé. Un certain ascétisme résulte de la sélection des désirs : le Lion ne conservera que ceux qui servent le but choisi. Les autres seront bloqués, même s'il résulte de ce blocage une privation douloureuse.

Le Lion accompli réussit à remplacer ses diverses passions par une seule d'entre elles, qui bénéficiera de toute son énergie disponible.

Cela, semble être le portrait d'un homme assez approché de la perfection. Mais ce n'est qu'un point de vue théorique ; de plus, toute personnalité a deux versants, l'un positif, utilise les éléments favorables de sa personnalité. L'autre négatif, gâche les dons du ciel et piétine son destin.

L'autre versant

Le Lion tend alors à rejeter, à discréditer, à refouler tout ce qui en lui ne sert pas le but qu'il s'est proposé d'atteindre.

Il sent qu'il est fort et solide comme un bloc et qu'il peut utiliser cette puissance. Il est constamment tourné vers les autres, son entourage, ses semblables. Il a de la sympathie pour eux ; il les estime et voudrait leur être utile. Ces deux tendances fusionnent en un programme unique : gagner, dominer, asservir : mais, lorsqu'il parvient au sommet, s'il accentue sa puissance, c'est pour en faire bénéficier son groupe social, c'est-à-dire les gens de sa profession, de son parti, ou de sa famille. Il ne le fait pas pour venger un affront, réparer une injustice, venir en aide. Il le fait pour être celui dont on dit : « Quel homme ! quelle puissance ! quelle personnalité ! »

Il ne le fait même pas dans une modeste obscurité en se disant que l'éclat s'en fera voir tôt ou tard : l'art dramatique est inné chez lui et il se « met en scène » pour son public. Le Lion veut se donner une auréole d'abord. Puis, lorsqu'il aura conquis la célébrité (peut-être toute relative, car on est célèbre dans sa famille, dans son village, si on ne l'est pas aussi facilement dans son pays et dans le monde...), il la mettra au service de la cause qu'il a choisie.

Le désir de domination peut déformer la personnalité du Lion en gâchant ce qu'elle a de pur et de généreux. C'est le versant négatif.

Est-il vaniteux ?

Le Lion est conscient de sa valeur. Il se sait travailleur, courageux, puissant. Mais comment se juge-t-il ?

S'il le pouvait, il se ferait faire un sceau pour l'appliquer partout, et d'une très belle facture. Ce qui est médiocre n'est jamais pour lui.

Le Lion tend à jouer comme sur une scène le propre drame de sa vie. Mais il lui arrive de ne pas pouvoir s'arrêter là. Il peut verser dans l'excès de faste, le décorum, avec une naïveté dans l'orgueil qui fait sourire.

Les Lion comptent parmi eux des élites, des « flambeaux » de l'humanité, des grands hommes, des célébrités locales. Mais aussi des arrivistes, des arrogants, des suffisants, des aventuriers et même des tyrans.

Les malades mentaux sont aussi en nombre chez eux, le psychisme a craqué : ce sont des paranoïaques qui vivent leur rêve de puissance dans les hôpitaux psychiatriques.

Le natif du Lion, c'est Hercule ou c'est Apollon. Physiquement, les natifs du signe peuvent se rattacher soit à l'un, soit à l'autre type.

Du côté d'Hercule, le corps semble « dilaté ». Le sujet est un bilio-sanguin.

Du côté d'Apollon, l'individu est un « rétracté » ; c'est un bilieux pur.

Le vrai Lion

Le Lion dilaté est celui qui est le plus facilement comparable au félin. Sa carrure est exceptionnellement large. Son cou bref et solide porte très droit une tête plutôt volumineuse, puissante, massive, avec un crâne bien rond, une chevelure drue et plantée en arrière, un visage projeté vers l'avant, avec des traits gros, mais solides, équilibrés et réguliers.

Le front est lisse et ample ; les arcades sourcilières assez bien marquées, les yeux écartés et la base du nez plutôt large.

Il n'est pas très grand, mais on sent ses muscles toujours tendus et actifs. Sa démarche est rapide, sèche et silencieuse.

Il a le rire facile et, quand il est satisfait, il veut rendre tout son entourage heureux : il adore inviter ses amis et les nourrir abondamment.

Sa voix est chaude, vibrante, sonore. Sa poignée de main est franche et cordiale. On dit de lui qu'il « a de la présence ». Son défaut est de frôler parfois de très près le mauvais goût.

Le style Apollon

Si le type que nous appelons le « vrai Lion » ressemble à Hercule, l'autre se rattacherait plutôt, dans la mythologie, à Apollon, le jeune dieu solaire.

Il est beaucoup plus distingué, plus élégant que le premier. Son visage offre de larges pans délicatement modelés. Il a le front haut et pur, les sourcils bien arqués et le nez légèrement aquilin. Il a le profil droit, plutôt convexe, de grands traits, largement dessinés, nets et harmonieux.

La ligne générale du corps est svelte, élancée, bien proportionnée et musclée, longiligne sans excès.

Sa personne appelle les mots d'harmonie, élégance, distinction, ampleur, clarté.

Souvent ces deux types morphologiques se retrouvent dans la même personne où ils se confondent.

L'un et l'autre possèdent le port de tête typique des natifs du Lion.

Le type Apollon a des gestes amples, mais élégants et sobres. Il peut être assez spectaculaire. Comme le type Hercule, il a la voix chaude, vibrante et sonore.

La santé des Lion

Ils ne sont pas très sensibles aux maux d'origine psychosomatique car ils réagissent peu affectivement ; leurs émotions sont d'un ordre tout différent.

S'ils sont malades, et si ce n'est pas par suite d'un excès d'activité, ce pourrait être par pléthore. Aimant beaucoup la vie dans toutes ses manifestations, ils peuvent par exemple, manger trop, manquer de sommeil et courir délibérément à l'infarctus.

Le signe zodiacal du Lion agit sur les tissus, les organes, le système circulatoire, ainsi que sur le cœur.

Les maladies des natifs du signe risquent donc d'être à base de désordres circulatoires. Par exemple, les troubles de la composition du sang, les anémies, les artérites, les phlébites, les syncopes cardiaques et tous les infarctus (cardiaques, pulmonaires, cérébraux). Ils craignent les embolies, les angines de poitrine, mais aussi les dépressions nerveuses, conséquences des troubles cités précédemment.

Ils doivent également veiller à n'avoir point diverses autres maladies de même origine telles que des troubles de la vue par hémorragie rétinienne, des crampes des membres inférieurs, et jusqu'à des gangrènes qui paraissent infectieuses et qui sont des artérites non signalées.

CHAPITRE II

Le destin des natifs du Lion

Les natifs du signe savent très tôt que la nature les a favorisés physiquement.

Leurs goût de paraître et leur manque de simplicité, qui sont innés, leur font choisir des vêtements à la fois originaux et remarquables.

Une femme née sous le signe du Lion et qui n'a pas les moyens de revêtir de belles étoffes, de se voir chaque jour élégante et éclatante, sera plus privée de cette modeste satisfaction que telle autre née, par exemple sous le signe du Cancer.

Si elle ne peut pas s'offrir le luxe de la très haute qualité, de la nouvelle mode, des couleurs fines et splendides, madame Lion devra se méfier de son goût ; elle risque de tomber dans le clinquant. Si elle ne peut pas avoir de vrais bijoux, elle risque de se parer de verroteries comme un arbre de Noël. Les Lion n'ont pas toujours de goût très sûr.

Il faut que ces belles Lionne se disent qu'elles ont naturellement et sans artifice un physique qui, à lui seul, attire et retient l'attention ; qu'elles portent royalement la moindre chose et n'ont qu'à veiller à rester simples ; en la portant, elles donneront à leur toilette une apparence de qualité.

Pour les hommes aussi, la simplicité est payante : sur eux le costume le plus modeste devient princier pour peu qu'on fasse porter l'effort financier sur la qualité du textile.

L'attitude sociale chez le natif du Lion

Les natifs du Lion sont des dominateurs, des gens heureux, des gens gais.

On ne saurait prétendre ici que les natifs de ce signe sont tous destinés à des professions libérales et artistiques ou à des postes de « cadres supérieurs » ; il en va ici comme partout : on retrouve des Lion à tous les degrés de l'échelle sociale.

Il est évident, cependant, qu'un Lion travaillant modestement dans un emploi de bureau où l'on requiert de lui régularité, calme, silence et quasi-immobilité ne sera pas heureux.

Le Lion, homme ou femme, ne peut pas se sentir à l'aise dans un emploi trop calme et sans initiative.

Il aura plus de chances d'être satisfait et d'aimer son métier s'il sait que son signe correspond à la Maison V, donc aux activités de loisirs, aux amusements et aux diverses formes de l'art. S'il n'est pas placé par sa naissance, par une fortune familiale ou par de brillantes études à un poste de direction et de responsabilité, il vaut mieux qu'il choisisse une carrière visant à distraire ses contemporains. Il y réussira généralement.

Mais fera-t-il ce choix ? A cet égard, notre époque le favorise.

Tel que le lui dicte son signe, le destin du Lion est assez difficile à réaliser. Étant autoritaire, il est généralement tenté de refuser toutes les suggestions et, quand il s'aperçoit qu'il s'est trompé, d'en faire reproche à la société elle-même et de passer dans l'« opposition », quel que soit le régime politique et social sous lequel il vit.

Devenant alors un dissident et un rebelle, son destin se gâte et l'équilibre ne s'établit pas ; or c'est la condition première d'une existence satisfaisante : on ne peut pas passer toute une vie à se battre !

En fait, le destin du Lion est entre ses mains, à condition qu'il accepte de lire ces lignes et de bien vouloir leur accorder une certaine importance.

Souvent, le natif de ce signe rate la première partie de sa vie par entêtement et orgueil, et réussit la fin parce que son autorité naturelle est rattrapée, à force de travail et d'années de résignation, par ses capacités professionnelles et l'expérience que donne l'âge...

Portrait de l'homme d'action

C'est un passionné qui s'identifie facilement à sa mission.

Sans aller jusqu'au trouble psychique ou mental, le Lion a une légère tendance à s'identifier non seulement à sa mission, mais à cette mission exaltée d'importance accrue et à laquelle il finit par adhérer au point que sa vie privée disparaît.

C'est le type d'homme « qui n'a pas le temps » de s'intéresser à son foyer.

Il est lui-même cette fonction.

C'est le type d'homme qui rentre tard à la maison avec sous son bras des dossiers importants qui ne peuvent souffrir une heure d'attente. Il rentre parce qu'à la maison non plus on ne sait pas se passer de lui et souvent parce qu'il a invité des relations d'affaires à venir converser avec lui. Par ces contacts humains, il se rassure sur son autorité personnelle.

Sitôt rentré, il se jette sur ses dossiers comme sur une proie et, dès que ses invités arrivent, il change et devient à la fois gai et bon vivant, autoritaire et dominateur, installant les uns, servant les autres, avec cette loyauté, cette fermeté du geste qui n'appartient qu'aux natifs de ce signe.

Même s'il se rend ridicule, car il ne connaît pas la modération, l'assistance hypnotisée ne s'en aperçoit pas. Ce n'est que plus tard, « à froid », et hors de sa présence, que les critiques les plus aiguës se feront jour sur son attitude et les sourires seront indulgents : « Il est comme cela ! C'est quelqu'un ! »

Manque-t-il de bonté ? Certainement pas, car il est à ses propres yeux un personnage assez important pour que les autres aient besoin de lui. Tant que l'orgueil ne l'aura pas aveuglé, il restera très sympathique et jouira d'une solide réputation de mécène, de bienfaiteur, d'homme aux vues larges et idéalistes.

Cet homme d'action n'est pas invulnérable et il connaît des problèmes comme tout le monde.

Le Lion se dira : « Je ne suis pas estimé à ma réelle valeur parce que je n'ai pas eu l'occasion de faire mes preuves. »

Non seulement il le pense mais, cherchant cette occasion, il la trouve ou la provoque, bref, il réussit.

Gardons-nous de nos illusions, cependant. Les Lion qui me lisent ne doivent pas rêver : le Lion réussit, mais non sans peine.

Si votre enfant est un Lion

Pourquoi ne pas commencer dès sa petite enfance à éduquer un Lion selon son signe et favoriser ainsi un développement harmonieux de ses possibilités ?

L'enfant Lion sera un possessif car sa vitalité le rendra exigeant. Ses colères ne sont pas des caprices, mais l'expression d'un besoin profond. Elles doivent l'aider à extérioriser son trop-plein de force de vitalité.

Il faut à cet enfant des jeux vivants au milieu de petits camarades de sa force ou un peu plus forts que lui pour qu'il prenne l'habitude de se dépasser. Il saura ainsi comment on peut se tailler une place telle qu'on la veut et telle que les possibilités personnelles le permettent. Il saura que tout n'est pas facile, mais qu'il possède en lui la force de vaincre les obstacles de sa route.

Cet enfant réclame aussi beaucoup de tendresse, car le Lion n'a que trop tendance à ignorer les mouvements de l'âme. Il est dans la vie concrète. Pour lui, aimer c'est donner, mais donner des biens matériels. A ses parents revient la mission de l'orienter vers des pensées plus élevées, plus spiritualisées.

Il est toujours inutile et parfois dangereux de raisonner un Lion en colère.

La meilleure attitude est celle qui consiste à le laisser extérioriser son trop-plein d'énergie en cris et en gesticulations sans tenir aucun compte de ses paroles et en évitant simplement les accidents.

Il sera de première importance, également, d'apprendre de bonne heure à l'enfant Lion à ne pas prendre des nourritures trop riches, trop excitantes et en trop grande quantité. Cela à cause des troubles de la circulation qui le guetteront dès la trentaine et afin de les prévoir et de les éviter par des habitudes saines et une bonne diététique.

Il faut, enfin, ne pas entraver sa volonté dans le choix d'une carrière, car il sait ce qu'il peut réaliser. Les contraintes, s'il les accepte, peuvent faire de lui un raté, ce qui, psychiquement serait une chute grave et parfois irrémédiable.

Le Lion veut être fort dans sa vie sociale et il y parvient généralement.

Dans sa vie privée, en revanche, c'est Hercule aux pieds d'Omphale. Il a besoin de se laisser vaincre, d'obéir, de céder. S'il reste très équilibré dans sa profession, il sera désireux, en rentrant au foyer de trouver une épouse attentive et prévenante, mais qui, parfois, le dirige et donne ses ordres. A la maison, c'est elle le chef.

Malheureusement, une grande partie des Lion abusent de leurs forces. L'épouse est alors plus nécessaire que jamais, mais la vie de famille devient peu agréable. Il faut éloigner les enfants, faire silence, et que le repas du soir soit un havre de sérénité, avec une nourriture légère. La nuit doit être réparatrice. Les récriminations, les ordres domestiques sont comme des poisons qui vont ulcérer davantage notre Lion surmené et le conduire à divers accidents de santé.

Un Lion est un être plein de ressources et le plus souvent d'une valeur au-dessus de la moyenne. Mais, comme tous les humains, il a sa fragilité que masque souvent sa surprenante vitalité : on ne s'aperçoit pas toujours de ses besoins psychiques.

CHAPITRE III

Le Lion et l'amour

Le Lion est une personnalité rayonnante. Quand il est amoureux, ce qu'il éprouve est à la hauteur de son dynamisme et de sa vitalité.

Sa dignité personnelle compte encore évidemment ; mais, comme il est un personnage de goût, il ne tombe pas amoureux d'un être indigne de lui, que ce Lion soit homme ou femme.

Sa vitalité est physique autant que psychique ; elle bouillonne ; elle s'exprime en des élans qu'il ressent avec une grande acuité : ses aversions sont très violentes ; en revanche, ses passions sont au moins aussi vives. Au cours du déroulement des diverses étapes d'une aventure sentimentale, les douleurs et les joies vont résonner en lui avec une puissance proportionnée à l'éclat de son signe natal.

On comprend mieux pourquoi il n'aime guère les demi-mesures, les liaisons où l'on s'arrête à mi-chemin, les aventures qui n'en sont pas et les relations sentimentales sans conclusion. Son amour est total, absolu, sans réserve ; son désir est impératif, net, définitif et clairement exprimé.

S'il aime surtout physiquement son amour se traduit par une sorte de fête extériorisée, un flamboiement de tout son être et une espèce de délire qu'il fera partager au partenaire. S'il aime d'abord sentimentalement, il sera enivré d'en enthousiasme spirituel et, à chaque instant, chantera les louanges de l'être élu.

Quelle que soit la nature de ses sentiments, dès qu'il est amoureux le natif du Lion se met à étinceler de mille éclats, il inonde de lumière non seulement la personne aimée, mais tout son entourage. Rien ne se passe simplement et tout flirt est une très grande affaire de cœur.

Ce qu'il préfère, dans l'amour, c'est la conquête.

Il est des cas où un natif du Lion semble chercher à abaisser la femme qu'il vient de conquérir. La situation devient pour elle parfaitement indéchiffrable. C'est parce qu'un Lion, dès qu'il n'a plus d'effort à faire, dès que la certitude est acquise que rien ne s'opposera plus à la satisfaction de son désir, ne désire plus faire le moindre effort en faveur de la femme qu'il a dit tant aimer.

Tout devient trop simple et il n'est pas tenté de communier avec l'âme de sa partenaire.

Pour rompre sa solitude ou parce qu'il pense ne pouvoir faire autrement, s'il doit vivre désormais avec la femme qu'il vient de conquérir, le Lion fera d'elle non pas l'élue qui partagera toutes ses joies et ses peines, mais un ornement de sa demeure et de sa vie, une image de ses rêves, la preuve éclatante de sa réussite.

Le Lion commun fait la roue comme un paon ; il aime et ne doute pas une seconde que ce ne soit un honneur pour la femme élue : elle n'a, selon lui, aucune raison de lui résister. Il reste un conquérant.

La suite peut fort bien être moins excessive. Le Lion accepte généralement de se marier et de fonder un foyer. Il restera brillant et fier, mais seule sa femme saura désormais ce qu'il y a d'or pur dans ce rayonnement et de clinquant dans ces attitudes spectaculaires. Il va de soi qu'elle n'en dira rien.

Le Lion adorera parer sa femme, comme il adore orner sa maison. Pour lui rien n'est trop beau et sa femme lui appartient, n'est-ce pas ?

Conseils aux hommes concernant les femmes natives du Lion

Pour une native du Lion, la richesse de sa personnalité constitue son bien le plus précieux : aussi n'ira-t-elle pas courir le risque de l'aliéner, en tout ou en partie, dans un amour trop simple. Il faut que la passion et l'aventure en vaillent la peine. Il le faut et elle l'exprime clairement.

Elle ne peut pas aimer un être ordinaire, en tout elle choisit le meilleur, les hommes ne font pas exception à cette règle. Elle fera donc tout pour la réussite sociale de son mari, agissant ainsi non pour lui, mais pour elle : elle qui ne pourrait pas supporter d'être unie pour la vie à un « médiocre », ou simplement à un homme « moyen ». Il lui faut le regard admiratif sinon de la foule, du moins de son voisinage.

Madame Lion considère que le succès en amour est une chose

toute naturelle. Dès la tendre enfance, elle a accaparé l'affection admirative de sa famille et rassemblé autour d'elle une bande de garçons béants d'admiration et tous éprouvant pour elle — ou pensant éprouver — une solide et brûlante passion.

Adulte, madame Lion s'arrange toujours avec une science parfaite pour laisser penser, sans jamais le dire, que sa joie la plus parfaite serait de faire l'amour avec le compagnon qui se trouve près d'elle à l'instant. Mais, l'instant suivant, un autre aura la même impression.

Cette facilité à « laisser tomber » les partenaires qui ne la satisfont pas, fait que madame Lion passe pour n'avoir point de cœur. Ne tentez aucune approche, monsieur, si vous n'êtes pas disposé à trouver bien tout ce qu'elle fait, dit et pense.

Mais elle ne manque pas de sentiment. Au contraire, elle passe souvent une grande partie de sa vie à chercher le grand amour car elle ne supporterait pas de vivre dans la solitude et le cœur vide.

Le cherchant ardemment, elle découvre enfin le seul, l'unique, l'homme de sa vie. Alors, il faut désormais que leur union soit la perfection même ; plus que la perfection : un sommet, une gloire sans égale.

Pour madame Lion, l'union doit être d'abord d'une perfection enivrante sur le plan physique et, ce niveau atteint, elle refuse généralement de redescendre sur terre. Comme elle est bien forcée d'y revenir, le temps des désillusions vient avec le calme de la vie journalière. Parfois elle tente une reconversion en reportant sa passion sur ses enfants qu'elle idolâtre. C'est le meilleur cas.

Certaines femmes du Lion sont aussi plus raisonnables. Elles tentent très sincèrement une merveilleuse union d'esprit et de corps avec leur mari et font leur possible pour y parvenir.

Conseils aux femmes concernant les hommes natifs du Lion

Monsieur Lion se présente à vos yeux comme un être puissant, indolent, dominateur et brillant.

Il dédaigne le danger, tous les dangers. Dans la vie d'aujourd'hui, ces dangers sont surtout dans le surmenage qui conduit à l'infarctus. Le Lion, à tort, dédaigne cette menace, ce qu'il paie parfois très cher.

Il veut être aimé de la façon dont il aime. C'est l'homme qui dit « Laisse-moi faire » à sa femme et qui se charge de tout parce qu'il se sent fort. Ainsi va-t-il l'impressionner par sa force et sa générosité.

Il est un amant très passionné, et, quand la première flamme s'est éteinte, il comble sa femme de cadeaux. En retour, il faut qu'elle lui adresse mille compliments sur ses qualités d'amant, de mari, d'homme d'affaires, d'époux, de père, etc., etc.

Il dirige. Il agit. Il faut qu'on le suive. Dans sa petite tribu, il faut qu'il soit véritablement un chef.

La sexualité du Lion

L'élément sexuel de la vie est inclus dans les attributions de la Maison V, déterminante pour le Lion. Elle est sous l'influence du Sagittaire, donc en correspondance avec la planète Jupiter, qui gouverne le Sagittaire. Jupiter et le Soleil, cela donne un résultat assez impressionnant. Les relations amoureuses susciteront au moins de grandes espérances même si elles demeurent virtuelles.

Le natif du Lion est toujours tourmenté par la crainte de ne pas réussir. Toutes les activités créatrices l'intéressent et les rapports sexuels en font partie. Mais qu'on ne s'y trompe pas : le Lion a besoin autant d'amour que de tendresse. Excellents aux jeux de l'amour, les Lion tiennent à soigner les préludes jusque dans les moindres détails. Souvent, on les trouve longs, pendant ce temps préparatoire. Longs et trop zélés, car il arrive que, sur un terrain trop bien préparé, on n'ait plus la force de semer.

Le Lion est impulsif et impétueux en amour. Il est attirant, mais il n'en est jamais assez certain et, dans l'acte sexuel, ce qu'il cherche surtout, c'est à s'assurer l'amour de son partenaire.

S'il lui arrive de casser net une aventure, sans prendre la peine de donner la moindre explication, c'est qu'une erreur a été commise. Sa déception est alors irrémédiable. Un Lion se donne à des êtres intelligents. Sinon, il s'en va.

Hommes et femmes du Lion fondent les plus grands espoirs sur l'amour. L'appel sexuel n'est pas un vain mot pour eux et, quand ils rencontrent un partenaire qui les intéresse, on les voit briller comme si une lumière intérieure venait les éclairer pour attirer l'attention de l'heureux élu.

Les hommes et les femmes nés sous le signe du Lion aspirent toute leur vie à être aimés. Ils consentent à beaucoup de sacrifices pour y arriver et ils n'ont pas tort. Leur seul défaut, c'est d'être trop exigeants.

Dans cette Maison V habite le Sagittaire. Il provoque chez le Lion le besoin de l'amour physique, l'attrait de la sexualité.

Un Lion en a besoin. Il est chaleureux, il lui faut des attentions, des soins, de la tendresse. Il ne peut pas vivre dans la solitude du cœur.

Le Lion doit savoir qu'il est attirant, qu'il est recherché et qu'il sait faire l'amour, pour dire les choses simplement et clairement. Une fois qu'il sait cela, il n'a plus besoin de se montrer cynique et versatile. Ce sont des traits qui ne lui appartiennent pas ; en fait, il est tout autre.

Les natifs du Lion sont surtout attirés par l'humour associé à l'intelligence. Il serait intéressant, pour eux, de rechercher des natifs des Gémeaux comme partenaires, en amour. Car ceux-ci ont les qualités qu'ils aiment. Et, si nos Lion apprécient un certain mystère, ils peuvent s'adresser à un Cancer qui n'en manque pas et qui est très attentif et très affectueux.

Avec la Balance, le Lion trouvera des personnalités pleines de gentillesse et de compréhension. Pour un Lion timide ou compliqué, rien de mieux que l'égalité d'humeur de la Balance.

Un Lion craint de se retrouver un jour tout seul, alors qu'il rêve de fonder un foyer et qu'il sait déjà comment il gâtera et habillera sa femme. Mais il ne dit pas le fond de sa pensée et il faut le séduire avant de savoir où il vous conduira. Cependant, cette horreur de la solitude devrait l'inspirer. Par exemple, il peut tenter sa chance avec un Bélier s'il souhaite un partenaire intelligent, dynamique et doué pour le bonheur.

CHAPITRE IV

Le natif du Lion et l'élue de son cœur

Monsieur Lion devant madame Lion

Madame Lion appréciera au plus haut point que monsieur Lion lui déclare qu'elle est belle. Dites-lui beaucoup d'autres choses sur elle-même, car elle adore qu'on lui parle de sa personne. Comme elle aime un peu de mystère, profitez-en pour parler de vous le moins possible. Cela ne vous est pas facile, mais c'est un effort qui est toujours payant... même chez les natifs des autres signes !

Puisqu'elle adore qu'on fasse attention à elle, vous aurez un sujet de conversation tout trouvé : dites-lui les lignes de la main. Expliquez-lui son horoscope. Et si vous voulez gagner son cœur très vite, montrez-lui que vous ne la placez pas dans la foule anonyme : un petit signe de reconnaissance connu de vous deux seulement et que vous ferez en public ; un mot, une allusion qu'elle sera seule à comprendre, et vous serez devenu l'être le plus spirituel.

Sa fierté et son ambition, c'est d'être en compagnie d'un homme que tout le monde admire : avec elle, et en public, soyez royal. Cela vous est si facile.

Sur le plan sexuel, elle a toutes les qualités que vous souhaitez, mais elle ne tient pas à des allusions trop directes ; il faut faire votre cour. L'amour fait partie de sa vie. Les cadeaux ont pour elle une valeur toute particulière. Pliez-vous à ses caprices. Madame Lion en vaut la peine.

Monsieur Lion devant madame Bélier

Monsieur Lion est le type d'homme que madame Bélier souhaitait rencontrer. L'un et l'autre, s'ils sont des personnalités supérieures, voudront imposer leurs idées et leur idéal non seulement à leur proche entourage, mais aussi à leurs relations et à leurs camarades de travail. Ils sont l'un et l'autre taillés pour être des chefs. Leur influence pourrait bien dépasser même le cadre privé pour atteindre la ville, la province et le pays.

S'il ne s'agit pas de la propagation d'un idéal, cela pourrait devenir une entreprise de publicité.

Il faudrait que monsieur Lion accepte d'être moins adulé qu'il ne le souhaite habituellement, car madame Bélier, peut-être ne jouera pas ce jeu ; elle est, en effet, très aimante et, entre eux, aura peut-être éclaté un vrai coup de foudre ; mais madame Bélier préfère être devinée ; elle n'est pas démonstrative, ni en paroles ni en gestes.

Si monsieur Lion ne reçoit pas de madame Bélier les compliments dont il ne peut se passer, qu'il fasse un effort pour se contenter de ce qu'elle lui laisse deviner de ses sentiments, car s'il s'adresse à quelqu'un d'autre pour recevoir son lot d'adulations, madame Bélier n'aimera vraiment pas du tout cela.

Monsieur Lion devant madame Taureau

Monsieur Lion, qui est fort, puissant, viril, et qui en est fier, tombera facilement amoureux d'une femme Taureau dans laquelle il appréciera la féminité, l'élégance et le talent pour tenir un intérieur simplement avec un goût inné. Si madame Taureau a, dans sa personnalité, des traits qui ne plaisent pas à monsieur Lion, il aura l'élégance de n'en rien dire, ni rien laisser paraître. Le seul fait de l'avoir choisi suffit à le magnifier. Monsieur Lion, en effet, a une certitude : celle de ne jamais se tromper !

Il paraîtra un peu affecté dans ses façons d'être royal à l'égard de madame Taureau qui n'aime rien tant qu'une aimable simplicité ; mais que c'est donc peu de chose : il lui suffira de lui dire qu'elle le trouve merveilleux et il ronronnera avec toute la puissance solaire qui l'anime.

Avant même que madame Taureau ait su qu'elle acceptait d'épouser monsieur Lion, ce dernier l'aura conduite à l'autel et tout sera terminé. Car il est plus rapide qu'elle, qui doit réfléchir deux fois avant de se demander s'il est opportun d'agir.

Elle sera très heureuse d'avoir un mari qui reste véritablement un amant pour peu qu'elle sache lui exprimer son amour, et le couple vivra dans le bonheur malgré ses dissonances.

Monsieur Lion devant madame Gémeaux

Tout le monde sera tenté de dire à monsieur Lion, quand on le saura amoureux d'une madame Gémeaux, qu'elle n'est « pas assez bien pour lui ». Ces commentaires vont probablement les accompagner tout le long de leur vie conjugale.

Monsieur Lion est doté d'une forte volonté, c'est dire qu'il ne va pas se soucier de l'opinion de quelques commères. Il sait ce qu'il veut et il sait aussi, du moins en est-il persuadé, qu'il a raison. Quant à madame Gémeaux, elle va se laisser emmener où monsieur Lion décidera de l'installer. Elle sait qu'il a de la valeur et que ses défauts ne sont pas profonds.

Monsieur Lion adore entendre des louanges. Il oubliera parfois de complimenter sa femme, mais comme elle sait très bien ce qu'il convient de faire, son intuition, qui n'est jamais en défaut, alimentera son talent oratoire et monsieur Lion sera royalement servi en fait d'éloges. Si c'est ce qu'il demande pour être heureux, il sera au paradis.

Son bonheur sera tel qu'il permettra à madame Gémeaux d'avoir des idées personnelles et, parfois même, acceptera-t-il de les suivre. Il se sentira alors si indulgent, si compréhensif, que cela doublera son bonheur.

Il la trouvera capricieuse, elle le trouvera orgueilleux. Et, néanmoins, les angles s'adouciront et le couple ne sera pas malheureux.

Monsieur Lion devant madame Cancer

Madame Cancer est sous l'influence de la Lune et monsieur Lion sous celle du Soleil. Ils vont avoir du chemin à faire pour se rencontrer et pour s'accorder.

Si madame Cancer aspire à une liaison au cours de laquelle elle se sente en mesure de donner du bonheur et prête à en recevoir, elle pourra, en croisant la route de monsieur Lion, tomber amoureuse de lui.

Monsieur Lion devra, sous les aspects réservés de madame Cancer, découvrir une sensibilité très grande et une humeur très versatile. On ne s'étonnera pas d'apprendre que madame Cancer est lunatique.

Madame Cancer cherche inconsciemment un homme qu'elle

puisse aider, car elle est maternelle. On peut donc trouver étrange son union avec un Lion. Mais elle a rencontré en lui un être passionné, avec un grand cœur plein d'amour, et elle se sent capable de devenir pour lui la femme idéale. Son instinct maternel trouvera à s'employer en accueillant monsieur Lion dans un foyer chaud et confortable. Elle prendra soin de lui, sachant qu'il aime qu'on lui dise qu'il est beau. Elle lui réchauffera le cœur.

Monsieur Lion sera heureux, mais il dépensera son argent sans compter.

Monsieur Lion devant madame Vierge

Le signe zodiacal de la Vierge se situe, pour le Lion, dans celle de ses Maisons qui concerne l'argent et les problèmes financiers.

Dans leurs rapports, il semble que les questions d'argent soient souvent, en effet, mises au premier plan. Madame Vierge tentera d'aider monsieur Lion qui refusera ce concours...

Cette influence s'étend en principe sur tous les biens, sur tout ce qui a de la valeur.

Il existe entre Lion et Vierge une certaine attirance et la présence d'une Vierge aux côtés d'un Lion sera comme une assurance de bonne gestion. Il existe également entre eux certaines difficultés provoquées par le voisinage de Mercure avec le Soleil. Unis, ces deux êtres auront des idées très brillantes, mais peut-être tout va-t-il se consumer.

Monsieur Lion a toujours tendance à briller et c'est une forte dose de patience qu'il devra posséder pour supporter les contrôle économiques de sa femme. Il faut qu'il y parvienne car cela sera bénéfique pour sa situation et même pour sa santé. Bien que le Lion étonne la Vierge et provoque son admiration, elle ne pourra pas s'empêcher de tenter de le réformer et de le conduire à l'esprit de précision et de minutie qui est le sien. Si le Lion éprouve un assez grand amour pour supporter cela, il sera le premier à s'en féliciter.

Monsieur Lion devant madame Balance

Une union entre monsieur Lion et madame Balance manquera peut-être de solidité. Il existe pourtant une certaine compatibilité entre ces deux êtres, mais c'est l'attitude de monsieur Lion devant l'amour qui risque de provoquer des déceptions. Il faut que monsieur Lion cesse d'aimer l'amour pour lui-même et qu'il veuille bien reporter ses sentiments sur l'objet de cet amour. Car une femme Balance est une sensitive. Comme le mimosa, elle replie ses feuilles si on l'approche avec brusquerie.

Monsieur Lion et madame Balance ne s'ennuieront jamais ensemble, car ils auront de longues conversations, étant tous les deux intelligents, cultivés et prolixes. Il faut pourtant que l'un et l'autre veillent à ne pas exagérer les paradoxes et les pointes de taquinerie réciproque. Il arrive un moment où un point mystérieux et variable est dépassé et où l'interlocuteur se sent blessé profondément. C'est ce moment qu'il faut à tout prix éviter. Si c'est le Lion qui se sent blessé, il rugira un peu et tout rentrera dans l'ordre ; mais si c'est la Balance, elle ne dira rien et la joie se retirera de ses traits sans que monsieur Lion sache d'où vient cet assombrissement soudain.

La Balance étant bienveillante avec tout le monde, la jalousie va s'installer dans le cœur de monsieur Lion. Le bonheur et la durée que leur union sont entre ses mains : il doit volontairement être libéral.

Monsieur Lion devant madame Scorpion

Le signe du Scorpion est gouverné par la planète Pluton, le signe du Lion par le Soleil. Il en résulte, dès la première rencontre, une vive attraction sexuelle. Dans l'horoscope de monsieur Lion, le Scorpion affecte la Maison relative au foyer, aux projets de longue haleine, à l'autorité des parents. Monsieur Lion trouvera d'abord que madame Scorpion prend trop d'importance dans sa vie, et puis il finira par se sentir très heureux de l'épouser.

Cela n'ira pas sans quelques discussions, mais elles seront positives puisqu'elles aboutiront à des décisions utiles.

Madame Scorpion offre les meilleures conditions pour apporter une aide certaine à son Lion. Elle veillera à ce qu'il travaille ponctuellement, en lui facilitant les nuits réparatrices, les levers sans problèmes et les départs à l'heure. Elle blâmera ses extravagances. Il est évident qu'elle portera peut-être atteinte à son goût de vivre, mais les résultats, bientôt, lui donneront raison : le Lion affirmera sa situation. Et il aime bien cela, au fond.

D'une manière générale, l'union d'un Lion et d'un Scorpion exige de part et d'autre un effort de rapprochement, des concessions importantes, mais dont les effets sont positifs et valables.

Monsieur Lion devant madame Sagittaire

Le Soleil du Lion et le Jupiter du Sagittaire créent entre ces deux signes une attirance physique. Monsieur Lion va s'en apercevoir dès qu'il connaîtra sa future femme.

Dès qu'il sera marié monsieur Lion cessera d'être satisfait de lui-même et cherchera constamment à faire mieux. Les deux planètes gouvernant réciproquement leurs signes s'accordent à les rendre optimistes, et comme madame Sagittaire poussera son Lion à l'action, il est bien possible qu'à la suite de cette union monsieur Lion se découvre des dons et des possibilités qu'il ignorait avoir en lui. Cette orientation vers de nouvelles initiatives est une des causes du bonheur de monsieur Lion auprès d'une Sagittaire.

Le couple aura des enfants qui contribueront au bonheur de leur foyer. De plus, les imprévus de madame Sagittaire animeront la vie de monsieur Lion en lui ôtant un peu de ce qu'elle avait jusqu'alors de clinquant et de superficiel.

Mais ces couples connaîtront aussi des problèmes. En particulier, celui du choix d'une résidence. Leur situation sociale permettra de nombreuses possibilités, il ne faut donc pas s'en inquiéter.

Monsieur Lion devant madame Capricorne

Dès que monsieur Lion aura décidé de s'unir à madame Capricorne, qu'il ne s'étonne plus de voir surgir sous ses pas des problèmes d'argent. S'il est vrai que Lion et Capricorne ont une attirance réciproque, il est tout aussi vrai que leur accord a des limites. Monsieur Lion trouvera peut-être que madame Capricorne s'intéresse d'un peu trop près à sa situation, à son travail professionnel. Il réussissait assez bien étant seul, mais elle va lui donner une impulsion bénéfique. Son évolution sera plus régulière et ses rémunérations plus importantes.

Il est possible que cela n'enchante pas monsieur Lion, qui a ses jours d'indolence, mais le résultat ne tardera pas à se manifester : la situation de monsieur Lion ira en s'améliorant nettement. D'abord parce que madame Capricorne trouvera toujours le moyen de faire. connaître son époux aux personnes qui peuvent lui être utiles ; ensuite parce qu'elle l'aidera et le soutiendra dans la poursuite d'un effort régulier ; enfin parce qu'elle saura le discipliner dans son travail. Il n'aimera pas beaucoup cela, mais il avancera beaucoup plus vite dans sa carrière. Les incidents de parcours du style discussion et bouderie seront vite oubliés grâce aux élans enthousiastes et bien agréables des heures réservées à l'amour.

Monsieur Lion devant madame Verseau

La planète Uranus gouverne le Verseau, le Soleil est chez lui dans le signe du Lion. Ces deux planètes apportent un certain accord entre Lion et Verseau.

Lorsque monsieur Lion aura apprécié la culture et l'esprit de madame Verseau et lorsqu'il aura installé ce trésor au cœur de sa maison, une foule de changements vont se succéder dans sa vie qu'il pensait bien équilibrée.

Madame Verseau provoquera en lui une espèce d'excitation intellectuelle capable de le faire avancer beaucoup plus rapidement dans sa carrière. Une émulation surgira entre les époux et, devant la valeur de sa femme, notre Lion devra faire un gros effort.

Dans le cercle de leurs amis et de leurs familles, il apparaîtra bientôt que madame Verseau a la spécialité de capter l'attention de tout le monde par le simple exposé de ses idées personnelles. Ces idées, il faut le dire, sont séduisantes parce qu'elles sont intelligentes et généreuses. Mais elles ne sont pas pratiques. Monsieur Lion, qui a la charge des moyens d'existence de son foyer, se sentira diminué car, dira-t-il, sans lui rien n'irait à la maison, puisque madame Verseau préfère s'occuper des pays en voie de développement, des unions en faveur de la paix ou de la protection des bébés phoques. Il sera envieux, en plus de la jalousie qui lui est naturelle !

Monsieur Lion devant madame Poissons

Madame Poissons est sous un signe gouverné par Neptune ; monsieur Lion est sous l'influence du Soleil. Si le Soleil éclaire nettement les choses, il n'en va pas de même de Neptune et monsieur Lion sera d'abord charmé, puis intrigué par le secret qui habite son épouse.

Madame Poissons apportera une attention particulière sur les questions mystérieuses, sur ce qui est caché, et monsieur Lion s'apercevra bientôt que lui-même, qui en était si loin autrefois, maintenant ne s'intéresse plus qu'aux sciences occultes...

Les Poissons, c'est un signe d'Eau ; le Lion, un signe de Feu. L'union entre les natifs de ces deux signes est assez risquée ; certains auteurs déclarent qu'ils ne peuvent pas s'accorder ; n'allons pas si loin, mais disons qu'il faudra un peu plus de concessions de part et d'autre pour réussir ce mariage. Ce sera surtout monsieur Lion qui devra faire des concessions, car madame Poissons mettra beaucoup de bonne volonté à devenir réaliste et précise, mais il n'est pas démontré qu'elle y arrivera. Monsieur Lion admettra son épouse telle qu'elle a su lui plaire, et il ne lui demandera pas de se transformer. Elle pourrait s'enfuir...

LA VIERGE

CHAPITRE PREMIER

Portrait des natifs de la Vierge

On dit souvent que les natifs du signe zodiacal de la Vierge se caractérisent par une raison froide et sans passion, le sens de l'équité et un instinct très sûr pour distinguer ce qui est honnête de ce qui ne l'est pas.

Certains auteurs voient chez eux un goût marqué pour la religion, d'autres n'y font aucune allusion.

La caractéristique de base de ce type, d'où découlent tous les autres traits psychologiques et même physiques, est sa classification, parmi les huits grands types d'organismes, dans le groupe des nerveux.

Parfois, il refuse de le reconnaître ; il cite des cas où il a remarquablement conservé son calme ; mais il ne dit pas que, cette attitude flegmatique, il l'obtient au prix de quelques malaises obscurs avec lesquels il ne voit peut-être sincèrement aucune relation.

On reconnaît le nerveux à la vivacité de ses mouvements, à la mobilité de ses traits, à la rapidité de son langage. Si, par suite de règles d'éducation, il résiste à ces tendances, le « nerveux » ne sera jamais placide ; il pourra seulement être volontairement flegmatique, mais toujours tendu.

On remarque habituellement chez les natifs de ce signe un affaiblissement des fonctions à caractère animal : fonctions de l'appareil digestif, fonctions de l'appareil respiratoire, fonctions de l'appareil circulatoire.

Ce qui est bien développé, chez les Vierge, c'est la personnalité psychique et mentale. Il va de soi que l'élément psychique et mental de chacun de nous dépend dans une certaine mesure du niveau de notre culture intellectuelle, de notre entourage et de nos échanges.

Pourtant, à culture équivalente, un choix se fait impulsivement, comme par instinct. Certains êtres se passionnent pour des études relatives à la psychologie, à la parapsychologie, à la philosophie, à la morale ou à la religion, tandis que d'autres n'y voient qu'occupations en marge, problèmes sans portée pratique, éléments d'information, sans plus.

Il se trouve que les natifs de la Vierge sont particulièrement doués pour cette sorte d'activité. L'élément intellectuel les attire souvent vers un esprit pratique et réaliste, ce qui forme un ensemble d'une étonnante richesse.

Un natif de la Vierge se signale, même aux personnes qui le connaissent à peine, par sa difficulté à s'adapter au monde extérieur et à s'intégrer à la vie ambiante. C'est un être qui semble ne pas appartenir au monde dans lequel vous le rencontrez, et s'y être égaré sans l'avoir fait exprès. Vous vous attendez à ce qu'il vous prie de l'aider à s'en sortir. Mais il n'en est rien.

Cette attitude provient, très illogiquement, d'un trop grand amour du changement. Il ne s'installe pas ; il semble toujours sur le point de repartir. Ce n'est pas, en esprit, un sédentaire, bien que souvent il le soit en fait à cause de l'importance qu'ont pour lui les faits concrets, les conditions matérielles de la vie.

Le natif de la Vierge n'est jamais calme et serein parce qu'il se pose des questions auxquelles il ne peut trouver de réponse. Sachant qu'il s'adapte difficilement, il considère tous les problèmes de sa vie comme destinés à souligner ce qui, chez lui, résiste et manque d'audace, de malice, de « débrouillardise ». Il ne songe pas un instant que les autres ont aussi des problèmes...

Le natif de la Vierge est un être qui se sait complexe et qui passe beaucoup trop de temps à se scruter lui-même. Cette introspection pourrait lui rendre d'immenses services, mais, par définition, il erre dans l'interprétation de ce qu'il observe en lui. Si bien que, au lieu de rectifier ce qui ne lui convient pas, il ne le voit pas et l'attribue à son destin.

Ce n'est pas, et de loin, une créature simple, ni facile à comprendre.

On croirait volontiers, à écouter un natif de la Vierge, qu'il n'a aucun bas instinct. Il n'aurait pas de gourmandise, il n'aimerait ni fumer ni boire, et pour ce qui est de la vie sexuelle, elle serait uniquement réservée aux chattes qui miaulent en mars et aux chiennes en chaleur errant sur les trottoirs !

On croirait volontiers qu'il vit comme un « pur esprit ». Mais il en est qui, tout en donnant cette impression, détestent qu'on le leur fasse sentir. Ils protestent alors, alléguant que ce n'est pas parce qu'on a des sens qu'on doit en parler constamment.

Cet apparent éloignement des servitudes animales est accentué par le soin que le natif de la Vierge prend de sa personne et de son aspect. La méticulosité est sa marque, son style, son royaume. Il est exceptionnel qu'on le voie négligé, mal coiffé, les ongles pas nets et une tache sur ses vêtements. Il semble ne pas toucher aux choses matérielles.

En fait, un natif de la Vierge agit à peu près comme tout le monde, mais tout se passe en nuances.

C'est en général un être qui voit clair. Sa logique lui montre les autres sous un jour net et limpide, et sous un éclairage tel qu'ils ont bien du mal à cacher le fond de leur pensée. Il sait le prix de la vie et il pèse toutes ses décisions avant de se lancer à l'aventure. En fait, il arrive souvent qu'une telle personne renonce à beaucoup de choses uniquement parce que l'aventure ne valait pas les risques qu'elle pouvait faire courir.

Pour un natif de la Vierge, l'appel de la vie, c'est seulement une tentation désordonnée qui peut lui apporter des ennuis. Sa paix serait menacée et c'est ce qu'il veut à tout prix éviter. C'est pourquoi il traite d'animalité les appels de l'amour et les sollicitations que la vie nous adresse.

Une conscience qui juge et interdit

Un natif de la Vierge réfléchit toujours avant d'agir et encore plus avant de parler. Il sait à quoi engagent les actes et où entraînent les paroles.

Ce barrage qu'il oppose aux mouvements spontanés, il l'oppose par principe à tout ce qu'il pense être l'œuvre de son instinct. Il est en position défensive permanente face à ses instincts, même les plus sages.

Il préfère s'appuyer sur son jugement. Sa raison, sa logique sont des éléments auxquels il accorde sa confiance. Pour lui, ce qui est bien, c'est ce qui est le résultat de sa réflexion et de son jugement.

Il ne refusera donc pas tous les actes naturels de la vie, mais il en refusera la spontanéité.

En fait, on constate que, généralement, il s'engage sur une voie de mesure, de tempérance et d'hygiène de vie qu'on ne peut pas blâmer. C'est seulement sur une première impression que, devant ce manque d'élan, on a tendance à formuler des critiques.

Qui se dresse en notre for intérieur contre nos instincts, contre nos mouvements spontanés et irréfléchis, en nous signalant qu'il peut y avoir des dangers à agir sans connaissance de cause ? C'est notre conscience.

Un natif de la Vierge, c'est une conscience faite homme...

Une telle personnalité, maîtresse d'elle-même, sait faire face à toutes les situations. Elle est douée de mille petites qualités bien plus nécessaires à la vie de l'homme moyen que ne l'est l'héroïsme.

Le natif de la Vierge recherche la tranquillité. Ce n'est certainement pas une destinée comparable à celle qui atteindrait le parfait bonheur, mais ce parfait bonheur est si rarement atteint que la Vierge a certainement plus de chances de réussir sa vie que d'autres dont les buts sont plus instinctifs, plus enthousiasmants et plus lointains.

Dès la toute petite enfance, le natif de ce signe montre une grande facilité à accepter les disciplines de propreté.

Cette tendance va développer un caractère qui, dans toutes les circonstances de la vie adulte, sera maître de lui-même.

Les résultats sont divers. C'est ainsi, par exemple, que sur le plan financier un natif de la Vierge se contrôle : il est conservateur et prévoyant. Cela tient-il à la saison de sa naissance ? Il naît au temps des moissons ; peut-être un secret instinct lui conseille-t-il d'engranger ?...

Sur le plan de l'action, c'est un être qui ne se précipite pas ; un projet élaboré demande encore un certain temps avant de se voir exécuter. Non qu'il y ait indécision, non qu'il y ait caractère velléitaire : le natif de la Vierge n'hésite pas à agir, mais il prend le temps de peser les conséquences de ses actes. Il réfléchit.

C'est un être qui ne sait pas jouir du bonheur de la vie tant qu'il n'a pas accompli tout ce qu'il s'était décidé à faire et qui ne fait rien précipitamment, on devine qu'il sera préoccupé, généralement plutôt soucieux et, sinon triste, du moins n'éclatant pas de joie de vivre. C'est un personnage dont on dit qu'il est « trop raisonnable ».

En fait, sa morale est excellente. C'est toujours quelqu'un de consciencieux et, si on lui confie une tâche, on peut être sûr qu'elle sera exécutée avec la plus grande rigueur.

Il a une intelligence d'analyse. Il tend vers le doute ; il est très lucide, cherchant constamment à comprendre, à voir clair, à connaître. Il a le goût de la systématisation, du classement.

La présence de Saturne accentue encore ces dons sérieux et la gravité générale de l'attitude.

Les plaisirs des natifs de la Vierge sont plutôt spirituels que matériels.

Les dangers de ce caractère

Il va sans dire qu'il est des natifs de la Vierge présentant tous les degrés de développement et qu'on rencontre sous ce signe des génies et de pauvres gens.

Le danger que présente ce caractère réside dans l'excès de retenue et de réserve qui peut conduire à une fréquente abstention.

Les Vierge peuvent manquer d'envergure, de spontanéité, être trop raisonnables, s'étouffer au milieu d'un amoncellement de principes, de règles, de tabous. Ils peuvent se préparer une vie sans folies, mais aussi sans fantaisie, une existence de maniaque mécanique qui finit par n'agir que selon ses règles, sans aucune concession à l'improvisation. Bref, quelqu'un qui s'ennuie et qui ennuie les autres.

Naturellement, cela est une exception, comme tous les cas excessifs. Le plus souvent, les Vierge sont des gens méthodiques, ordonnés, logiques, sceptiques, travailleurs, mais lents, méticuleux, gouvernés par des habitudes, bonnes le plus souvent, mais propres à ralentir leur action.

Ce qui permet plus sûrement de reconnaître un natif de la Vierge, c'est d'abord le soin apporté à sa tenue. Quel que soit le niveau social du sujet, son apparence est toujours impeccable.

La démarche est ferme, sûre, bien équilibrée ; les gestes sont précis, nets, bien marqués, sans excès.

Le natif de la Vierge n'est pas particulièrement robuste, mais avec sa sagesse, son caractère économe et raisonnable, il sait prévoir ses malaises et les soigner en temps utile.

Le type physique du natif de la Vierge

On ne pourrait pas reconnaître un natif de la Vierge au seul aspect général de sa physionomie ; c'est un signe qui n'impose pas de marque extérieure très accentée, comme beaucoup d'autres.

On peut poser en principe que le natif de la Vierge est un nerveux, de complexion sèche ; donc il ne peut qu'être mince et délié. Il a le visage fin, nettement dessiné, souvent avec des yeux enfoncés dans les orbites. Mais ceci ne concerne que le type pur ; nous verrons qu'il y a des types mixtes.

On reconnaît plus facilement un natif de la Vierge à l'expression de son regard qu'à ses traits. En effet, les Vierge ont le regard mobile, expressif, nuancé, avec mille plis qui, très tôt, accentuent les mouvements des yeux.

On les imagine plutôt avec une mine fragile et des traits discrets, mais c'est une illusion. Il en est aussi qui sont bien en chair et colorés.

Ainsi sa méthode est-elle tout à son avantage quand il s'agit de se bien porter.

CHAPITRE II

Le destin des natifs de la Vierge

Le natif de la Vierge présente une grande facilité de coordination de ses réflexes. C'est une qualité physique innée.

Il possède les dons que demande l'exécution des travaux minutieux, délicats et complexes. Il a généralement une bonne vue, une excellente mémoire, un caractère calme et des mains adroites. La logique de son esprit s'adapte très bien au maniement des petits outils. Il peut donc devenir un excellent artisan dans les nombreux métiers qui requièrent ces qualités et devenir un très bon ouvrier qualifié ou un très bon technicien. Comme il a une intelligence logique et analytique, l'esprit d'observation et un grand sens pratique, il peut faire un très intéressant inventeur, capable d'exécuter lui-même ses dessins techniques et, dans certains cas, ses maquettes et ses prototypes.

Il possède les dispositions permettant d'assumer certaines fonctions de contrôle et même de direction.

L'ensemble de ces qualités montre qu'il est très apte à des fonctions de « cadre ».

On remarque que les natifs de la Vierge, intéressés par la santé, le fonctionnement des organes du corps, peuvent trouver dans les branches médicales et paramédicales des carrières tout à fait à leur convenance.

D'une manière générale, ce type n'est pas fait pour les travaux demandant une grande force physique, une grande rapidité de décision, une forte autorité sur le personnel. Mais tant qu'il est question d'informer, d'expliquer, de coordonner, de vérifier, même d'exécuter, il a devant lui un bel avenir.

Le comportement au travail

Avec son goût des règles et des principes, le Vierge possède les qualités qu'un patron estime chez son employé. On peut dire qu'il y a, dans cette personnalité, une sorte d'idéal du travailleur, qui pourrait servir de modèle. La plupart des travaux monotones, réguliers, obscurs, qui font la base de l'économie d'un pays, sont accomplis par les natifs de la Vierge.

On considère que, s'il aime travailler seul, le natif de la Vierge possède suffisamment le don de l'organisation pour accepter volontiers de se plier au travail en équipe.

Toutefois, avec son doute perpétuel et ses petites habitudes, on peut considérer que, dans la plupart des cas, un natif de la Vierge a peu de chances de monter très haut dans la hiérarchie de l'entreprise. Il pourrait atteindre des postes élevés, mais il lui manque une certaine ambition, un certain esprit d'initiative, une politique propre, qui font qu'il doit d'abord être bien dirigé pour progresser.

Sachez voir également que ce signe possède une certaine avidité, certaines limitations qui l'empêchent de se réaliser pleinement. On a vu des vedettes comme Greta Garbo, nées sous le signe de la Vierge, refuser les à-côtés de la gloire et même fuir tout contact avec les admirateurs, avec le public, d'une manière maladive.

Le natif de la Vierge doit donc se guérir d'un certain complexe d'infériorité qui lui fait du tort au cours de sa vie professionnelle. Comment le peut-il ?

Ce que les natifs de la Vierge doivent s'efforcer de réaliser

Pour se pourvoir d'un minimum de confiance en soi, il lui faut adopter une attitude radicalement contraire à celle que l'on avait jusqu'alors. Il faut d'abord méditer sur le but recherché et parvenir, consciemment, à cette conclusion inévitable : on ne réussit que si l'on a un grand intérêt à le faire. La réussite implique un élément passionnel.

On conseille au natif de la Vierge qui souffre d'un complexe d'infériorité de réfléchir chaque soir à l'intérêt que présentera pour lui un avancement qu'il va devoir arracher à la force du poignet.

Il n'est pas question de froncer les sourcils férocement et de se crisper sur cette idée. Cela ne servirait qu'à créer une obsession.

Au contraire, il faut être très détendu, voire nonchalant,

choisir l'heure du repos avant le sommeil et penser agréablement à tout ce qui arriverait de bien si l'on obtenait cet avancement, cette augmentation, cette promotion.

Pour ajouter aux actions de chaque jour l'élément passionnel qui leur manque chez le natif de la Vierge, il faut parcourir un certain chemin.

D'abord, comme premier moyen, il y a le « hobby », cette occupation secondaire que beaucoup de gens adoptent pour se changer les idées et trouver à la vie un autre intérêt que leur ennuyeux travail professionnel.

Si vous réussissez remarquablement dans un hobby, vous vous découvrez des capacités, des qualités insoupçonnées. En tout cas, elles prennent ici une forme concrète de réalisation et vous y puiserez une certaine confiance en vous.

Si le natif de la Vierge éprouve le besoin de surmonter des difficultés et d'avancer dans sa carrière, il doit se définir d'abord un but.

En réalité, tout effort a un résultat. Un résultat favorable. Mais ce n'est pas pour cela que vous allez faire vos efforts, c'est pour atteindre le but que vous vous êtes fixé.

Les chemins et les méthodes

Quand il est question de choisir des méthodes, des voies et de tracer son plan d'action, puis de s'y conformer, les natifs de la Vierge se retrouveront sur un terrain qui leur est cher et familier.

Ce sont des méthodiques, des économes, des précis.

La seule difficulté, pour eux, aura donc consisté à prendre un jour la décision de changer d'état d'esprit, de rejeter comme un vieux vêtement les habitudes passées de modestie et de réserve.

Évidemment, tout progrès se fait par étapes successives. Il faut avoir planifié les diverses étapes et s'être donné des buts successifs.

Si le plan est convenablement tracé, le premier petit succès assez facile à obtenir, devient un gage de succès futur.

Si l'on rencontre quelque échec, inutile de s'y attarder : il n'y a que celui qui ne tente rien qui n'échoue jamais.

Malheureusement, il se trouve que les natifs de la Vierge ont d'habitude le sentiment qu'il vaut mieux ne rien tenter que de prendre le risque d'échouer. Aussi restent-ils dans leur emploi et font-ils parfois, sourdement et sans même s'en rendre compte, des mécontents, des résignés.

Pour le bon fonctionnement de l'économie d'un pays, d'un peuple, d'une nation, il faut que chaque individu donne le meilleur de lui-même. Une nation formée de résignés sera toujours une nation affamée.

Il est donc juste de ne pas s'estimer au-dessous de sa valeur, mais de préférence un petit peu au-dessus, ce qui fait que l'on sera obligé de faire des progrès pour faire face aux problèmes que l'on se pose.

C'est ainsi que les natifs de la Vierge doivent agir pour corriger les éléments de leur personnalité qui ne sont pas favorables à une brillante réussite.

Cet enthousiasme qui leur manque, mais qu'il acquerront s'ils se plient à ces directives, complétera très heureusement leur esprit de méthode et d'économie, leur réserve et leur régularité de travail, pour en faire des collaborateurs de choix.

CHAPITRE III

Le natif de la Vierge et l'amour

Lorsqu'un natif de la Vierge rencontre l'amour, il ne le laisse pas s'enfuir. Lorsqu'il l'a capturé, il en prend constamment le plus grand soin et s'efforce de l'entretenir.

La Vierge est un signe gouverné par Mercure, planète de la pensée agissante, de l'intelligence pratique et de l'activité.

La plupart des gens considèrent la sexualité comme un élément instinctif de la vie amoureuse. Le Vierge, sous l'influence de Mercure, n'est pas de cet avis. Il met de la cérébralité partout, même dans la sexualité. C'est une sexualité intellectualisée, liée à l'imagination, aux idées et même aux idéaux.

Avec cette conception de la sexualité et de l'amour, le Vierge devient apte à réagir à toutes les nuances de l'amour. Cette réaction, d'ailleurs, ne tend pas à prendre du plaisir : elle tend surtout à en donner.

Quelques complications sont causées par la présence du Capricorne dans la Maison V de la Vierge, où il se trouve en compagnie de Saturne.

Cette double présence ne simplifie rien et le gentil Mercure, avec tout son esprit, a du mal à se sortir de ce piège inhibiteur.

Par suite de cette disposition, les Vierge n'admettent pas l'inhibition saturnienne et veulent tenter de comprendre en faisant appel à Mercure et à leur intelligence qui n'est pas négligeable. Connaissez donc mieux le Capricorne !

Le natif de la Vierge est un perfectionniste. Cette perfection qu'il recherche en lui-même en prenant le plus grand soin de sa toilette, en veillant à être toujours à la bonne place au bon moment et, tranquillement, à faire son travail gentiment et sans problèmes ni réclamations, cette perfection, donc, il la veut aussi dans l'amour.

Est-ce parce que le signe du Capricorne habite votre Maison V, la Maison de votre affectivité et de votre amour ? Vous, natifs de la Vierge, vous avez une attirance toute particulière pour les natifs de ce signe. Mais c'est courir après la difficulté, car le Capricorne, lui, ne vous recherche pas.

Les natifs de la Vierge, malgré leur désir de perfection, ne parviennent pas souvent à une très grande satisfaction. Un amour-propre terriblement impulsif les dirige et leur fait craindre comme la peste la moindre critique, en amour comme dans toutes les situations. Le résultat se laisse facilement deviner. S'il est une circonstance où il faut s'avancer sans crainte et en toute simplicité, c'est justement l'amour. Il déconcerte aussi souvent par un certain manque d'assurance.

Il faut donc que les natifs de la Vierge, dans leur propre intérêt, abandonnent ce principe perfectionniste et sachent que tout le monde se vaut, peu ou prou. Si leur physique présente une légère carence, ils doivent savoir que la tendresse fait pardonner agréablement une minuscule défaillance.

Il convient par conséquent que tous les natifs de la Vierge cessent d'adopter une attitude trop compliquée et fassent l'amour... comme tout le monde.

Attention, natifs de la Vierge, le perfectionnisme pourrait bien être une conséquence de l'orgueil.

La sexualité chez les natifs de la Vierge

Le natifs de la Vierge disposent d'une gamme sensorielle très étendue. Ils réagissent au toucher d'une manière très voluptueuse ; ils réagissent à l'odeur, aux sons, à l'éclairage et même aux couleurs. La suggestion, pour eux, n'est pas un vain mot. Dès qu'ils acceptent de laisser de côté leur esprit critique, qui s'exerce autant contre eux-mêmes que contre leur partenaire, ils tirent le plus grand profit de tels entretiens.

Les Vierge sont parmi les gens les plus provocants et les plus fascinants. Ce sont des gens qui aiment enseigner ce qu'ils savent. Aussi préfèrent-ils donner que recevoir et, parfois même, expliquent-ils comment faire. Il faut former les partenaires, quand on veut ce qu'il y a de mieux en fait d'expérience et de joie à deux.

Les natifs de la Vierge, en cas d'insatisfaction, ont toujours une dernière ressource : l'illusion. C'est un fait : la Maison VII de la Vierge, qui représente les relations avec l'extérieur, est habitée par le signe des Poissons. Le signe des Poissons, c'est celui du rêve, des illusions, de l'irréalité, car sa planète gouvernante est Neptune, qui leurre au fond des océans.

Tandis que la Maison V est le sentiment, la Maison VII est l'union légale.

Résultat : dans les aventures sentimentales, le natif de la Vierge fait des difficultés, met des obstacles où il n'y en a pas ; en matière de mariage, il agit autrement, se laisse tromper, s'illusionne plutôt que de rompre et vit son union légale dans une perpétuelle illusion, pour ne pas voir la réalité.

Conseils aux hommes concernant les femmes natives de la Vierge

Beaucoup de femmes natives de la Vierge évitent l'amour aussi longtemps que possible. Elles se marient tard, épousent un ami d'enfance, bref, peu d'entre elles cèdent à une véritable passion. C'est une des manifestations des précautions que prennent les Vierge pour éviter de courir des risques. Ce sont des êtres qui se mettent à l'abri.

On les a souvent déclarées « frigides » : il n'en est rien. Ce sont des perfectionnistes : si on ne leur convient pas, intellectuellement, leur corps se ferme...

Comme elle a du discernement, elle prend tout son temps pour faire son choix. Comme elle est un peu maniaque sur le chapitre de la netteté corporelle, elle peut faire ensuite fuir l'heureux élu. Elle supporte mal la négligence et les hommes sont parfois si peu soigneux !

Elle s'intéressera aux projets de son partenaire, mais c'est chez elle une occupation intellectuelle : elle n'y met aucune malice et bien mal venu serait celui qui verrait là une sorte de surveillance.

L'homme qui a su gagner l'amour d'une native de la Vierge aurait grand tort de le perdre pour une baliverne ; cet amour est un don précieux et beaucoup de joies peuvent en venir que rien ne remplacerait.

C'est en effet un véritable trésor, car elle est intelligente, franche, loyale, sensée, et elle comprend très bien la plaisanterie.

Conseils aux femmes concernant les hommes natifs de la Vierge

On peut croire l'homme né sous le signe de la Vierge froid, réservé, incapable d'émotions, mais ce serait commettre une grande erreur. En fait, il souhaiterait être ainsi, mais il ne l'est pas. Il voudrait rester froid pour permettre à son intelligence de poursuivre ses observations, ses analyses, ses critiques. Mais il s'émeut comme quiconque et le jeu se dérègle. Et puis il est d'une grande générosité. Ce sentiment prend le pas sur d'autres.

Homme exigeant, il refuse toujours la seconde place. Quand il demande s'il compte beaucoup, il faut non seulement lui répondre par l'affirmative mais aussi dire qu'il est meilleur que les autres.

C'est un homme qui dit habituellement tout uniment ce qu'il pense. Il n'est pas étincelant, mais il est sincère et intelligent. Il ne fera rien d'extravagant pour prouver son amour, mais il donnera toujours à sa partenaire ce dont elle a besoin et il est assez sensible pour deviner toujours ce qu'elle désire.

C'est un être fondamentalement sauvage, timide, sensible, réservé. Il a de la peine à exprimer ses sentiments, mais ceux-ci sont profonds. Il ne sait pas s'extérioriser affectivement ; il faut l'attendrir, le mettre en confiance avec de bonnes paroles pour qu'il se livre.

C'est un être hautement doué sur le plan pratique et qui a le talent d'organiser les choses qui, avec lui, de compliquées et brouillonnes qu'elles étaient deviennent claires et simples.

Monsieur Vierge a l'esprit très critique et vous passerez par son crible, comme lui-même d'ailleurs.

Dans la recherche du partenaire qui apportera le bonheur par l'amour, les natifs de ce signe se montrent peut-être logiques avec eux-mêmes, mais trop exigeants ; ils refusent de prendre le moindre risque. Qui peut garantir le bonheur à un couple ? Il existe tant de causes volontaires et involontaires de dissension entre deux êtres humains !

Il faut, pour trouver le bonheur, que les natifs de la Vierge acceptent sans exiger aucune garantie de prendre leurs responsabilités : celle de leur propre conduite envers leur conjoint afin de ne pas créer discussions ou incidents ; celle de leur choix.

Les Vierge ont du discernement, ce qui leur évite de commettre des erreurs assez courantes. Après avoir montré à votre partenaire que vous possédez cette qualité et que vous savez l'utiliser, attachez-vous à lui donner confiance, à l'encourager, à soutenir moralement ses efforts et à assurer son équilibre psychique : c'est une des clefs de votre bonheur.

Les natifs de la Vierge sont-ils faits pour le mariage ?

La rumeur publique dit souvent que les natifs de la Vierge ne sont pas faits pour le mariage.

On ne devrait jamais soutenir de telles affirmations ; il n'y a aucun signe dans le Zodiaque qui inflige un tel jugement et déconseille le mariage. Mais il y a une raison à cette croyance.

Les natifs de la Vierge sont trop méticuleux et trop exigeants. Quand ils acceptent de passer outre à quelque faute de soin ou de goût de leur partenaire, ils le font avec un tel air blasé, en ayant l'air de dire : « Le pauvre (ou la malheureuse), il (elle) n'a pas les capacités voulues pour se tenir impeccablement ; il (elle) est brouillon (ne), sans soin... » Car c'est là le grand reproche. On conçoit que, pour une femme Bélier, un mari Vierge peut exciter une certaine impatience. Elle voudra se précipiter en avant pendant qu'il sera encore à ôter un petit fil clair sur la manche sombre de son costume. Elle voudra décorer la maison tandis qu'il lui reprochera de ne pas ôter la poussière avec assez de régularité...

Ce n'est pas plus grave que cela, mais ce sont des piqûres qui, à la longue, finissent par faire mal et que seul un amour très profond peut éviter.

Il arrive souvent que les natifs de la Vierge mettent trop de temps à se décider ; en cas de demande en mariage, ils ajournent leur réponse. Ce n'est pas qu'ils manquent de confiance ou qu'ils doutent des sentiments de leur partenaire. Mais, souvent, un événement extérieur leur semble être de nature à retarder la décision : attendons la fin des grèves ; attendons que votre mère soit tout à fait guérie ; j'attends justement un avancement.

On peut aller loin avec de telles phrases, on peut surtout attendre longtemps. Si le partenaire se lasse, on lui dit : « Vous êtes impatient », ou « Je crois que vous êtes un peu léger ; pourquoi vous impatienter, nous avons toute la vie devant nous. »

Lorsqu'on vous parle ainsi, informez-vous. Si l'auteur de ces phrases est né sous le signe de la Vierge, c'est entendu : trouvez la réponse qui le fasse fléchir ou quittez-le. Attendre est un état d'esprit inné et quasi organique.

CHAPITRE IV

Le natif de la Vierge et l'élue de son cœur

Monsieur Vierge devant madame Vierge

On a presque tout dit sur ce couple, quand on a dit que leur manie de perfection pouvait rendre chacun des conjoints insupportable à l'autre. Ils doivent surtout éviter de s'engager dans de néfastes affrontements, que ce soit des joutes de paroles ou tout simplement quelques coups.

Il serait d'ailleurs impossible à un natif de la Vierge de rester bien longtemps dans une atmosphère déplaisante. C'est exactement ce qui le fait fuir. Mais il ne s'en ira qu'à regret et non sans avoir tout tenté pour ramener l'harmonie.

Il faudrait que monsieur Vierge apprenne à faire l'éloge de madame Vierge. Lui qui sait apprécier ce qui est bien, il doit savoir lui dire ce qu'il pense d'elle. S'il donne l'impression d'être heureux, aussitôt sa femme va le devenir ; cette joie qu'ils vont se renvoyer de l'un à l'autre sera très précieuse et très importante pour l'avenir de leur couple.

Monsieur Vierge doit également veiller à développer toutes les forces créatrices potentielles de sa femme.

Monsieur Vierge devant madame Bélier

Monsieur Vierge, qui est un être doux et tranquille, risque d'être parfois un peu inquiet devant le caractère à la fois imprévu et dynamique de madame Bélier. Ce qu'il craint, tout à fait au fond de lui, c'est que cette adorable personne, de sa menotte fine, ne s'empare complètement du psychisme de monsieur Vierge qui, flegmatique, se sent faible et impuissant devant les orages de son épouse. Parfois l'union est longue à se réaliser entre deux partenaires qui pourtant se connaissent bien.

Le signe du Bélier est régi par Mars et celui de la Vierge par Mercure. Ces astres ne sont pas de tout repos. Leur agitation respective peut fort bien inquiéter un esprit habitué au calme. La présence de madame Bélier est toujours stimulante pour monsieur Vierge. Tous deux seront d'accord pour discuter investissements et économies, mais aussi de sujets moins matériels.

L'attitude générale de madame Bélier sera d'amuser monsieur Vierge, de l'intriguer et d'apporter du piment à sa vie ; il ne devra pas lui en vouloir si elle ne lui ressemble pas ; elle est toujours en train, toujours décidée, toujours prête à dépenser son énergie pour un tout petit amusement ou pour une grande tâche. Cela agacera un peu monsieur Vierge de la voir consacrer à l'une et à l'autre les mêmes forces et le même enthousiasme. Car elle n'a pas de méthode, elle ; elle ne classe pas, elle ne hiérarchise pas. En revanche, elle saura épauler son partenaire et lui donner l'assurance qui parfois lui manque.

Monsieur Vierge devant madame Taureau

Lorsque monsieur Vierge aura décidé de vivre avec madame Taureau, il sentira combien cette présence change sa vie.

Le Taureau influence la partie de l'horoscope de monsieur Vierge relative aux longs voyages, aux grandes idées, aux écrits et publications, et à l'expression de sa philosophie personnelle.

La présence de madame Taureau aidera monsieur Vierge à définir son but, son programme. Mais s'il est question de faire des voyages, madame Taureau résistera, car elle ne les supporte que dans les meilleures conditions.

Il faut que monsieur Vierge s'attende à rencontrer de l'obstination chez madame Taureau mais, comme il est patient, cela pourra s'arranger et tout porte à croire qu'ils auront bien des goûts en commun.

Peut-être des discussions surviendront-elles entre monsieur Vierge et madame Taureau ; mais qui n'en a pas ? Il sera si facile de les aplanir. Il faudra que monsieur Vierge accepte de faire quelques concessions, ce qui ne lui coûtera pas beaucoup en regard des multiples qualités de madame Taureau. Qu'il s'attende simplement à devoir se défendre de sa jalousie et tout ira très bien.

Monsieur Vierge devant madame Gémeaux

La Vierge et les Gémeaux sont tous deux gouvernés par Mercure. Lorsque monsieur Vierge aura rencontré madame Gémeaux, il la reconnaîtra pour lui avoir été prédestinée. Leur planète commune va les entraîner l'un et l'autre dans une existence enthousiasmante dont monsieur Vierge, seul, n'aurait même pas eu la moindre idée. Une petite rivalité se fera jour sur le point de savoir lequel des deux prendra la direction des opérations.

Le signe des Gémeaux agit sur la carrière et le prestige personnel de la Vierge. La présence d'une madame Gémeaux dans la vie de monsieur Vierge changera certainement quelque chose. Lui qui était tout disposé à faire sa carrière dans le même poste se sentira des ailes pour courir en quête d'une situation meilleure, de toutes les informations utiles à connaître pour assurer son avancement ou sa promotion. Cette influence bénéfique de madame Gémeaux naît de sa seule présence.

C'est monsieur Vierge qui sera, dans le couple, l'élément stabilisateur, car madame Gémeaux sera prête à se développer vingt projets en même temps.

Il interviendra avec sa bonne et classique logique pour « sérier les questions » et mettre de l'ordre dans ce fourmillement d'idées et de suggestions.

Monsieur Vierge devant madame Cancer

La présence de madame Cancer dans la vie de monsieur Vierge apporte des habitudes d'introspection grâce à l'influence de la Lune qui est sa planète dominante. La vie professionnelle et sociale de monsieur Vierge sera avantagée de la présence à son foyer de madame Cancer. Leurs deux signes s'accordent bien.

Madame Cancer se hâtera de présenter à monsieur Vierge de nouveaux amis, de nouvelles idées. Monsieur Vierge, qui n'aime rien tant que le *statu quo,* ne sera pas très ravi à l'idée de voir toujours de nouvelles têtes et encore moins à l'idée de changer son style de vie. Cependant, il faudra qu'il accepte ces modifications s'il veut rester en bons termes avec sa compagne. D'ailleurs, il n'aura pas à le regretter, car madame Cancer lui est bénéfique.

A ses côtés, monsieur Vierge sera moins sombre, moins pessimiste, et il envisagera la vie sous un angle moins ennuyeux.

Ses nouvelles occasions de sortir et de profiter un peu des joies de la vie, c'est à madame Cancer qu'il les devra.

Leur union sera, en somme, très harmonieuse, et d'autant plus agréable pour monsieur Vierge qu'il menait, en célibataire, une existence certainement sans attrait et sans couleur.

Monsieur Vierge devant madame Lion

Certains auteurs déclarent que, dans une union Vierge-Lion, l'élément Vierge est trompé par le Lion.

Donc, monsieur Vierge, faites très attention si vous désirez convoler en justes noces avec une dame Lion.

Ajoutons, afin de consoler chacun, qu'une hirondelle ne fait pas le printemps.

Ce qui est certain, c'est que madame Lion est très belle et très charmante et qu'elle a beaucoup de succès. Beaucoup d'éléments militent en faveur d'une union entre Vierge et Lion. La présence du Lion éveille chez le natif de la Vierge le sens de la beauté. Madame Lion va exalter la curiosité naturelle de monsieur Vierge et l'inciter à sortir de ses habitudes. Madame Lion est en mesure d'aider monsieur Vierge dans des activités artistiques. Madame Lion pourra rendre son époux plus audacieux, plus tenté par un changement de profession et d'habitudes. Tout deux « présentent bien » et plaisent à toutes leurs relations. C'est un couple qui, par sa netteté et par la beauté de madame, aura toujours le plus grand succès en société.

Autant en profiter pour mener une existence agréable.

Monsieur Vierge devant madame Balance

Madame Balance, où qu'elle se trouve, est toujours la femme la plus brillante, la mieux habillée, la plus élégante. Aussi, lorsque monsieur Vierge deviendra amoureux d'elle, il sera très intimidé et se demandera longtemps s'il est opportun de faire sa cour à une personne aussi entourée et admirée.

Et puis il s'apercevra que madame Balance est comme tout le monde et qu'elle a un cœur capable de s'éprendre de lui.

Madame Balance a des tendances artistiques et elle aime agir selon l'inspiration du moment. C'est à monsieur Vierge qu'incombera le rôle de mettre de l'ordre et de la méthode dans les diverses activités de leur couple.

Monsieur Vierge ne sera peut-être pas tout à fait ravi de la manière dont madame Balance tient la maison. Lui qui est si méticuleux se demandera comment elle s'y retrouve. Mais il sait tout de suite que, dans les occasions où la maison doit être brillante, madame Balance se surpasse tout d'un coup. Elle réalise alors des prodiges, non seulement d'ordre et de propreté, mais aussi de fantaisie et de charme.

Monsieur Vierge devant madame Scorpion

La planète qui gouverne le signe du Scorpion est Pluton. Lorsque Pluton va s'unir à Mercure, qui est la planète de la Vierge, cela favorisera leurs ambitions. En principe celles de monsieur Vierge, car madame Scorpion va se borner à encourager son mari, ne demandant généralement rien pour elle.

Monsieur Vierge se trouvera en parfaite harmonie avec madame Scorpion et, ensemble, ils se feront beaucoup d'amis et ces derniers estimeront devoir les prendre pour confidents. Il est ainsi des gens qui attirent les confessions et auxquels les gens viennent demander conseil dès qu'ils ont des problèmes à résoudre.

Ainsi un tel couple aura du succès comme consultant et comme conseiller ; cela pourrait leur procurer une existence assez exaltante. Cependant, les énergies de ce couple ne seront-elles pas trop dispersées ?

C'est contre cet éparpillement que monsieur Vierge devra s'efforcer de lutter afin de se préserver et de préserver sa femme contre l'épuisement psychique qui ne manque jamais de suivre un surmenage de cet ordre.

Monsieur Vierge considérera madame Scorpion comme celle qui réveille, qui anime, qui apporte un air neuf.

Monsieur Vierge devant madame Sagittaire

La présence de madame Sagittaire dans la vie de monsieur Vierge apporte un sens de la discipline et surtout un régime de restrictions décidées et consenties d'un commun accord. Monsieur Vierge aura l'impression d'être l'élève de madame Sagittaire qui lui impose un emploi du temps et des règles.

Le Sagittaire influe sur la partie de l'horoscope de la Vierge relative au temps, au foyer, à la sécurité, aux projets à longue échéance. Ce qui, dans la vie courante, n'ira pas sans susciter des obstacles. La planète du Sagittaire étant Jupiter, on remarque une notion d'autorité dans ce signe. La planète de la Vierge étant Mercure, la réunion des deux influences peut être très stimulante.

Mais c'est une union difficile à réaliser. Il semble qu'un personnage important dans la vie de monsieur Vierge, cherche à s'y opposer. Un personnage ou une inhibition.

En général, les choses se passent ainsi : un natif du Sagittaire met le natif de la Vierge en opposition avec sa famille et c'est là qu'il faut chercher la source des problèmes.

Monsieur Vierge aura longtemps l'impression d'être retenu en prison par madame Sagittaire, mais, grâce à leur amour, les choses s'arrangeront.

Une telle union, si elle était faite de sang-froid et sans un côté romanesque, ne serait pas à conseiller.

Monsieur Vierge devant madame Capricorne

Dès que monsieur Vierge a rencontré madame Capricorne, il a été attiré vers elle physiquement. C'est que les natifs du Capricorne adorent l'amour physique et que cela se devine.

Un petit obstacle : le Capricorne est gouverné par Saturne (ralentissements, inhibitions, silences et secrets). La Vierge est gouvernée par Mercure (communication, mouvements, vivacité). Il ne peut pas y avoir accord parfait, et, ce qui arrivera peut-être, c'est que madame Capricorne, en silence et sans rien exprimer de ses impressions profondes, ira de temps à autre quérir ailleurs ce qu'elle ne trouvera pas chez elle.

Évidemment, c'est grave si cela va jusqu'à tromper monsieur Vierge ; cela le sera moins si ces écarts se limitent à des confidences, à des entretiens amicaux, bien que monsieur Vierge ne puisse jamais être sûr de la limite.

En fait, madame Capricorne aimerait voit monsieur Vierge travailler tout autant qu'il le fait mais sur un plan plus ambitieux et moins résigné ; elle aimerait qu'il fût plus passionné au lit. Elle aimerait bien des modifications et elle n'en parle pas. Elle s'enferme dans de longues heures de silence, ne pouvant pas exprimer le bouillonnement intérieur qui l'agite sans qu'il y paraisse rien. Et monsieur Vierge en sera réduit à se poser des questions qui resteront définitivement sans réponse.

Monsieur Vierge devant madame Verseau

Monsieur Vierge, toujours en quête de perfection, la cherchera dans madame Verseau. Ce signe est gouverné par la planète Uranus. Unie à la planète Mercure gouvernant la Vierge, madame Verseau apportera une note de fantastique à toutes les initiatives du couple.

Sa présence dans la vie de monsieur Vierge apportera un changement assez radical. Elle souhaitera tout raser pour tout reconstruire autrement. Là se posent quelques questions pratiques qu'il faudra bien résoudre et quelques obstacles avec lesquels il faudra bien composer. Tout n'est pas simple, dans la vie quotidienne moderne.

Il est possible que madame Verseau fasse preuve de jalousie. Il est possible que monsieur Vierge, excédé par ces manifestations d'exclusivité, se sente provoqué et justifie un jour les critiques qu'il reçoit. Madame Verseau peut faire un éclat ; le couple peut se briser.

Pour l'éviter, il faudra créer un climat de grande tendresse, d'amitié, en même temps que d'amour, et laisser la partenaire vivre à sa guise sans la contrôler.

Monsieur Vierge devant madame Poissons

Monsieur Vierge est certainement attiré par madame Poissons, non seulement parce qu'il la trouve charmante, mais peut-être aussi parce que, dans son horoscope, le signe des Poissons habite la Maison du mariage et des associations. Toutefois, cette association met en présence Neptune pour les Poissons et Mercure pour la Vierge. Le résultat de la rencontre, ce sont de longs voyages en mer...

Les méthodes de monsieur Vierge sont radicalement opposées à celles de madame Poissons. Exactement comme le signe de la Vierge, sur le cercle du Zodiaque, est à l'opposé de celui des Poissons. Cette différence entre eux entraînera chez monsieur Vierge des efforts d'imagination.

Précisions qu'il y aura de part et d'autre beaucoup de concessions à faire pour que les deux natures s'accordent, mais c'est un effort toujours possible, pourvu que chacun fasse la moitié du chemin vers l'autre. C'est en général ce qui se passe et, dans ce cas, chacun n'aura qu'à se louer des points de vue nouveaux que lui apporte l'autre.

LA BALANCE

CHAPITRE I

Portrait des natifs de la Balance

Le signe de la Balance est placé au milieu du Zodiaque. A égale distance des extrêmes, le natif de la Balance se sent disposé à jouer sur deux tableaux. Il vit dans un calme psychique qui le satisfait sans complications et sans ostentation, sans problème intérieur traumatisant. Il vit en souriant, car il se met à l'aise, dans le medium, entre le grave et l'aigu. Quoi qu'il arrive, le natif de ce signe l'accepte dans le calme, en raisonnant sainement.

Ce n'est pas qu'il soit moyen en tout : il y a des natifs de la Balance qui sont incapables de lire leur quotidien du matin et d'autres qui obtiennent brillamment les diplômes les plus hauts. Il n'est pas moyen, il est égal.

Il est né au moment où l'équinoxe apporte l'équilibre des jours et des nuits. Le monde nocturne, longtemps refoulé, remonte ; c'est le crépuscule de l'année.

Dans le courant des degrés du Zodiaque formant les six premiers signes, les dynamismes sont allés croissant, se compliquant, dans une évolution vers une sorte de perfection, mais sur un plan concret, physique, au sein des réalités quotidiennes.

Désormais, l'évolution se fera dans un monde plus abstrait. La vie, la vie du corps, est assurée. Désormais, on pourra penser davantage à la vie du cœur et à la vie de l'esprit.

Comme l'hiver ne s'est pas encore manifesté, les natifs du signe restent assez chaleureux, assez extériorisés et sociables : on peut encore, à cette époque de l'année, symboliquement toujours, profiter des plaisirs de la vie à l'extérieur. Les conditions atmosphériques le permettent.

Le natif de la Balance n'a pas l'ardeur spontanée du Bélier, venu au monde en pleine explosion printanière, sous un autre équinoxe ; mais il est aussi aimable et aussi gai.

Un signe d'Air

Le signe de la Balance est un signe d'Air et cette considération peut aider à comprendre la psychologie générale. Il y a trois signes d'Air et la Balance est le deuxième. Le premier, les Gémeaux, peut être considéré comme sensible aux amitiés pures de l'enfance et de l'adolescence. C'est un état d'esprit qui ne songe pas encore à la sexualité et, s'il est amoureux, le Gémeaux l'est avec légèreté, gaieté, diversité, et sa sincérité est celle d'une jeunesse insoucieuse des complications.

Le signe du Verseau, également signe d'Air, s'intéresse aux autres dans leur ensemble, sans les différencier. Ils sont ses semblables ; très profondément, à côté de son conjoint, il les aime tous.

Le signe de la Balance, entre ces deux extrêmes et peut-être influencé par la planète Vénus, est très attaché à la notion du couple, de la vie à deux, toi et moi. Il tient à cette union avec son élu de l'autre sexe. Il apprécie le mariage, la recherche, le vit intensément.

Le natif de la Balance montre une grande sensibilité qui devient très importante dans les périodes cruciales de sa vie et qui domine presque intégralement son état physiologique. Si le Lion est un cœur, la Vierge un appareil digestif, la Balance est un plexus solaire, un système grand sympathique, où les émotions dominent tous les rythmes de la vie.

L'influence des deux planètes dominantes : Saturne et Vénus

La Balance doit l'équilibre de sa personnalité autant au fait de naître au milieu de l'année zodiacale qu'à celui de se trouver sous l'influence de deux planètes dont les effets sont en général opposés : Vénus et Saturne.

Né en une autre période de l'année, avec ces deux planètes pour tutrices, le sujet pourrait se trouver divisé, possédant une double personnalité. Mais dans cette période, où toute agitation cesse, où la lassitude qui suit l'achèvement d'une grande œuvre envahit la nature entière, aucune rivalité ne pouvait susciter des complications et des luttes de prestige. Dans la paix retrouvée de cette arrière-saison, les deux planètes, pour une fois, et une seule fois, se mettent d'accord et se partagent équitablement le caractère de la Balance.

Saturne est la planète des renoncements, des inhibitions, mais aussi des réflexions et de la concentration de la pensée. En troisième lieu, c'est une planète qui retarde l'action, qui freine, ce qui, dans le cas de la Balance, entraîne l'indécision et les atermoiements, parfois justifiés, parfois regrettables.

Dans la Balance, Saturne souligne les effets de l'approche de l'hiver. L'instant est venu de prendre le temps de se retourner vers son for intérieur et de se contempler, de se juger. C'est à la Balance que revient ce rôle.

L'influence de Saturne sur le natif du signe se traduit par une fréquente hésitation à l'instant d'agir, par de longues réflexions au cours desquelles il pèse les arguments en faveur de son projet et ceux qui s'y opposent. Cela, c'est encore une influence positive. Cependant, dans les cas graves, la méditation peut conduire à une telle indécision qu'elle plonge le sujet dans un profond sommeil, « le seul moyen, dira-t-il, d'attendre que les choses bougent, qu'elles évoluent d'elles-mêmes, puisque les arguments sont tels que toutes les décisions seraient défendables, ce qui rend impossible tout choix ».

Face à cette action de Saturne, s'oppose l'influence de Vénus. Vénus apporte la douceur, la grâce, l'amabilité, le sourire, l'égalité d'humeur et l'amour de l'amour. Le natif de la Balance est essentiellement un sentimental. Il n'est pas forcément porté sur la sexualité ; il aime avec son esprit et avec son cœur plus qu'avec ses sens.

Le natif de la Balance est typiquement vénusien.

Au cœur de l'automne, cette qualité lui donne le reflet imprévu de la jeunesse printanière qu'il nous livre grâce à son visage régulier et souriant.

Chez lui, la volupté règne en maîtresse incontestée, plus importante que la pure sexualité.

C'est une mentalité complexe que celle de l'épicurien. Elle l'incline vers un dilettantisme qui devient — dans certaines situations — un réel obstacle à une activité normale, surtout chez un homme, car on l'accepte plus facilement chez une femme qui n'a pas, en principe, la responsabilité du budget familial.

L'épicurien voit son plaisir partout... ou presque. Il sait apprécier toutes les activités s'offrant à lui, de quelque nature qu'elles soient. Lorsqu'on fait la connaisssance d'un épicurien, on se demande comment on a pu vivre jusque-là sans partager son émerveillement devant les joies de l'existence.

Le versant négatif de ce trait est dans le dilettantisme, d'une part, et le perfectionnisme, d'autre part.

Le dilettantisme entraîne le sujet à s'occuper d'un peu tout. Il réussit tout ce qu'il entreprend, mais, souvent, il n'approfondit rien, et parfois n'achève pas. Il laisse tout en plan. Chez la femme, on trouvera de pleines corbeilles de merveilleux ouvrages à terminer. Chez l'homme, tous les livres dont il n'achève pas la lecture couvriront les tables.

Le natif de la Balance est charmant, grâce à Vénus, et ses défauts mêmes ajoutent au plaisir qu'ont les autres à le fréquenter.

Une personnalité éminemment sociable

Le natif de la Balance est un être ouvert, liant, communicatif, agréable, souvent d'une gentillesse exquise, d'un charme discret et d'une grâce naturelle. Ces qualités, on les devine, on les reconnaît dans tous ses mouvements et dans toutes ses phrases. Il est tellement sentimental qu'il colore tout ce qu'il touche de la nuance de ses sentiments. Il se nourrit du contact qu'il entretient avec les autres, sa sentimentalité anime tout ce qu'elle touche par sa chaleur communicative.

Il a un grand besoin de sympathie et ne saurait vivre sans cette aura. Il réserve à tous ceux qui viennent vers lui un accueil amical.

Cela pour les natifs de ce signe qui sont extravertis. Mais il existe aussi des introvertis.

Il y a chez ces derniers autant de sentimentalité que chez les autres, mais elle se concentrera sur une seule personne.

Il a plus d'intensité, mais il a aussi plus de fragilité. Dans ce cas, le sujet, bien que toujours d'humeur égale, aime se taire et rester immobile.

La régularité d'humeur du natif de la Balance semble lui venir du dehors ; dans son besoin de se sentir en paix avec les autres, il éprouve le besoin de faire corps avec le milieu dans lequel il est appelé à vivre. Pour obtenir cette harmonie, il est prêt à bien des concessions.

Du premier au sixième signe du Zodiaque, nous n'en avons pas encore rencontré un seul qui, comme la Balance, renonce à imposer ses propres données et accepte de faire toutes les concessions nécessaires pour vivre en harmonie avec l'entourage.

Le natif de la Balance est disposé à supporter un certain nombre de défauts chez son prochain pour, tout simplement, vivre en paix.

Mais il ne supporterait pas tous les défauts. Ce serait, de sa part, une bassesse à laquelle il refuse de se plier.

C'est un être qui pardonne. Non qu'il pardonne tout et avec la même facilité : loin de là. Il est, au contraire, profondément choqué par certains comportements. Mais il admet un grand nombre de manquements et de faiblesses et il les pardonne avec aisance et sans ambiguïté. Le fait qu'il aime la paix l'inviterait à tout pardonner, mais, de plus, il n'accepte aucun extrême.

Un natif de la Balance est une personne de bonne volonté. Cela ne fait aucun doute. Mais cela ne veut pas dire qu'il ait de la volonté. Ce sont deux notions bien distinctes.

Nous avons remarqué que, sur le Zodiaque, la Balance est diamétralement opposée au Bélier. Or, le Bélier prône une lutte pour la vie ; il est un être du matin, de l'aube.

La Balance est un être évolué, très civilisé, élégant et raffiné, un être de l'automne, fin et dicret ; de midi.

Notez que ces expressions qui le dépeignent sont généralement utilisées pour des gens d'une classe sociale assez élevée. Ici, il n'en est rien, et il les mérite, qu'il soit « clochard » ou chef d'État.

Le physique de la Balance

Le signe de la Balance ne propose pas de type physique par son symbolisme. Il s'agit d'un objet.

Il y a ici absence complète de toute indication de morphologie. Le type classique de la Balance doit donc être extrêmement classique, ne trancher en rien et proposer des traits et des proportions caractéristiques de la race humaine. En principe, le natif de la Balance devrait être parfaitement beau.

En fait, ce n'est pas ainsi que cela se passe. Il est marqué par les planètes Vénus et Saturne. Voyons ce que l'une et l'autre lui apportent.

L'élément vénusien apporte la ligne mince, longiligne, élégante. Le visage est en principe ovale et allongé, surtout quand il est jeune. Il peut se remplir à l'âge mûr.

L'élément saturnien apporte une certaine asthénie, avec le teint gris ou terreux, ou encore plombé ; les joues minces, l'ensemble d'aspect fragile.

L'expression du visage est particulièrement aimable, riante, enjouée. La ligne générale est mince, bien proportionnée, le profil est sinueux, l'ensemble harmonieux.

CHAPITRE II

Le destin des natifs de la Balance

Ce destin, on ne cessera pas d'insister, n'est pas une fatalité. Il sera ce que le natif de la Balance en fera, avec tout son libre arbitre, toute son indépendance. Mais si aucune planète ne nous impose un destin, nous devons reconnaître que le ciel astrologique qui a présidé à notre naissance, de même que celui du moment où nous agissons, impose des traits du caractère, des tendances qui nous inclinent vers une catégorie de choix plutôt que vers une autre. C'est donc à partir des fondements mêmes de sa personnalité que l'être le plus indépendant organise sa destinée.

La santé des natifs de la Balance

La santé de la Balance est influencée, comme toute sa destinée, par les deux planètes qui dominent son signe : Vénus, planète en « domination », selon la langue de l'Astrologie, et Saturne, planète en « exaltation », pour employer ce même langage.

Vénus apporte au natif la constitution qui fait les types « sanguins ». L'apport de Saturne serait une complexion de nerveux. Mais ces deux planètes s'opposent et de leur rivalité naît un équilibre de plus pour le natif de ce signe ; il est moins sanguin que ne l'eût créé Vénus seule ; il est moins nerveux qu'il eût pu l'être avec Saturne.

La résultante de ce nouvel antagonisme équilibré est un organisme qui est mi-sanguin, mi-nerveux, et qui, du fait que la Balance est un signe d'Air, ne peut s'alourdir et se laisser aller à une expansion trop marquée. Une raison de plus militant en faveur d'un état moyen. Ni très gros, ni très maigre, ni congestif, ni nerveux.

Cet équilibre physique semble à première vue bien installé et facile à conserver. Il y a, pourtant, un obstacle au maintien de la santé : c'est une tendance permanente chez la Balance à se laisser dominer par ses sentiments. Son état psychique nuit trop souvent au bon équilibre de sa santé. On connaît depuis longtemps le retentissement des émotions sur l'organisme.

Le natif de la Balance est un être sensible et très émotif. Certains faits le bouleversent et produisent en lui un mouvement subit de mobilisation des défenses, ce qui entraîne un accroissement brutal du taux d'adrénaline dans le sang. Ce produit est destiné à donner naissance à un courant d'énergie brusque et intense, avec lequel le sujet pourra se défendre, ou même attaquer l'adversaire, soit par un déploiement de force physique, musculaire : on échange des coups ; soit par une activité cérébrale intense : on argumente, on insulte, on vexe. Mais notre sujet est vénusien ; il n'est pas combatif, en tout cas il est moins offensif que la plupart des gens. Donc, il n'utilisera pas la totalité de l'énergie mise à sa disposition dans son organisme, et ce flux d'adrénaline devenu sans objet peut troubler le fonctionnement normal d'un être en bonne santé.

On donne des explications chimiques compliquées et précises sur le déroulement de ces phénomènes, mais elles n'ont pas leur place ici, puisqu'il existe, dans la sagesse populaire, une expression tellement exacte qu'elle suffit à tout expliquer : la Balance se fait trop de « mauvais sang ».

L'orientation professionnelle

Quand l'heure est venue de choisir sa voie, la Balance s'offre un festival d'indécision, de pesage du pour et du contre, d'atermoiements et de reculs, une véritable valse-hésitation, où les divers éléments pris en considération sont étudiés, examinés et refoulés pour, en définitive, laisser parler un instinct toujours très sûr et facteur de chance.

On peut fixer quelques règles et la première est certainement de ne pas chercher à influencer une Balance qui est en train de choisir.

Le natif de ce signe, même s'il se voit et se sait robuste, doit exclure toute profession exigeant une grande dépense musculaire, car il est sensible à la fatigue et dans son organisme, s'il y a un point faible, ce sont les reins. En revanche, il est des voies où il a tout intérêt à s'engager, même s'il ne sait pas tout de suite où elles vont le conduire : car le fait est que l'on choisit sa carrière à un âge où l'on ne se connaît pas encore. Mais il doit savoir qu'il réussira dans toutes les carrières où l'on a besoin de comprendre les autres, de communiquer facilement avec eux, de sentir psychiquement leurs tendances et leurs réactions.

Parmi les fonctions qu'il est susceptible de remplir à sa satisfaction et à celle de ses employeurs, on doit inscrire toutes celles qui impliquent le sens de l'union, par opposition à la séparation ; on doit y ajouter tout ce qui a un rapport avec les communications et les échanges.

Les métiers qui seront les mieux exercés sont ceux qui se rapportent aux objets d'art, aux choses destinées à distraire, aux choses qui sont bonnes et belles, cela sous l'influence de Vénus.

Il y a plus de professions que l'on ne pense au premier abord qui remplissent toutes ces conditions. On peut en citer quelques-unes : agent des relations publiques, enquêteur de marketing, représentant, vendeur d'objets d'art, d'instruments de musique, de matériel pour artistes, fleuriste, étalagiste, coiffeur, couturier, etc. Dans les régions rurales, il est évident que ces professions ne sont pas développées, mais on trouve les architectes, les paysagistes, les horticulteurs. Enfin, la Balance peut exercer toutes les professions liées à la magistrature et au barreau.

Natifs de la Balance, voici ce que vous pouvez améliorer en vous

Nul n'est parfait. Même si le fait de naître sous le signe de la Balance et sous l'influence de Vénus rend particulièrement aimable, et généralement physiquement bien équilibré, il y a, chez le natif de ce signe, quelques points qui peuvent être améliorés.

Son principal problème réside dans un équilibre de ses goûts et de ses possibilités, qui l'entraîne à ne pas trancher nettement entre deux thèses opposées : capable de défendre alternativement l'une comme l'autre, il tend vers une position de perpétuelle indécision. Il suffit d'un léger affaiblissement de sa volonté pour le faire choir dans la vallée qui sépare le sommet du oui de celui du non !

Si dans son existence tout est réglé par des volontés extérieures à lui-même, tout se passera sans qu'il se rende compte de cette carence ; s'il a une vie plus indépendante et s'il doit décider lui-même de ses activités jour après jour, il peut ressentir ce caractère indécis.

Il devra donc s'habituer à prendre des décisions (ce qui est relativement facile) et à s'y tenir (ce qui est la véritable difficulté pour lui).

C'est le point principal ; c'est vers cela que doivent tendre les efforts du natif de la Balance.

Le résultat de cet effort sera de faire passer le sujet de la catégorie des indécis incolores et inefficaces à celle des êtres tolérants, humains, compréhensifs et conciliateurs. Le moins qu'on puisse dire c'est que « le jeu en vaut la chandelle ».

L'enfant de la Balance

Si votre enfant est né sous le signe de la Balance, vous pouvez être satisfait, parce qu'il sera souvent — plus souvent que bien d'autres — calme et souriant.

Pour lui donner toutes ses chances, voici mes conseils.

Il sera très charmant car, avant que l'expérience de la vie ne l'ait agressé de chocs émotionnels et de problèmes à résoudre, il sera purement gracieux et disposé à la bienveillance et à l'optimisme.

Tant qu'il ne sera pas adulte, il ne ressentira pas l'influence de Saturne.

Son jour faste, comme pour tous les natifs de ce signe, est le vendredi. C'est donc ce jour de la semaine que vous réglerez toutes les questions qui sont importantes pour lui, notamment les consultations médicales.

Vous le promènerez le plus souvent possible, car il a besoin d'air, et si votre maison est mal située à ce point de vue, vous aurez intérêt à déménager : cet enfant doit avoir de grandes fenêtres largement ouvertes la nuit et doit pouvoir sortir par tous les temps.

Ne faites rien d'important pour lui le lundi : ce n'est pas un bon jour pour les natifs de ce signe.

Ses chiffres bénéfiques sont le 5, le 7 et leurs multiples. Rythmez sa vie autour de ces deux chiffres et offrez-lui une brassière avec sept motifs de broderie.

Il craint le froid et, tant qu'il est très petit, couvrez-le bien pour le sortir et pendant la nuit. Mais dès qu'il pourra courir et gambader, ses longues promenades le guériront de cette fragilité.

Ses animaux porte-bonheur seront des oiseaux ; ses plantes bénéfiques seront la vigne, l'olivier, le citronnier, le rosier, la violette, le lis et la pensée. Il est conseillé d'orner sa chambre de beaux dessins représentant des oiseaux et des plantes, afin qu'il apprenne très tôt à les aimer et à les reconnaître.

Ses métaux étant l'or, le cuivre et le maillechort, il sera heureux de porter au cou une chaîne d'or avec une médaille représentant soit son signe, soit une rose, soit une colombe.

Le bleu clair sera sa couleur préférée, ainsi que le vert pastel.

Le parfum le meilleur sera la verveine ; vous pouvez user pour sa toilette d'un savon ou d'une eau de toilette sous alcoolisée, « spéciale bébé », parfumée à la verveine.

Les pierres précieuses, ses talismans sont le diamant et l'émeraude.

CHAPITRE III

Le natif de la Balance et l'amour

Quand un natif de la Balance, homme ou femme, est en rapport avec un natif d'un autre signe, quelle est l'attitude de chacun des interlocuteurs vis-à-vis de l'autre ?

Devant le natif du Bélier, qui est vif, rapide, direct, gai mais parfois maladroit et agressif, voire même violent, le natif de la Balance reste calme, avenant, réceptif, attentif ; il observe son interlocuteur et le laisse dépenser énergie et vitalité.

Devant le natif du Taureau, qui est tranquille, réfléchi, raffiné, sensible et sujet dans certaines circonstances, à des colères violentes, le natif de la Balance est attentif, intéressé. Le Taureau étant un signe féminin et la Balance un signe masculin, les rapports sont harmonieux.

Avec le natif des Gémeaux, signe d'Air comme lui, le natif de la Balance est à son aise. Il l'écoute volontiers, donne facilement la réplique et découvre entre eux des points communs, malgré l'attitude tutélaire du natif de la Balance à l'égard de l'autre.

Avec un natif du Cancer, le natif de la Balance agit en aîné : il est celui qui sait, face à un « farfelu », capricieux, d'humeur changeante. Leur sensibilité peut cependant créer un lien entre eux.

Avec un natif du Lion, brillant, sûr de lui, chaleureux, ouvert à toutes les amitiés, le natif de la Balance se sent plein de confiance, prêt à tout entreprendre et tout réussir.

Le natif de la Balance a peu de points communs avec le natif de la Vierge. Ce dernier a un comportement si complexe que le natif de la Balance ne sait quelle contenance adopter.

Avec un natif du Scorpion, le natif de la Balance se fait charmeur, disert, séduisant spirituel, prêt à tous les efforts pour plaire à ce personnage réservé, compliqué, raffiné.

Avec un natif du Sagittaire, le natif de la Balance aura des rapports familiers et confiants, parfois altérés par des échanges de vues un peu vifs.

Avec un natif du Capricorne, le natif de la Balance, curieux et souriant, tentera de cerner une personnalité qui se dérobe et se refuse à l'épanouissement.

Qui ne serait d'accord avec un Verseau ? Verseau et Balance sont souples, ouverts à toutes les thèses, à toutes les perspectives.

Avec un natif des Poissons, le natif de la Balance déploie ses charmes, tourne de jolies phrases, se montre ouvert et souriant devant un interlocuteur craintif qui reprend peu à peu confiance.

Ainsi, face aux différents types humains, le Balance trouve-t-il toujours un intérêt, une qualité à mettre en valeur, une raison de montrer sa sociabilité.

Mais je pense que ce qui intéresse surtout mes lecteurs, c'est le comportement du sujet vis-à-vis de la personne du sexe opposé.

La Balance devant l'amour

La planète qui gouverne le signe zodiacal de la Balance est Vénus, déesse de l'amour. On peut dire que la Balance est un signe très favorable au mariage. Ces deux plateaux reliés par le fléau seraient-ils une image du lien qui unit deux époux ? Peut-être ! Chez un natif de la Balance, le mariage semble une étape essentielle de la vie ; la présence d'un partenaire lui paraît un élément nécessaire et normal à l'existence. Il ne s'en passe que très difficilement.

Le natif de la Balance est, avant tout, un sentimental. Il est généreux, affectueux ; la moindre de ses tâches n'aurait aucun sens s'il ne l'accomplissait que pour lui. Il lui faut une personne à aimer, quelqu'un à qui se consacrer totalement.

La beauté joue un rôle important dans sa vie : beauté du partenaire, du cadre ; aimer, c'est aimer dans la beauté.

Il ne s'enflamme pas sur un coup de foudre et n'éprouve pas de passion dévastatrice ; il aime avec prudence, sagesse, mesure et tendresse. Il ne sait pas jouer avec le cœur ou se faire désirer. Il aime avec une grande sincérité, comme on respire.

Tout comportement du natif de la Balance s'explique par son besoin de comprendre l'être aimé. Comprendre et être compris ; ce signe est intelligent, ouvert, réfléchi. Le natif de la Balance sera plus attiré par une personne bonne, intelligente, attentionnée, qu'une personne coquette, brillante, originale, qu'elle soit homme ou femme.

Pour lui, l'union est essentielle. Aimer c'est être ensemble dans les divers actes de la vie, c'est partager la même existence. Voilà pourquoi, si le natif de la Balance s'offre quelques expériences au cours de sa vie, en réalité et fondamentalement, il est fait pour le mariage. Pour le natif de la Balance, l'union n'est ni uniquement physique ni uniquement cérébrale ; elle forme un tout, elle est totale.

La sexualité de la Balance

La sexualité et l'amour, dans les Maisons, ne se mêlent pas au mariage ! Le mariage est en Maison VII ; la sexualité en Maison V. Dans le cas d'un natif de la Balance, la Maison V est inoccupée par le signe zodiacal du Verseau et la planète Uranus. Il se peut que le sujet se sente attiré physiquement par un natif du Verseau, du Lion ou du Bélier.

Homme ou femme, le natif de la Balance aime faire des expériences, entendre des opinions différentes. L'un comme l'autre aimerait, de temps à autre, se libérer du joug des conventions, mais cette tendance ne va pas jusqu'à la réalisation.

Les natifs de la Balance aiment se sentir admirés ; en cela ils sont un peu comme la plupart des autres signes ; mais ils ont toujours un léger doute et, quand il s'agit d'amour, ils se demandent chaque fois s'ils ont été à la hauteur de leur réputation.

Il faut préciser que la Balance est un signe d'amour plus que de sexualité : amour, admiration, sensualité et surtout sensibilité.

Conseils aux hommes concernant les femmes natives de la Balance

La femme née sous le signe de la Balance sait admirablement jouer le jeu de l'amour. Pour elle, la stratégie amoureuse se compose d'un savant mélange d'avances et de réticences, le tout soigneusement dosé, selon les réactions de l'interlocuteur. Elle est rigoureusement faite pour le couple ; elle s'identifie totalement à son conjoint, lorsqu'elle l'a choisi. Elle peut se transformer suffisamment pour devenir celle qu'il souhaitait. A travers son mari, elle va goûter ses propres qualités, au point de se sentir semblable à lui, partie de lui. Elle devient vraiment sa « moitié ». Elle trouve normal que le mari ait la préséance en ce qui concerne les relations avec l'extérieur et tous les succès qu'il recueille au cours de sa carrière lui plaisent, comme si elle les avait récoltés elle-même. Elle est, on le voit, une épouse idéale.

Madame Balance est très attirée par la beauté et il est possible qu'elle s'unisse à un homme qui ne lui convient pas, pourvu qu'il soit beau. Mais comment prévenir de tels risques ? Et qui oserait expliquer à une fille que le mariage qu'elle projette n'est pas idéal ?

Conseils aux femmes concernant les hommes natifs de la Balance

Dans le signe de la Balance, le Soleil est en chute et Mars très faible ; aussi l'homme de la Balance ne possède-t-il pas les qualités d'énergie et d'agressivité, attributs de ces deux planètes.

C'est un tendre.

Comme tel, il est vulnérable.

En amour, monsieur Balance ne peut lutter pour s'imposer, car ce serait manquer de cette mesure qui lui est essentielle ; il ne sait pas se montrer pressant, il a horreur de forcer la main.

Il ne devient hardi et ne retrouve son audace que s'il devine qu'il plaît. Heureusement pour lui, il plaît souvent. Il ne conquiert pas sa femme et ne la soumet pas. Il reste toujours le galant homme plein de tact dont rêvent les jeunes filles timides, n'usant que de son charme et de sa séduction.

Il sait aimer, le dire et le montrer. Il est plein de délicates attentions.

En échange, qu'attend-il de sa femme ?

Très simplement, qu'elle dise ce qu'elle attend de lui, car il est prêt à tout faire pour lui donner satisfaction, qu'elle lui offre un foyer agréable, harmonieux et paisible.

L'homme de la Balance est avant tout accommodant. Avec sa femme, il est compréhensif ; il partage tout : qu'il s'agisse d'argent, de goûts, de projets, de réalisations ou d'ambitions. Pour lui, l'union doit être totale et c'est à deux que l'on construit une vie.

Il est fondamentalement indulgent, comme il est tendre. Il ne conçoit pas la sanction. Il préfère pardonner la faute commise plutôt que de rompre l'harmonie de son ménage, même s'il doit faire taire son amour-propre.

Lorsque, malgré son caractère accommodant, il voit arriver une crise, que celle-ci éclate et déchire le calme de son foyer, il est le premier à faire un geste d'apaisement, à revenir vers l'autre et à céder. Il explique, excuse sans s'abaisser ni s'humilier, il est conciliant et cherche toujours le terrain d'entente.

Il a besoin de l'appui de sa femme pour réussir, car il ne saurait faire un effort soutenu pour lui seul. Elle doit être à ses côtés pour lui montrer que ses succès seront pour elle des sujets de joie, des présents, des hommages.

L'entente avec les natifs des autres signes

Vous savez maintenant ce que l'on peut attendre de monsieur Balance et de madame Balance et peut-être avez-vous un natif ou une native de la Balance dans votre vie. Peut-être n'est-ce pas encore une réalité ?

A toutes les questions que vous pourriez vous poser, il faut savoir que vous avez de très grandes chances de trouver le bonheur en épousant monsieur ou madame Balance. Nous venons de le voir, l'un et l'autre semblent faits pour le mariage. Si vous n'en êtes encore qu'aux premiers contacts, il se peut que vous deviniez une hésitation chez votre partenaire ; mais vous savez à présent que cette hésitation, qui ne saurait être de longue durée d'ailleurs, est caractéristique des natifs de ce signe : c'est le temps qu'il leur faut pour peser le pour et le contre de cette union. Si vous tenez compte des conseils que je viens de vous donner, vous laisserez passer un peu de temps, en gardant votre attitude de sympathie discrète et admirative.

CHAPITRE IV

Le natif de la Balance et l'élue de son cœur

Il est un moment, dans les relations « homme-femme », où chacun des partenaires admet le mariage comme probable ; chacun aimerait savoir s'il a raison et où le mènera son projet. Si bien des décisions de la vie exigent une connaissance des tenants et aboutissants, le mariage, qui en est la plus grave, la plus importante, semble généralement un fait du hasard. Le mariage n'engage pas seulement la personne elle-même, mais les enfants éventuels ; la responsabilité est donc d'autant plus lourde.

Dans le choix que l'on fait, il faut tenir compte du fait que l'on fonde un foyer, que l'on aura des enfants à élever à deux et qu'il leur faudra un climat serein ; il est nécessaire que les parents puissent apporter aux enfants des facteurs de chance. Ce n'est pas sa propre vie que l'on construit, mais celle de ceux à qui l'on va donner le jour.

Voici comment tend à se comporter le natif de la Balance devant la femme qu'il élit pour compagne.

Monsieur Balance devant madame Balance

Madame Balance a elle aussi le goût des relations humaines et la grâce qu'il faut pour capter et retenir l'attention.

Naturellement, il le sait puisqu'il a lui-même été « piégé » par tant de charme. Mais ce couple peut-il réussir dans la vie ?

Il faut tenir compte des ascendants ; c'est avec ces signes agissant *a posteriori* sur la base d'origine du thème astral que l'on trouvera des différences suffisantes pour donner de l'intérêt à la vie à deux. Sans cela, monsieur Balance, tout à la joie et à l'euphorie de se sentir aimé et compris, ne se rendra pas compte immédiatement que, sans l'appui d'une compagne au caractère décidé, il aura beaucoup moins de chances de réussir dans sa carrière. Si madame Balance est aussi lente que lui à se décider et si elle aime autant que lui dépenser l'argent qui, dans pareil cas, se fera rare, on pourra compter les jours de fête au foyer.

C'est donc en lui-même que monsieur Balance trouvera la solution des menus problèmes que pourrait lui poser madame Balance.

Monsieur Balance devant madame Bélier

Si monsieur Balance doute de la possibilité de construire son bonheur avec une dame Bélier, qu'il songe que sa planète dominante est Vénus et que celle de sa fiancée est Mars. Or, il existe une grande attirance entre ces planètes.

Même si madame Bélier fait preuve d'une certaine agressivité, qu'il ne s'en préoccupe pas ; il possède assez de douceur pour deux, et assez de gentillesse pour rassurer sa femme et lui épargner tout effort. Il est si prévenant !

Monsieur Balance souhaite, en s'unissant à madame Bélier, trouver l'amour, la paix et l'harmonie. Il espère un parfait équilibre. Mais Madame Bélier est parfois têtue. Elle voudrait tout régenter et, si monsieur Balance veut bien se laisser faire, il ne faut pas le brusquer ; il ne supporte pas la précipitation. Il fera parfois trépigner madame Bélier par ses atermoiements. Des tiraillements sont possibles et l'on peut prévoir assez facilement que la paix ne régnera pas toujours dans ce foyer ; toutefois, si les deux partenaires sont assez mûrs psychiquement, ils peuvent surmonter ces difficultés et les transcender, malgré les épreuves qu'ils devront affronter.

Monsieur Balance devant madame Taureau

Monsieur Balance a voulu tenter une aventure avec une dame Taureau ; il peut s'attendre à aller de surprise en stupéfaction. D'abord, elle risque de le mystifier, puis de l'intriguer, puis de le remettre à sa place. Comme cela lui plaît et l'amuse, il l'épouse...

Il a, malgré les apparences, beaucoup de points communs avec madame Taureau, en particulier leur planète dominante, Vénus. Il respecte les droits de chacun, il a horreur de l'injustice et madame

Taureau semble prendre plaisir à exciter son impatience. Elle lui demande beaucoup d'argent, le pousse à contracter des dettes pour l'installation de leur maison. Ces dépenses, ces emprunts, qu'il faudra rembourser, causent des soucis à un monsieur Balance qui n'est pas tellement enclin à un dur effort professionnel. Mais il sait qu'il se tirera d'affaire et que madame Taureau lui donne, ce faisant, l'occasion de briller et d'étendre sur elle un bras protecteur.

Les goûts artistiques de madame Taureau plaisent énormément à monsieur Balance et ces deux personnes pourtant si différentes ont ensemble des moments de folle gaieté ; c'est la marque du bonheur, non ?

Monsieur Balance devant madame Gémeaux

Madame Gémeaux est d'un naturel très mobile et toujours en pleine agitation. Elle va ajouter sa propre agitation au goût de monsieur Balance pour les voyages. Ce mariage met en valeur les facultés créatrices de monsieur Balance.

Madame Gémeaux, gouvernée par sa planète dominante Mercure, pousse monsieur Balance à écrire, à faire connaître sa pensée, ses impressions de voyage, peut-être.

Il faut que monsieur Balance veille avec grand soin à maintenir leur couple dans un bon équilibre, principalement sur le plan financier.

Quoi qu'il en soit, en dehors des relations amoureuses, monsieur Balance et madame Gémeaux sont très liés d'amitié.

La présence de madame Gémeaux dans la vie de monsieur Balance révèle en lui une force intuitive, une inspiration : elle l'exalte, le pousse à l'action et lui suggère des activités propres à satisfaire leurs dispositions à tous les deux : l'import-export, par exemple.

Ce mariage est bénéfique à l'un et à l'autre.

L'un et l'autre sont tentés par toutes sortes d'expériences, dans un certain désordre chez madame Gémeaux, de manière plus raisonnable chez monsieur Balance, mais toujours dans un climat de parfaite amitié et de grande confiance réciproque.

Monsieur Balance devant madame Cancer

Le Cancer a pour planète la Lune, et la Balance, nous le savons, Vénus. Ce sont des planètes qui ne s'accordent pas tellement bien entre elles. Cependant, on note que le signe du Cancer est attaché à la Maison qui détermine la carrière et la profession de la Balance. Il est donc possible que le mariage entre monsieur Balance et madame Cancer se révèle très bénéfique pour la carrière professionnelle de monsieur Balance, sa position sociale, son prestige, les entreprises dont il s'occupe.

Monsieur Balance, une fois les jours romantiques envolés, sera peut-être désagréablement surpris des tendances utilitaires et pratiques de sa femme. Il est certain que madame Cancer se révèle beaucoup plus âpre au gain, intéressée par l'argent, que son mari. Mais elle va lui donner le goût de la réussite, elle réveillera ses ambitions, elle lui donnera l'élan nécessaire pour un bon départ.

Monsieur Balance appréciera chez madame Cancer une grande loyauté : avec elle, pas de coups fourrés, pas de faux-fuyants, pas de cachotteries.

Que la Balance fasse très attention, car cette union semble fragile, elle demande beaucoup d'attention pour surmonter les premières épreuves. De nombreuses concessions seront nécessaires de part et d'autre. Mais qu'est-ce que cela, quand on s'aime !

Monsieur Balance devant madame Lion

Le Soleil qui domine le Lion s'accorde bien avec Vénus qui dirige la Balance ; dès que monsieur Balance unit son sort à celui de madame Lion, il bénéficie de l'influence du Soleil. Sa carrière et sa position sociale en sont améliorées. Un accord parfait règne entre eux et s'il se manifeste parfois quelques dissensions, elles sont parfaitement transparentes pour les autres. Leur dialogue est très sentimental, plein d'illusions, de beauté, d'espérance.

Avec madame Lion, monsieur Balance a toujours de nombreuses relations, des amis, et sort souvent dans des réunions où sa femme est remarquée par sa compétence, son adresse, sa grâce et son élégance. Mais il doit se méfier de l'optimisme à toute épreuve de sa femme, qu'il ne tardera pas à faire sien ; une sorte de halo doré leur masquera à tous les deux les réelles difficultés de l'existence. Ils peuvent avoir de graves désillusions et leur amour en souffre. Par exemple, quand monsieur Balance surveille les dépenses de madame Lion : s'il lui fait quelque remarque à ce propos, il est possible qu'il ne soit pas très bien accueilli. Ce couple qui vit dans le romanesque, la beauté, l'aventure, doit faire preuve d'une saine maturité d'esprit pour résister aux attaques mesquines de la vie quotidienne.

Monsieur Balance devant madame Vierge

Il se peut qu'il se produise, dans la rencontre entre monsieur Balance et madame Vierge, quelques faits étranges relevant de l'occultisme ; ou plus simplement qu'il plane sur leur amour une sorte de secret. Ce sont les astres qui le disent.

L'union entre la planète Vénus gouvernant la Balance, et Mercure gouvernant la Vierge, a des chances d'être agréable et gaie ; cependant, madame Vierge ne se décidera pas très vite. Monsieur Balance pèsera longtemps les éléments favorables à la conclusion de ce mariage. Les choses n'iront pas vite, mais elles se feront quand même.

Il se peut que madame Vierge désire observer quelque temps une certaine discrétion vis-à-vis de monsieur Balance, toujours sous l'influence astrologique ; avec la souplesse de caractère qu'on lui connaît, monsieur Balance ne s'en inquiète pas. Il sait qu'un jour ils se connaîtront parfaitement. Il sait que l'on peut s'aimer et se marier sans avoir complètement exploré les traits d'une personnalité. Il prend le risque.

Il plane un peu sur les hauteurs idéalistes, pendant qu'elle s'occupe, à la perfection, de la propreté de la maison, avec toute l'habileté et le soin qu'on lui connaît.

En somme, ce pourrait être un mariage réussi, mais il n'aura pas beaucoup d'éclat, en raison de la réserve naturelle presque excessive dont fait preuve madame Vierge.

Monsieur Balance devant madame Scorpion

La planète dominant le Scorpion est Pluton. On n'est pas très certain de la nature de son influence, mais on sait que, pour une Balance, le Scorpion affecte le secteur des finances, des biens personnels, des désirs d'acquisition.

Devant madame Scorpion, monsieur Balance devient un pionnier intellectuel ; il a toutes les chances de se réaliser.

Madame Scorpion aidera son mari Balance à réussir professionnellement et à réaliser ses projets, disent les astres.

Il existe une attirance magnétique entre monsieur Balance et madame Scorpion, mais il y a aussi entre eux un conflit d'autorité : chacun veut jouer le premier rôle. Un autre conflit naîtra de l'organisation des finances. Il s'agit de savoir qui se chargera d'équilibrer le budget. La meilleure solution, dans une telle union est de se partager la tâche ; l'un gérera les fonds, l'autre décidera de leur emploi. Il va sans dire que cela ne se réalisera pas sans quelques discussions.

Souvent, Balance et Scorpion envisagent de se séparer, mais un grand amour physique les unit et maintient finalement la solidité du couple qu'ils forment.

Monsieur Balance devant madame Sagittaire

Le Sagittaire est situé dans la Maison qui se rapporte à la famille, aux réunions, aux loisirs. Dans la vie de monsieur Balance, madame Sagittaire apporte un élan sur le plan intellectuel, le poussant à se mettre en valeur, à entreprendre des travaux.

Mais elle a des idées disparates et bien des problèmes pourraient en résulter.

Il faut que monsieur Balance prenne en charge le côté matériel de leur union. Ils sont heureux ensemble, mais il ne doit pas se laisser engager dans mille activités désordonnées. Il doit toujours penser, en commençant quelque chose, qu'il faudra la mener au bout avant d'entreprendre autre chose.

Il évitera ainsi une sensation de désordre à la fois matériel et intellectuel réellement épuisante.

La planète dominante de madame Sagittaire est Jupiter ; avec Vénus gouvernant monsieur Balance, cela fait une alliance très intéressante, qui peut les conduire à une existence très réussie. Il faudra bien entendu que, comme bien des couples, ils fassent l'un et l'autre quelques concessions ; mais ils en seront si largement récompensés !

Monsieur Balance devant madame Capricorne

Monsieur Balance qui est, dans une certaine mesure, un fantaisiste, va connaître, avec madame Capricorne, la discipline et les restrictions.

Quelle découverte ! Cela parce que le Capricorne est gouverné par Saturne. La planète Vénus de monsieur Balance sera fort « marrie » de devoir se soumettre aux rigueurs d'un Saturne qui semble se nourrir de privations.

Dans l'horoscope de la Balance, le Capricorne habite la Maison des projets à longue échéance. Aussi, monsieur Balance se sentirat-il un peu confiné, calfeutré dans des prévisions strictes, mais sa sécurité en sera affermie et il le sentira.

Monsieur Balance est amoureux de beauté, de vie, d'élégance ; madame Capricorne lui apparaîtra, après ses excursions dans le monde, un port, un havre de sécurité tranquille, sinon très joyeux.

Dans cette union, monsieur Balance doit faire la plupart des concessions, car Saturne, qui dirige madame Capricorne, est incapable de céder. Pour que leur couple soit heureux, profondément, il faut que monsieur Balance en ait terminé avec la vie aventureuse et qu'il ait atteint sa propre stabilité : alors, seulement, il trouvera chez Madame Capricorne, justement, ce qui lui manquait.

Monsieur Balance devant madame Verseau

Monsieur Balance est tout de suite attiré physiquement par madame Verseau. Le signe du Verseau est gouverné par Uranus, planète sur laquelle on possède peu d'informations ; d'où des découvertes à faire par monsieur Balance chez madame Verseau. Qui est-elle ? Comment voit-elle l'avenir ? Monsieur Balance, qui adore réfléchir sur le comportement de ses contemporains, sera ravi devant cette charmante énigme.

Comme monsieur Balance incline fortement, d'instinct, vers le mariage, il épouse le plus vite possible son Verseau et puis il cherche à comprendre.

L'influence de madame Verseau sur monsieur Balance porte surtout sur la créativité. Elle va l'aider à créer, inventer, se valoriser.

Leur terrain d'entente réside dans la fantaisie que l'un et l'autre apportent à la vie quotidienne ; il est pagaille, elle ne s'intéresse pas plus qu'il ne faut à son ménage. Il adore le changement, elle ne demande qu'à découvrir le monde entier. Malheureusement, la sentimentalité de monsieur Balance souffre, de temps à autre, d'une certaine indifférence de la part de madame Verseau, indifférence apparente, car pour elle, il s'agit au contraire d'un grand sentiment jusqu'alors inconnu qui la réchauffe.

Monsieur Balance devant madame Poissons

Le signe des Poissons habite, pour la Balance, la Maison relative à la santé, au travail, au foyer. La planète directrice des Poissons est Neptune ; celle de la Balance, Vénus. Toutes les deux peuvent s'unir pour apporter de la force, mais aussi beaucoup d'illusions.

Madame Poissons n'est pas très stricte sur les principes habituels de la vie pratique ; mais quand elle est unie à monsieur Balance, elle est fortement impressionnée par le don de son partenaire à négliger les règles les plus essentielles permettant de mener une existence conforme aux usages du temps et du pays. Alors, elle devient laborieuse, précise, organisée. Son union avec monsieur Balance accentue son désir bien féminin de voir les besoins primordiaux assurés.

Avec madame Poissons, monsieur Balance se sent mis au pas ; mais dès qu'il accepte le rythme, elle l'accélère. Par ailleurs, madame Poissons, avec son sens de l'organisation, aide beaucoup monsieur Balance à s'organiser lui-même. Cette union peut être une réussite ; l'un et l'autre sont délicats et cachent beaucoup de force. En général Poissons et Balance sont en mesure de s'entraider, une des conditions essentielles d'un mariage heureux et durable.

LE SCORPION

CHAPITRE PREMIER

Portrait des natifs du Scorpion

Symboliquement, on admet que les signes ont alternativement un caractère masculin ou féminin ; le Scorpion, huitième signe du Zodiaque, est-il féminin ? Cela ne signifie en rien que les hommes natifs de ce signe deviennent des personnages efféminés. Tentons de préciser cette expression.

Le natif du signe se montre très réceptif, sensible, imaginatif : il se fie à ses sentiments plus qu'à sa raison. Mais ce côté féminin reste assez particulier, en raison de la présence des planètes qui le gouvernent, Mars et Pluton.

Avant d'aller plus loin, nous devons faire ici une remarque assez importante : la nature des natifs du Scorpion semble suffisamment originale pour que, dans un lointain passé, on se soit méfié d'eux et qu'on ne leur ait pas accordé la sympathie à laquelle, comme tous les êtres vivants, ils avaient droit. Bien au contraire, on les aborde volontiers dans un état d'esprit restrictif, fait de doute, de circonspection et de curiosité.

Certes, il reste des traces des méfiances passées ; cependant, tout le monde sait, aujourd'hui, que les signes du Zodiaque ne créent, chez les natifs de chacun d'entre eux, aucune différence fondée sur l'intelligence ou la bonté.

Chacun possède le caractère que lui apportent la nature, le Zodiaque et les planètes à sa naissance. Des dons qu'il a reçus, il fera ce qu'il voudra, en toute liberté. On ne saurait donc, sans commettre une injustice flagrante, privilégier un signe par rapport à un autre.

Si la carapace rigide du Scorpion existe, elle se fait sentir, pour chaque sujet, d'une manière différente. En présence d'une personne de ce signe, on ne doit jamais oublier ce besoin qu'elle éprouve de se protéger. Lorsqu'elle se trouve dans une position visiblement forte par rapport à son interlocuteur, on peut alors se demander si elle pense encore à s'abriter. Oui, très certainement. Quelle que soit la situation dans laquelle il se trouve, le Scorpion raidit sa carapace et, d'une façon et selon un style tout personnels, il s'efforce de se protéger, à l'insu des autres.

Des instincts impérieux : vivre

Avant la naissance du Scorpion, l'année s'est déroulée dans l'espoir dynamique, avec le Bélier, puis dans les réalisations premières, avec le Taureau ; elle a connu ensuite l'oxygénation, avec les Gémeaux, puis la germination, avec le Cancer ; vint ensuite la maturité glorieuse, avec le Lion, puis les récoltes et la mise en réserve, avec la Vierge ; enfin arrivèrent l'équinoxe et le renversement des valeurs, avec la Balance. Mais après, que reste-t-il ?

Tout est à présent enseveli, et une mystérieuse renaissance couve : il faut lui faire confiance, lui accorder foi, car rien, sauf le souvenir du passé, ne prouve jamais d'une manière certaine qu'elle se produira. Il semble qu'à l'idée de ne plus voir renaître la vie qui s'est éteinte à la fin du cycle naturel, le Scorpion rassemble un maximum de forces, d'énergie, de volonté, de ressort, de puissance, pour réagir et vivre encore, vivre à tout prix, vivre dangereusement. Pour trouver son équilibre, il doit se sentir le diable au corps. Tant qu'il ne trouve pas le moyen logique de donner toutes ses forces, il affirme qu'il n'a pas vécu. Et vivre, pourtant, il ne veut que ça.

Il existe dans le psychisme du natif du Scorpion une agressivité qu'aucun signe du Zodiaque ne possède. Sous l'influence de Mars, il se révèle capable de développer une « force de frappe » que jamais son aspect extérieur ne laisserait supposer. C'est là qu'intervient Pluton qui, avec Mars, gouverne ce signe, plus sévère, mais aussi énergique que le Taureau.

Chacune de ses déterminations vient des profondeurs de ses entrailles : on ne pourrait rien y changer. Elles présentent une sorte de caractère organique, fondamental.

Le Scorpion peut changer d'aspect, sembler se modifier ; en fait il n'en fait rien : il est né ainsi, il vit ainsi.

Le natif du signe a le goût de vivre, mais de vivre avec âpreté ; la mollesse des coussins de soie ne l'attirera jamais. Cependant, il peut montrer une grande ambition et, dans ce cas, il devient capable de réalisations presque impossibles pour atteindre son but. Mais ce but, notons-le, n'est jamais une vie de retraite passive et confortable. La lutte, pour le Scorpion, représente la vie même.

Car la vie est une lutte, et même plus encore. Pour le natif de ce signe, le désir de vivre peut s'exacerber jusqu'à l'angoisse, mais un désir de vivre vraiment, de lutter.

Ce dernier trait ira parfois jusqu'au frisson métaphysique, et le Scorpion se trouvera alors aux bords d'un infini de violence, de douleur et de joie démesurées. Tandis qu'il subit ces puissants remous, il demeure extérieurement inchangé, semblable à lui-même.

S'il rejette le refoulement, s'il se laisse aller à cet instinct qui reste son guide, le Scorpion fait preuve d'une intrépidité qui étonne les natifs de tous les autres signes : pour lui qui, cependant, aime tant la vie, le danger fait partie du quotidien, et il ne craint pas de s'y exposer fréquemment. Il n'accepterait jamais de vivre longtemps dans le calme et la sérénité.

Tout se passe comme si, en la présence effective de puissances dissolvantes, il cherchait absolument à extérioriser un supplément de vitalité.

Dans ce souci constant, il emploie tous les moyens possibles, et notamment la procréation. Il a des enfants et souhaite leur donner, même si cette mission se révèle difficile, un maximum de chances, pour les voir s'accomplir dans tous les domaines : il prend ainsi une revanche sur la vie.

Le Scorpion insiste fortement sur les puissances dissolvantes que le destin met près de lui, en lui. S'il ne parvient pas à extérioriser la force intérieure qu'il peut leur opposer, il lui arrive de refuser de vivre et d'aspirer à l'anéantissement, au nirvāna.

Cette volonté se traduit insensiblement par la formation d'un solide rempart contre l'environnement, une nouvelle défense.

Par ailleurs, il soutient ses enfants, les pousse, les hisse, parfois même au prix du sacrifice suprême : le don de la vie en faveur d'une vie plus jeune, plus heureuse, mieux préparée à un avenir brillant. Chez le Scorpion, ce choix se fait souvent au second degré : il se sacrifie et renonce à sa réussite personnelle pour assurer celle de ses enfants.

On trouve également, dans son caractère, une contradiction envers ses propres parents. Les enfants de ce signe prennent parfois un réel plaisir à désobéir ou à obéir à contretemps. Ils trouvent là le seul moyen de se rendre indépendants. Il devient d'ailleurs inutile de les réprimander : ils accepteront la sanction qui leur permettra de recommencer et leur évitera de céder et de devoir renoncer ainsi à une partie de leur indépendance physique, corporelle.

Plus tard, devenu adulte, le Scorpion restera extrêmement sensible à toute autorité, à tout règlement : il s'attachera avec acharnement à la défense de ses droits individuels. Rebelle, il demeurera un individualiste indiscipliné par principe.

Les traits généraux du Scorpion

Nous venons d'ébaucher une première esquisse du psychisme des natifs du signe zodiacal du Scorpion. Nous allons maintenant tenter d'en tracer le portrait, dans ses grandes lignes.

Tout d'abord, le natif du Scorpion a tendance à donner un sens définitif à toute impression. Pour lui, les sympathies et les antipathies sont absolues et irrévocables.

Ensuite, il exerce sur les autres un pouvoir certain, une sorte de magnétisme physique fascinant. Son regard pénètre les êtres, découvre immédiatement leurs failles, et il en profite pour les dominer. Pendant ce temps, conscient des faiblesses de celui qui laisse voir le défaut de sa cuirasse, il masque avec une rare perfection ses points faibles et ne laisse aucune prise à son interlocuteur.

Il ne cherche pas à plaire, au sens strict du terme : il n'y tient pas. Il sait trop que la critique vaut plus que la louange ; et s'il provoque parfois la première, il repousse toujours la seconde.

Le Scorpion reste, de tous les êtres humains, celui qui sait le plus intensément jouir du goût de la vie, de la saveur de son état d'individu vivant, agissant, disposant de son corps, de ses sentiments, de son esprit. Selon les cas déterminés par d'autres circonstances, il saura en profiter au milieu de mille difficultés, ou bien dans un état de bonheur que les natifs des autres signes ignoreront toujours : un excès de joie de vivre.

Cette situation se vérifie lorsque le thème natal se trouve soutenu par des planètes en harmonie. Mais si au contraire, elles sont dissonantes, le Scorpion devient un inquiet, un tendu, un agité. Selon l'époque, il se classera parmi les révoltés ou les blasés, dégoûtés de vivre, conscients de l'absurdité de leur destin, ou encore parmi les victimes de l'angoisse métaphysique existentielle.

Heureux ou non, le Scorpion vit la plupart du temps dans l'angoisse. C'est son état normal. Mais elle l'atteint plus particulièrement lorsque son thème présente des dissonances.

L'érotisme

Cependant, ce personnage présente une face cachée, due elle aussi à la situation du signe sur le Zodiaque : c'est son côté érotique. La perception de la dissolution du corps physique des êtres vivants s'équilibre par l'intuition de leur remplacement nécessaire.

Le Scorpion se sent destiné à procréer. Il en fait presque un devoir de race, d'État.

Sitôt que l'agressivité et la colère se taisent en lui, il écoute parler l'amour et l'érotisme. Il ne suffit pas d'écarter et de détruire : il faut reproduire.

Le natif du signe présente, durant de longues années, une sensualité ardente, exigeante. Il vit constamment sous tension : la sexualité lui permet de s'en échapper. Il cherche alors à se dépasser ; il se connaît bien lui-même : il lui faut donc mieux et davantage. Il va découvrir là des faits inconnus.

Cet instinct sexuel reste profondément créateur. Le Scorpion montre une conscience très nette de sa fonction génitale. Pour se libérer de lui-même, de cette personnalité excessive, donc encombrante, il a besoin de la sexualité et aussi de l'acte reproducteur. Celui-ci représente pour lui un don extraordinaire : créer d'autres êtres pour lesquels rien ne limitera sa force de sacrifice.

Dans ces élans sexuels, l'amour lui reste souvent étranger. Le Scorpion établit peu de rapport entre aimer et se reproduire. On considère parfois son désir de procréer comme un besoin de laisser trace de son passage sur la Terre.

Et il trouve fréquemment sa raison d'être dans l'intégration de l'érotisme à sa vie, qu'il s'en rende clairement compte ou non.

Le portrait physique d'un Scorpion

Tous les natifs du Scorpion, si divers soient-ils, évoquent la même comparaison : on les associe mentalement au physique d'un animal, tout à la fois aigle et tigre.

On note généralement un nez assez accusé, souvent aquilin ; le regard, dur comme l'acier, s'abrite sous les arcades sourcilières, les yeux, très pénétrants, rappellent parfois le regard hypnotiseur du serpent.

L'ensemble des traits du visage est mobile et tourmenté, les rides d'expression très souvent marquées.

La voix peut prendre diverses intonations, mais elle reste rauque, grave, venue des profondeurs de l'être. La poignée de main, franche, à la fois chaleureuse et enveloppante, ferme et vive, semble chercher à saisir, à dérober la main tendue.

Le natif du signe ne se montre pas particulièrement robuste mais sait, néanmoins, se maintenir en bonne santé.

Ainsi construit, ainsi penché sur son mystère, tenté par ses désirs sexuels, désireux d'une liberté farouchement défendue et conservée, le Scorpion vit un destin particulier.

CHAPITRE II

Le destin des natifs du Scorpion

Dans ce lointain passé où on accusait le Scorpion de tous les méfaits, on prétendait que les natifs de ce signe souffraient souvent de difformités. A l'encontre de cette opinion, ceux que j'ai connus, hommes et femmes, étaient beaux et bien faits. On pourrait cependant concevoir, raisonnablement, que le natif du Scorpion, craignant obscurément cette malformation, physique et visible ou orale et cachée, se barricade derrière sa carapace symbolique, afin que nul ne puisse le découvrir dans sa réalité, qu'il n'aime pas. Cette réaction le rend parfois acide, grinçant, dur et étrangement difficile à contenter. L'attitude du Scorpion devient alors plus aisée à comprendre, à interpréter, sans que l'on doive pour cela en chercher l'explication ailleurs que dans les traits apportés par le signe.

Est-ce à dire que les archétypes nés d'une tradition complexe et non universelle se montrent assez puissants pour modeler une personnalité ? Oui, si on limite le Zodiaque aux mouvements du système planétaire ; non, si les caractéristiques des natifs de chaque signe découlent de l'évolution cyclique des saisons et des phénomènes naturels qui en représentent la suite logique.

La saison où la graine doit s'enfouir et se décomposer, pour engendrer une plante nouvelle, est tout naturellement celle où viennent au monde des êtres discrets, prêts à se sacrifier pour leur descendance, peu enclins aux manifestations superficielles, mais au contraire, pleins de réserve et de complexité.

L'orientation professionnelle du Scorpion

Partant, disent les psychanalystes, de la précoce recherche du mystère sexuel, le Scorpion s'interroge. Quand aucune énigme ne l'intrigue, il en imagine, pour le seul plaisir de les résoudre. Il éprouve de grandes joies à déchiffrer le tracé brouillé d'une piste étrange et inextricable.

Dans son esprit, les êtres et les choses existent à seule fin qu'il puisse les disséquer. Il a des dons d'expert et même de critique ; dans ce second emploi, cependant, il risque de se montrer un peu caustique.

Polémiste passionné, il sait fort bien découvrir les défauts à souligner ou les arguments à mettre en valeur dans cette sorte de duel de la plume et de la parole. En général, quoi qu'on dise, quoi qu'on écrive, il a tendance à dire d'abord « non » ; ensuite seulement, il consentira à examiner de plus près le problème posé. Et il aime créer les situations où il pourra adopter cette attitude.

Sa force d'esprit facilite-t-elle le cheminement à travers les embûches de sa carrière professionnelle ?

Au moment de s'engager dans la vie professionnelle, il aura peut-être choisi un métier ; dans ce cas, s'il se sent une réelle vocation, il bousculera tout pour parvenir à y trouver sa place et y réussir. Mais le Scorpion reste ambivalent. En l'absence d'un désir clairement exprimé, il aura le plus grand mal à fixer son choix. Dès lors il réagira en fonction du métier exercé par son père... mais pour le refuser absolument. Par esprit de contradiction, à cause de ce besoin impérieux de dire « non ».

Il ne faut jamais oublier un trait important de son caractère : l'agressivité. Elle ne demeure pas seulement négative ; on peut l'exploiter, la canaliser et s'appuyer sur elle pour réussir. Quel métier la laissera donc s'exprimer au mieux ?

La carrière idéale du Scorpion doit lui permettre d'affronter objets, matières, événements et individus, et d'entreprendre ainsi une lutte. Cela n'exclut pas le risque. Le natif du signe se sait résistant, endurant et obstiné, doué de doigté et de flair.

Dès lors, toutes les professions qui réclament ces qualités le satisferont.

Comment travaille un Scorpion ?

Pour le Scorpion, toute la question est de savoir s'il engagera son instinct créateur dans son métier. Il le fera certainement s'il estime que ce travail en vaut la peine ; et alors, il se montrera capable de battre tous les records d'efficacité. Son agressivité, canalisée, s'appliquera à ce seul but et son activité deviendra assurée de succès.

En général, le Scorpion sait très bien assumer ses responsabilités et on peut toujours lui confier des tâches délicates ou difficiles. En revanche, son caractère le rend peu souple. Tout d'abord, il déteste être dérangé dans son travail ; or, dans une entreprise, le cas se produit souvent. Ensuite, il n'accepte pas la contrainte hiérarchique ; il supporte mal les ordres, et pourtant ils sont nécessaires. Aussi le Scorpion écoute-t-il ce qu'on lui dit, mais il fait mine de ne pas entendre, pour se donner l'illusion d'agir de lui-même.

Redoutable quand on l'a contrarié, gréviste et contestataire dans l'âme, il se montre cependant compétent et possède, sur le plan professionnel, une valeur certaine ; aussi trouvera-t-il facilement un emploi.

Sa carrière apparaît toujours semée d'obstacles qu'il crée lui-même lorsqu'ils ne surviennent pas naturellement. Il rencontre de nombreux opposants, les complications s'abattent abondamment sur lui et, lorsque survient une discussion, il semble que le hasard prenne un malin plaisir à l'y mêler. Dans son travail, le Scorpion est un excellent élément, que l'on trouverait parfait s'il n'avait pas la particularité d'attirer les « histoires », comme le paratonnerre la foudre.

Le natif de ce signe rencontre donc là des barrières. Pour réussir plus facilement, il lui faut une époque de troubles, de faits divers, de révoltes, voire de révolution. Dans le calme, il ne sait pas faire sa route.

Le rôle de l'aigle symbolique

Le natif du Scorpion n'a pas pour seul symbole que l'étrange *arachnide* : l'aigle aussi lui appartient et tente de l'exprimer.

Il existe, dans la carrière d'un Scorpion, une chance de réussite influencée par le côté aquilin de sa psychologie.

Ce dernier se manifeste essentiellement quand il doit exercer un métier pour lequel il se sent une vocation. Celle-ci demeure pour lui essentielle car, tout en travaillant comme on le lui demande, il aura la joie de faire ce qui lui plaît.

Dans sa carrière, une femme Scorpion dispose d'un avantage supplémentaire. Quelle que soit son entreprise, elle sait exactement à quel moment elle doit solliciter un avancement et elle l'obtient pratiquement toujours ; fine psychologue, elle construit ainsi sa réussite.

Tous les Scorpions, hommes et femmes, mettent dans leur travail une grande ardeur, comme s'il s'agissait d'un combat : ils « attaquent » littéralement leur tâche !

Il leur faut des postes compliqués, des travaux difficiles, des responsabilités. Là seulement, ils donnent leur pleine mesure.

Le Scorpion n'attend des autres que du respect et de la considération. Tout le reste, il se sent en mesure de se le procurer lui-même, de le gagner. Il a voulu cette indépendance et il la défend. C'est là le côté sympathique de cette perpétuelle agressivité dont fait preuve un bon, un vrai, un pur Scorpion.

Nous voyons ainsi comment les Scorpions des deux sexes peuvent organiser leur vie professionnelle. Mais ces observations concernent les Scorpions « purs », personnalités théoriques assez rares, qui bénéficient à leur naissance des seules influences du Scorpion et du Soleil. Or, chez la plupart des natifs du signe intervient la présence d'un autre signe en Ascendant.

L'enfant Scorpion

Si votre enfant est né sous le signe du Scorpion, vous devez savoir que la tonalité martienne lui confère une personnalité empreinte de violence. Par ailleurs, l'influence de l'élément Eau lui apporte une émotivité notable, et le rend réceptif à tout ce qui constitue son environnement immédiat. N'oubliez pas non plus que le Scorpion reste, de tout le Zodiaque, le signe le plus secret, le moins facile à déchiffrer, et possède un côté terre-à-terre et matérialiste qui, cependant, sait s'élever au-dessus des contingences lorsque la situation l'impose.

Cet enfant intuitif a l'esprit de synthèse et une grande imagination. Il demeure par-dessus tout individualiste, il proteste, il réclame, il requiert et il sait — s'il le faut — recourir à la violence. S'il refuse de se soumettre à votre autorité, il ne servira à rien de tenter de l'y contraindre. Il vaudra toujours mieux lui faire accepter les contraintes que les lui imposer.

Son jour favorable est le mardi. Vous en profiterez pour accomplir les actes importants qui concernent sa santé et l'organisation de sa vie. En revanche, le jeudi se montre défavorable.

Ses chiffres bénéfiques : le 7, le 21 et le 47. Le 7 a une grande importance. Vous en tiendrez compte dans le décor de sa chambre, par exemple (les septs nains de Blanche-Neige, un meuble à sept tiroirs, etc.).

Il se sentira très à l'aise dans les endroits où il verra de l'eau ; aussi, pour éviter les risques d'accident, organisez-lui, si vous en avez la possibilité, un petit jardin aquatique qui l'enchantera : une arrivée d'eau, des degrés en escalier, une succession de petites cascades et de bassins ornés de plantes. Il aura l'impression de se trouver au bord d'un étang ou d'un ruisseau, et en tirera un grand bénéfice.

Il aimera les animaux semi-aquatiques, un vivier de toutes petites tortues devrait l'intéresser.

Ses couleurs : le bleu et le jaune. On les retrouvera dans le papier peint et les tentures de sa chambre, et aussi dans ses vêtements.

Ses métaux : le fer et l'acier. Éventuellement, son talisman, en fer, comportera une topaze.

Enfin, son parfum le plus favorable reste l'œillet rouge, et aussi le jasmin pour les filles, la bruyère pour les garçons ; glissez-en une goutte dans leur linge ou offrez-leur une eau de toilette très peu alcoolisée qui possédera ces senteurs.

CHAPITRE III

Le natif du Scorpion et l'amour

Quand un Scorpion rencontre un Bélier, il se sent en communication directe avec lui ; en effet, l'un et l'autre se trouvent sous l'influence de la planète Mars. Ces violents vont, dans notre société en principe policée, se contenir, sans ignorer que leur interlocuteur en fait autant. Généralement, ils éviteront l'incident.

Si le Scorpion rencontre un Taureau, ils sembleront en général tous les deux ravis de se connaître ; mais passé ce premier mouvement, l'esprit pointilleux et contrariant du Scorpion risque d'étonner le Taureau. Ils ont peu de terrains d'entente et la violence contenue du Scorpion peut réveiller celle du Taureau.

Devant un Gémeaux, la courtoisie assez stricte du Scorpion ne s'adaptera pas immédiatement à la rapidité de répartie de son interlocuteur, en revanche, il accordera une grande attention à ce feu d'artifice.

Un Cancer se trouvera tout de suite d'accord avec le Scorpion ; leur double appartenance aux signes d'Eau créera une harmonie profonde.

Le Lion peut se heurter au Scorpion, mais son dynamisme, sa sûreté, son esprit conciliant arrangeront bientôt les choses.

La Vierge aura un peu plus de difficultés. Devant la dureté que laisse parfois paraître un Scorpion, elle se repliera sur elle-même et le Scorpion devra faire appel à toute sa courtoisie pour gagner à nouveau sa confiance.

Avec la Balance, le Scorpion verra parfois son autorité innée mise en échec par d'adroites et souriantes esquives.

Si deux Scorpion se rencontrent, on observe souvent de la froideur, une certaine méfiance, ou, si les événements les y entraînent, des étincelles lorsqu'ils croiseront le fer.

Avec un Sagittaire, le Scorpion aura des échanges distants, mais probablement agréables.

Il n'en serait peut-être pas de même avec un Capricorne, qui ne se livre pas volontiers : une cuirasse contre une coquille...

Le Verseau sera un interlocuteur charmant, mais un peu hermétique pour le Scorpion, qui en restera intrigué.

Un Poisson cédera le pas au Scorpion : deux signes d'Eau s'entendent toujours, mais le Scorpion aura souvent l'impression de dominer son partenaire ; celui-ci, parfois lassé, s'enfuira, psychiquement parlant, avant même que le Scorpion s'en soit rendu compte.

Dans la vie quotidienne, on constate ces observations essentiellement sur le plan affectif, et plus précisément sentimental. C'est donc sous l'angle des relations humaines, notamment entre personnes de sexe opposé, que nous allons étudier le comportement des natifs du Scorpion face aux natifs de chacun des autres signes.

Le Scorpion et la sexualité

On note que la Maison V des natifs du Scorpion se trouve habitée par le signe des Poissons.

Qu'est donc la Maison V ?

Elle correspond au monde des plaisirs, de l'art, de l'amour, des jeux, des spectacles, de la procréation et des enfants. La présence des Poissons permet de tirer quelques conclusions.

Sous une apparence calme, qui reste extérieure, les sentiments du sujet sont généralement ardents, profonds. Il éprouve des élans de sympathie et d'antipathie volontaires, parfois inspirés même par l'instinct. Il sait les exprimer et a toujours le courage de ses opinions.

Le signe des Poissons, s'il se trouve très chargé en affectivité, entraîne cependant, hélas, une nette prédominance de l'influence de la planète Neptune qui le gouverne ; ses effets provoquent parfois des illusions, des erreurs qui, lorsque la réalité apparaît, entraînent des chagrins et des contrariétés ; et celles-ci, chez le Scorpion, particulièrement vindicatif et agressif, peuvent engendrer des incidents regrettables.

On ne saurait trop conseiller la prudence aux Scorpions dans le domaine de l'amour. Ils auront probablement du mal à adopter une pareille attitude, car ils se laissent volontiers entraîner par leur sexualité. Le sexe fait partie de la trilogie de leur existence, avec la puissance et le confort...

Par instinct et en raison de son signe solaire, le Scorpion, créateur, devient procréateur. Pour lui, faire l'amour équivaut à se reproduire.

Les Scorpions sont possessifs, jaloux, fiers de l'être et bagarreurs sur ce chapitre. Pour eux, la jalousie ne constitue aucunement un défaut.

Ils ne considèrent rien de ce qui touche la sexualité comme un jeu ; et si, dans le couple, un des partenaires manque de sérieux à ce propos, le Scorpion le sent immédiatement et il n'existe pas de meilleur moyen de le faire fuir.

Un mariage avec un Scorpion peut présenter un avant-goût d'enfer ou de paradis terrestre. Si l'on tient compte des observations faites ici, on entendra probablement pendant de longues années le chœur des anges, et non pas le crépitement des flammes éternelles ! Nous sommes chacun les maîtres de notre destin ; nous pouvons donc réussir tous notre existence conjugale et familiale, même avec un Scorpion !

Conseils aux hommes concernant les femmes natives du Scorpion

Madame Scorpion est une grande émotive : là se trouve la clé de son comportement.

Cette émotivité, cependant, se cache sous la sombre cuirasse de l'*arachnide* bien armé, mais probablement plus timide qu'il ne le croit lui-même.

Lorsque la toute jeune mademoiselle Scorpion devient, pour la première fois, amoureuse, les hommes qui l'entourent devraient s'en garder comme du feu. Car elle s'en va à la recherche du grand Amour. Elle attend de la vie et de son propre charme un sentiment absolu, complet, idéal, qui vous enlève de terre et vous transporte dans un tourbillon de passion et de joie vers le paradis des romans « vrais » et des récits « vécus ». Mademoiselle Scorpion se veut l'égale de l'homme qu'elle épousera et, en même temps, elle souhaiterait un mari plus fort qu'elle, un de ces êtres sur lesquels une tendre petite fille rêve de s'appuyer. Elle éprouve toujours des désirs excessifs.

Cette jeune femme, dès ses premières amours, possède tous les atouts de la classique « femme fatale », et elle sait, par instinct, tout obtenir de l'homme sans lui accorder la plus petite parcelle de son cœur. Quand son partenaire lui aura donné ce qu'elle désirait, elle risque alors de le laisser partir, désespéré, sans s'émouvoir le moins du monde... Et cela pendant plusieurs années.

Messieurs, avis !

Et puis vient un jour où la jeune madame Scorpion connaît alors un peu la vie et a fait quelques expériences. Mais si son cœur reste libre, un jour vient donc où elle rencontre l'homme qu'elle considère enfin dans sa réalité : un homme, rien qu'un homme, et non plus un héros ou un demi-dieu, un être, en un mot accessible. Ce fait caractérise bien madame Scorpion : la « femme fatale » n'osait espérer partager une sage vie conjugale avec un de ces personnages sensationnels et étonnamment rares qui fourmillent sur les rayons des librairies, mais qu'on ne découvre jamais. La vie lui a appris que ce héros pouvait revêtir l'aspect simple d'un homme ordinaire ; et elle en tombe alors amoureuse, réellement, cette fois.

Ce jour-là, madame Scorpion déposera au vestiaire son armure étincelante et canalisera ses immenses réserves d'énergie pour rendre heureux cet être qu'elle se surprend à aimer.

Conseils aux femmes concernant les hommes natifs du Scorpion

Mesdames, lorsque vous rencontrerez monsieur Scorpion, il vous intriguera, vous ensorcellera, car il s'entoure d'un mystère quasi magique.

Vous le voyez sous un jour étrange, parce qu'il se barricade derrière un rempart dur et brillant comme une carapace ; vous le craignez un peu, parce qu'on dit qu'il se sert d'un certain éperon piquant... mais sous cette apparence indéfinissable, vous devez vous efforcer de découvrir la réalité.

Sans aucun doute monsieur Scorpion, même s'il n'en fait pas état, est généralement un homme fort, qui travaille, qui connaît bien sa puissance de lutte et a organisé sa vie sur des bases agressives. Il veut gagner des batailles et reconnaissons que tout ce qu'il entreprend devient avec lui une sorte de combat.

Mais faut-il se limiter à cette affirmation ? N'a-t-il pas une logique secrète qui vous ouvrira le chemin de son cœur ?

Vous pouvez pourtant lever le voile du mystère : monsieur Scorpion, lutteur sûrement, individualiste sans doute, porte aussi une grande attention à l'amour et à la sexualité. Voilà ce qui le fascine, ce qui meuble son existence.

Il désire éveiller chez sa compagne la sensualité et la passion, mais pas trop vite, pas trop facilement : il apprécie toujours la difficulté.

Il éprouve un vif intérêt pour la pensée, les idées, les sentiments de sa femme, mais veut garder le mérite de l'exploration. Ce qu'on lui donne facilement l'intrigue beaucoup moins.

Ces quelques clés ouvriront le cœur et l'âme de monsieur Scorpion.

Cet homme tient au respect de son entourage. Les sentiments que les autres, ses collaborateurs, ses clients, ses associés, éprouvent à son égard, lui restent absolument indifférents ; il n'a pas besoin de l'amitié de ces gens-là, mais de leur travail.

Pourtant, quand il aime, il aime beaucoup. Il ne jette pas les pétales de son cœur à tous les vents : il lui faut des raisons valables pour accorder son estime, son amitié et enfin, son affection à des tiers.

Qu'attend-il de sa femme ? Tout. La loyauté, la gentillesse, l'esprit, la vivacité, l'adoration, la capacité physique de répondre à ses élans, et une sécurité totale dans la continuité. Tout ou rien. Et ce « tout » vaut cent fois mieux !

On ne peut espérer le satisfaire sans lui donner le meilleur de soi-même. Sa femme doit bien s'en convaincre avant de prononcer le « oui » définitif.

On ne saurait jamais tromper monsieur Scorpion sur la profondeur et la sincérité des sentiments qu'on lui déclare. Bon psychologue, perspicace, il sait de quoi il parle et lit au fond des yeux.

Quant à le modifier — voir évoluer l'époux qu'elles ont choisi reste le rêve de bien des femmes —, il vaut mieux abandonner là tout espoir. Pour l'éloigner, il suffit souvent de vouloir changer ses habitudes. Pour le garder, il faut tenter de le comprendre, lui montrer de la sympathie.

Ses plus grandes satisfactions lui viennent de la femme qu'il aime. Dans ce domaine, elle a un grand pouvoir. En matière de sexualité, elle doit lui faire savoir, sans mauvais goût, s'il l'a contentée ou s'il a failli. Dès lors, cette femme sera l'épouse d'un Scorpion heureux et nous espérons qu'elle le souhaite.

Monsieur Scorpion devant madame Scorpion

Lorsque monsieur Scorpion épouse madame Scorpion, on risque d'assister à une bataille pour le pouvoir.

Au sein de ce couple, on observe parfois de curieuses sommations et mises en demeure. Les conjoints veulent assumer chacun toutes les responsabilités. Ces êtres extrêmement possessifs se sentent cependant irrésistiblement attirés l'un vers l'autre. Mais ils souhaitent tous deux jouer le beau rôle, imposer leur point de vue, et aucun ne veut céder.

Ces attitudes vont créer toutes sortes de problèmes, mais jamais financiers. Car monsieur Scorpion réussit généralement bien ses affaires.

Cependant, il arrive parfois que cette réussite lui coûte cher, et qu'il la paie du prix de la tendresse et de la joie qu'il attendait de la vie.

Pour éviter ces obstacles regrettables, les deux époux devraient canaliser leurs énergies vers un seul et même but, vers l'extérieur, et parvenir, chez eux, à faire taire leurs bouches querelleuses.

Leur avenir semble hérissé de difficultés, mais tout ne demeure-t-il pas plus satisfaisant que l'univers conjugal statique dont la description ouvrait ce chapitre ? Les Scorpion me comprendront, eux qui taquinent sans cesse le destin pour s'inventer de nouvelles difficultés à vaincre !

Monsieur Scorpion devant madame Bélier

Le Bélier est un signe de Feu, le Scorpion un signe d'Eau. Ils éprouvent des difficultés à vivre en toute sérénité et ne forment jamais un couple tranquille.

Il arrive que madame Bélier irrite monsieur Scorpion. Mais monsieur Scorpion aime tellement madame Bélier, il a une telle estime pour son indépendance qu'il apprécie hautement qu'elle veuille bien demeurer près de lui. Il sera donc aux anges s'il devine comment il peut aider sa chère compagne ; et ce perfectionniste va dès lors chercher chaque jour comment mieux faire encore.

Mais on assiste alors à un « effet inhabituel ». Monsieur Scorpion, dans son désir de réaliser ce but, va probablement ressentir un complexe de culpabilité envers madame Bélier, sans cesse plus grand. Climat curieux et très difficile à rompre. Mais madame Bélier influe, astrologiquement, sur la carrière et la situation de son partenaire, et monsieur Scorpion trouvera là un remède à ses scrupules.

L'aide de madame Bélier semble absolument certaine, même si elle ne se montre pas : elle présente un caractère de fatalité.

Deux belliqueux, deux ambitieux ! La lutte serait dure s'il ne s'agissait de deux époux, donc aussi deux amants qui possèdent des solutions de réconciliation presque idéales.

Monsieur Scorpion devant madame Taureau

La planète Vénus gouverne le Taureau. Unie à Mars, qui influence le Scorpion, elle crée un climat d'indépendance et d'originalité. Par ailleurs, le signe du Taureau habite la Maison du Scorpion relative au mariage, aux contrats, aux relations. Il semble donc que beaucoup d'éléments invitent à l'union de monsieur Scorpion avec madame Taureau.

Monsieur Scorpion, dès qu'il connaîtra madame Taureau, modifiera ses points de vue en tout et se montrera heureux de voir le monde avec le regard de sa compagne. Madame Taureau va lui apprendre les arts, la beauté, le confort, la vie heureuse, et aussi le côté sensuel de l'existence. Entre ces deux passionnés, l'amour deviendra une aventure sensationnelle.

Monsieur Scorpion, être vif, découvrira avec madame Taureau une certaine patience et le sentiment que le temps peut faire bien des choses.

Monsieur Scorpion pourrait espérer changer madame Taureau, mais en vain : elle n'évoluera pas. Autant la garder telle qu'elle est.

Monsieur Scorpion devant madame Gémeaux

Quelle merveilleuse découverte pour monsieur Scorpion que l'amour de madame Gémeaux ! Avec elle, il fera maintes découvertes ; avec elle, il vaincra tous les tabous.

Il n'aura pas de repos ; sans cesse, elle aiguillonnera ses ressources mentales ; débordant de vitalité, et très cérébrale, elle se montre toujours d'une idée en avance sur les autres !

Le signe des Gémeaux habite la Maison VIII du Scorpion : problèmes d'argent, de mort, héritages, deuils, crises, mais aussi érotisme.

Madame Gémeaux poussera monsieur Scorpion à toujours faire mieux, et surtout à réaliser des gains plus substantiels.

Pourtant, parfois monsieur Scorpion se sentira un peu effrayé de se voir suivre madame Gémeaux. Car elle lui dévoile bien des choses cachées au plus profond de lui.

Si monsieur Scorpion ne la domine pas, madame Gémeaux lui fera abandonner des concepts auxquels il tenait par tradition. Il devra se tourner vers l'avenir et réviser un grand nombre des principes que, jusqu'ici, il considérait comme inébranlables.

Il s'y pliera volontiers, au nom de son amour ; mais peut-être vaudrait-il mieux qu'il garde les rênes et conduise lui-même les recherches du couple.

Monsieur Scorpion devant madame Cancer

Le signe du Cancer habite, chez le Scorpion, la Maison correspondant aux projets à longue échéance. Un mariage entre monsieur Scorpion et madame Cancer peut donc présenter toutes les chances de réussite. Une maison, une famille, voilà le rêve de madame Cancer. Elle suscitera en monsieur Scorpion l'envie de projets longuement mûris et d'affaires fructueuses, afin d'enrichir le bien-être du foyer.

En fait, leur appartenance commune aux signes d'Eau favorise le calme du couple et la sérénité de leur tendresse. Une histoire sans passion, et aussi sans orages.

La rencontre de monsieur Scorpion avec madame Cancer n'a sans doute pas suscité de coup de foudre. Mais la tendresse amoureuse qui s'établit entre eux leur donnera toutes les chances de construire un amour, enrichi bientôt de la découverte de leurs deux corps. La présence de madame Cancer incitera parfois monsieur Scorpion à lui livrer ses découvertes, elle s'en montrera heureuse et reconnaissante, comme des plus petites marques de tendresse qu'il lui témoignera. Car son cœur, immense, bat pour l'amour, la famille, la tendresse et un foyer secret, bien clos, où l'on s'aime loin des rumeurs du monde.

Monsieur Scorpion devant madame Lion

L'union d'un signe d'Eau avec un signe de Feu reste difficile : c'est le cas du Scorpion et du Lion. Pourtant, leur mésentente n'apparaît pas irrémédiable. Ils auront des problèmes, mais parviendront toujours à les résoudre sans éclat.

Madame Lion stimulera les ambitions de monsieur Scorpion ; elle apporte du nouveau dans sa vie, et de l'inattendu. Leur problème viendra d'une lutte pour le pouvoir, l'autorité, obstacle que connaissent tous les couples formés de deux personnalités fortes.

En présence de madame Lion, tellement élégante et amoureuse de luxe et d'éclat, monsieur Scorpion voudra donner le meilleur de lui-même et progresser chaque jour pour donner à sa brillante épouse tout ce qu'elle désire. Il s'en verra grandement récompensé par l'amour qu'elle lui rendra et dont elle lui donnera de biens charmants témoignages, mais aussi par la fierté qu'il éprouvera à vivre à ses côtés ; enfin, elle le servira probablement beaucoup dans sa vie professionnelle, et il l'en remerciera.

Monsieur Scorpion devant madame Vierge

Lorsque monsieur Scorpion rencontre madame Vierge, la planète Mars du premier s'unit à la planète Mercure de la seconde, et la combativité de monsieur Scorpion s'efface devant le sens des relations et de la communication qui anime madame Vierge.

Il existe entre eux une bonne attirance réciproque, sur le plan personnel, et un mariage paraît possible si, toutefois, monsieur Scorpion se montre un peu indulgent avec sa compagne, dont les hésitations et les perpétuels atermoiements mettront sa patience à l'épreuve. Il appréciera surtout le caractère soigneux et méticuleux de madame Vierge, qui garde toujours une apparence et une humeur égales, comme si les menus faits de la journée passaient sur elle sans la changer en rien.

L'entente entre monsieur Scorpion et madame Vierge subira peut-être quelques à-coups, tandis que des discussions troubleront le ciel serein de leur bonheur conjugal ; mais si l'un et l'autre y mettent de l'intelligence, ils sauront éviter des incidents trop visibles et, aux yeux des tiers, leur union semblera calme et sans problèmes. Le reste demeure leur affaire, qu'ils régleront eux-mêmes en privé.

Monsieur Scorpion devant madame Balance

Madame Balance voit en monsieur Scorpion un personnage romantique. Pour lui, elle conserve un certain mystère. Ces impressions les attirent l'un vers l'autre, et monsieur Scorpion se sent devenir plus créateur, s'intéresse davantage à des activités telles que le théâtre ou la littérature, au seul contact de sa partenaire, peut-être en raison de l'influence de la planète Vénus, qui gouverne le signe de la Balance.

Ensemble monsieur Scorpion et madame Balance se débarrassent de leur passé et commencent une nouvelle vie.

Certes, le Scorpion a des points de vue et des conceptions très différents de ceux de la Balance ; mais chacun d'eux, fasciné par l'autre, ne refuse jamais de réaliser une sorte d'échange entre les diverses préoccupations qui les absorbent. Ils pourront associer leurs capacités respectives et, s'ils travaillent ensemble, réussir parfaitement, notamment dans les métiers de la communication. Devant les horizons nouveaux qu'elle lui fait découvrir, monsieur Scorpion n'imaginera jamais de se séparer d'elle.

Il se trouve que la fragilité de madame Balance met en valeur la force de monsieur Scorpion ; par ailleurs, l'ardeur qui anime constamment celui-ci renforce les dons artistiques de sa femme. Cette union imprévue deviendra donc excellente.

Monsieur Scorpion devant madame Sagittaire

Madame Sagittaire est un vrai talisman pour monsieur Scorpion : elle lui porte chance en matière d'argent.

Avec le concours du Sagittaire, monsieur Scorpion aura une vision idéale des personnes et des situations. Cette chance soudaine risque de l'aveugler, de lui faire dépenser plus qu'il ne gagne. Mais maintenant que nous l'en avons averti, le couple saura éviter ce piège et vivre une union heureuse.

Près de madame Sagittaire, monsieur Scorpion trouvera le moyen de perfectionner des techniques qui lui permettront de créer des intrigues apportant un climat de romantisme. Il parviendra parfois même à en tirer des profits substantiels.

Aux yeux de cet être assez secret s'ouvrent les nouveaux horizons que madame Sagittaire lui montre, dans sa passion pour les découvertes et les voyages.

Monsieur Scorpion marquera parfois un mouvement de recul devant les enthousiasmes de madame Sagittaire ; qu'il n'en laisse rien paraître et demeure serein, son bonheur risquerait d'en souffrir.

Monsieur Scorpion devant madame Capricorne

Dans une union avec madame Capricorne, monsieur Scorpion aura la surprise de découvrir qu'il attend d'elle du rire, de l'activité, le sens des voyages.

Il ne court qu'un risque : entreprendre trop d'affaires différentes et ainsi se disperser. Mais quelle existence riche et bien remplie !

On sait que le Capricorne ne se montre guère humoriste ; pourtant ici, et par exception, madame Capricorne va revêtir cet aspect imprévu et très charmant.

Monsieur Scorpion, assez spirituel à ses heures, aujourd'hui entraîné par sa partenaire, connaîtra de biens agréables récréations. Il s'accordera parfaitement bien avec elle, et peut-être cette étonnante gaieté en est-elle le reflet.

La présence de madame Capricorne va rendre son compagnon

plus souple, plus facile, plus maniable aussi. Probablement sent-il l'enrichissement que lui apporte son union avec elle.

Leur existence sera pleine d'animation, et visites, voyages, correspondance ne leur manqueront jamais. Une seule recommandation : au milieu de cette agitation, que monsieur Scorpion accepte de faire les efforts nécessaires pour que son mariage dure longtemps, car il pourrait traverser des crises.

Monsieur Scorpion devant madame Verseau

Le Verseau habite la Maison du Scorpion relative à la sécurité, au foyer, aux parents et aux projets à longue échéance.

On a la vague impression que la sécurité de cè couple n'est pas assurée, situation née de la rencontre de l'Uranus du Verseau avec le Pluton du Scorpion.

Monsieur Scorpion, en compagnie de madame Verseau, verra favorisé tout le domaine de sa vie professionnelle.

Une attirance physique entre monsieur Scorpion et madame Verseau semble exister et peut-être ce seul accord leur donne-t-il un sentiment de stabilité. A moins que leurs planètes n'interviennent également.

Madame Verseau compte un peu sur l'aide de monsieur Scorpion pour pénétrer dans le milieu où il vit, mais aussi pour trouver un emploi.

Le Scorpion et le Verseau sont deux signes fixes ; dès lors, certains commentateurs n'hésitent pas à dire que leur union se verra teintée d'entêtement. Au début de leur rencontre, madame Verseau intriguait monsieur Scorpion ; maintenant qu'il l'a épousée, il doit faire preuve de patience, car elle s'adapte difficilement à tout nouveau milieu. Du temps, encore du temps... il semble que ces deux-là en aient plus que les autres.

Monsieur Scorpion devant madame Poissons

Voilà deux signes très bien aspectés : ces signes d'Eau peuvent merveilleusement s'entendre. Ils semblent doués, l'un et l'autre, pour les perceptions extrasensorielles. Vont-ils savoir utiliser ces dons ?

Avec une dame Poissons, monsieur Scorpion devient créatif. Il trouve dans ce mariage l'occasion de faire « peau neuve ». Dès lors, il progressera en matière de sciences intuitives.

L'union de monsieur Scorpion avec madame Poissons risque assez rapidement de subir un grand choc. Mais il ne tiendra qu'aux deux partenaires de refuser de se séparer et de « tenir le coup » ensemble ; s'ils en ont le courage, la crise passera et, une fois la paix revenue, ils se réjouiront de se trouver réunis.

Monsieur Scorpion, accompagné par madame Poissons, aura le désir et la possibilité de réussir une existence portée aux plus hauts sommets de l'activité créatrice. Devenu, grâce à sa compagne, très sensible aux tendances et au goût du public, il utilisera ces connaissances pour monter les degrés de sa carrière professionnelle et atteindre ainsi une position enviable.

LE SAGITTAIRE

CHAPITRE PREMIER

Portrait des natifs du Sagittaire

L'étude du caractère des natifs du Sagittaire exige que l'on se tourne d'abord vers la représentation imagée et symbolique de ce signe. C'est donc un centaure, mais un centaure fin et civilisé (car malgré certaines tendances, le natif du Sagittaire est civilisé), avec son arc et sa flèche, qui sera la base de notre commentaire.

Aussi haut qu'elle aille, suivre sa flèche

La créature qui représente le Sagittaire paraît avoir un esprit humain mais c'est, en réalité — si l'on peut parler ici de réalité ! —, un animal. Il est quadrupède comme seul un animal peut l'être. Pour posséder entièrement le secret de cette personnalité, il faudrait en savoir davantage sur ce curieux peuple des centaures que nous rencontrons dans la mythologie. Il y a des centaures raffinés et très élevés dans l'évolution des êtres, comme Chiron qui instruisit Héraclès ; mais il y a un grand nombre de centaures dotés d'une certaine bestialité, d'ailleurs très humaine : ils se laissent aller à la violence de leurs instincts, mais ce sont des instincts d'homme ; les animaux, en effet, ne s'enivrent pas...

Nous sommes donc effectivement en présence d'un homme-animal et de deux tendances.

Si vous connaissez un natif du Sagittaire, ce qui vient d'être dit vous éclairera sur certains traits de sa personnalité profonde. Il semble, en effet, qu'un natif du Sagittaire soit en permanence en train de lutter contre lui-même. Il se dresse lui-même comme il dresserait un cheval.

L'effort à fournir pour résoudre la pression née de cet antagonisme élèvera l'élément animal au niveau de l'élément humain en général. Mais il y a des exceptions et il arrive que ce soit l'élément humain qui retombe au niveau animal.

Un troisième cas peut se produire, mais assez exceptionnellement : ni l'homme ni l'animal ne gagnent ce combat intérieur et l'antagonisme dure indéfiniment.

Quel est l'effet concret de ce dualisme sur le natif du Sagittaire, c'est ce que nous allons tenter de déterminer.

Ce centaure, qui tient de l'animal et de l'homme, exprime clairement qu'il est lié à toute vie, homme ou bête, du moment qu'il s'agit d'un être animé : domaine très vaste, mais non infini. Il est doué d'une grande capacité d'assimilation. De ses diverses appartenances, il fait un brassage parfait : le lieu géographique de sa naissance, la famille dont il est issu, sa nationalité, la culture du milieu où il vit ; il sait en faire une synthèse et cela lui convient, car il a pour aspiration première d'être un homme, avec toutes les possibilités que cela comporte.

Nous sommes donc en présence d'un être qui se refuse à ne penser qu'à une seule chose et à limiter son existence à quelques menues occupations. Au contraire, il a le sens des idées générales et peut s'intéresser à des questions qui ne rapporteront absolument rien, sur quelque plan que ce soit, pécuniaire, social, même intellectuel ou moral, s'il estime que cela fait partie de la condition humaine d'y appliquer un certain intérêt.

Transports, déplacements, communications

Son besoin de vibrer à l'unisson de la plus large collectivité pousse le natif du Sagittaire à se déplacer, à s'intéresser aux moyens de transport. Un natif du Sagittaire acquiert avec une admirable facilité le sens des convenances, des usages, des bonnes manières, des règles de la bienséance.

On le voit sympathiser avec son entourage, mettre dans des relations nouvelles d'abord de la bienveillance, éventuellement de la ferveur. Il est indulgent, tolérant, ouvert, accessible.

Le Sagittaire éprouve toujours un certain plaisir à s'activer dans ce qu'on appelle aujourd'hui la « communication » ; il possède une certaine facilité à être naturel et sincère avec les gens dont il fait la connaissance. Son bonheur vient en grande partie des satisfactions qu'il éprouve à communiquer avec son entourage, avec un cercle de plus en plus vaste ; c'est du moins l'impression qu'il donne. Il s'épanche, il se fait apprécier, il rayonne, il s'épanouit, il vit en pleine sympathie avec les gens qu'il est appelé à voir ou qu'il a recherché dans un milieu qui est le sien, mais qu'il élargit sans cesse et où sa personnalité donne toute sa mesure.

C'est dans ce genre d'activités que le natif du Sagittaire trouve son équilibre.

Sous des influences dissonantes, il peut arriver que cette attitude le conduise plus ou moins à un échec, mais cela peut ne pas l'impressionner. Il veut, dit-il, vivre au-delà de lui-même, il veut vivre autrement que pour lui seul et c'est ce qu'exprime la phrase qu'on lui applique souvent : suivre sa flèche. Il ne suit pas une direction qui lui a été donnée ; il lance lui-même sa flèche, et puis, en esprit du moins, il part à la suite de sa flèche, de bas en haut.

Si des influences s'y opposent...

Au cas où son élan aboutirait à un échec, que deviendrait le natif du Sagittaire parti à la suite de sa flèche ? Il faut forcément le prévoir pour explorer toutes les possibilités de sa psychologie.

Se considérant comme une valeur méconnue, incomprise, le Sagittaire se confine alors dans un vain regret et sa vanité froissée le fait beaucoup souffrir. C'est exactement le genre d'échec qu'il doit éviter à tout prix.

A tout prix : dans le cas qui nous occupe, c'est la renonciation. Le Sagittaire devra, devant un échec d'une telle dimension, renoncer à son projet instinctif, si noble qu'il lui paraisse, et pour quelque temps, conserver sa lumière sous le boisseau.

Il faut attendre que les astres changent, ce qui arrive forcément, et se réserver pour le jour où les barrières tomberont, car elles tombent toujours, un jour ou l'autre. La force de l'individu, c'est de savoir qu'elles tomberont et d'être prêt à reprendre l'action.

S'il n'est pas un superdéveloppé interne, avec une enflure de sa vanité qui l'empêche de vivre normalement, et s'il n'a pas la patience d'attendre que les conditions changent, le Sagittaire se trouve devant une troisième possibilité.

Il peut se révolter contre un certain aspect des choses, atteindre par cette révolte une démesure inspiratrice qui le poussera à créer quelque grande œuvre. C'est la solution la plus intransigeante, la plus difficile et la plus brillante dans le cas de barrage. C'est pour cela qu'on dit souvent que le génie a besoin de difficultés et d'obstacles pour se manifester dans toute son ampleur.

On aura donc soit un rebelle, soit un conformiste. Le rebelle tentera de passer outre aux barrières et aux obstacles, le conformiste essaiera d'attendre que les conditions changent d'elles-mêmes.

Le Sagittaire en rébellion

Il est possible que les planètes dictent l'attitude du Sagittaire dans un ensemble dissonant.

Le Sagittaire ne sentira jamais ses forces diminuer ; au contraire, plus il rencontrera de difficultés, plus il se sentira de taille à les surmonter.

Alors, les barrières se consolident, augmentent d'épaisseur et de hauteur. Il rage, il est furieux, il veut modifier son destin et il n'y parvient pas. Ses forces sont loin de s'épuiser et il lutte avec une ténacité digne d'un meilleur résultat.

Il est de la lignée des Prométhée et des Titans. Mais lui, il reste à l'échelle humaine.

Il va s'élancer fougueusement sur toutes sortes de voies jusqu'à ce qu'il ait trouvé celle qui lui convient et sur laquelle, enfin, il pourra tenter un bon parcours, comme un pur-sang qu'il est, au fond.

Il lui fallait seulement une direction précise, mais peut-être aussi que les astres veuillent...

Le Sagittaire conformiste

Selon les planètes présentes dans son ciel et selon leurs aspects, le Sagittaire peu fort bien suivre une autre voie. Alors, au lieu de s'insurger contre son milieu, il s'y sent à l'aise, il s'y épanouit. Il s'adapte avec une grande aisance aux circonstances extérieures. Il communique comme il le souhaite, mais dans un cercle plus restreint. Il est partisan de l'ordre et de la légalité et ne proteste plus contre l'autorité qui fait respecter le droit par la force. Il accepte les conventions sociales et il apprécie les distinctions honorifiques, le standing et le prestige. Il est conformiste et bâti pour le bonheur.

Il a du savoir-vivre et du savoir-faire ; il est heureux et il répand une certaine joie autour de lui. Il est humain, pacifiste, libéral, généreux, compréhensif. Il aime la société, mais la bonne société. Il conserve un côté chevaleresque, mais il n'est plus Don Quichotte.

Il est décontracté et optimiste et, en général, il ne tarde pas à réussir prodigieusement dans la vie.

Résumons-nous

Après ces commentaires détaillés qui peuvent paraître très touffus aux gens pressés, résumons-nous.

Schématiquement, le Sagittaire se définit comme masculin, digestif, amplement conservateur, gouverné par Jupiter. Ses qualités dominantes sont la sérénité, la mansuétude, l'extrême bienveillance et l'esprit de justice. Son œuvre est l'organisation, la conservation, la mise en valeur du savoir humain. Les universités, les bibliothèques et les musées ont été créés pour lui, ce qui lui donne une grande objectivité de pensée et le pouvoir de créer des philosophies pratiques, des règles de vie auxquelles il se soumettra toujours afin de donner l'exemple. De là, chez lui, une passion contenue, une foi agissante et l'amour des traditions — en souvenir des bienfaits qu'elles ont apporté —, le désir de conserver, d'étudier, de répandre tout ce que l'esprit humain a produit de meilleur et de plus admirable.

Mais comme le Sagittaire est le signe des relations diplomatiques et partage, avec le Capricorne et la Balance, l'art de conduire la vie politique, il arrive que le Jupitérien se décide au combat et conduise avec maîtrise et sang-froid sa volonté de vaincre.

Portrait physique d'un Sagittaire

Le portrait physique du natif du Sagittaire contient deux possibilités. Certains sujets sont introvertis, durs, sombres, pessimistes, prêts à la révolte ; d'autres sont des Jupitériens à l'état pur. Cette différence peut provenir du fait que le type jupitérien se développe mal dans des circonstances trop contraignantes. Si son enfance a été pénible et les épreuves trop fortes, le Sagittaire ne conservera pas l'aspect dilaté et triomphant — ou tout au moins serein et dominant — du type jupitérien. On se trouve alors devant un visage allongé au profil convexe, à l'aspect sombre, au teint peu coloré : un type saturnien.

Le type le plus fréquent, pourtant, parmi les Sagittaire est le type fortement influencé par Jupiter. C'est surtout un extraverti. Il est de grande taille, large, avec des gestes apaisants. Cette perfection jupitérienne se manifeste vraiment à partir de cinquante ans et elle marquera le départ d'une réussite réelle dont le sujet aura soigneusement posé tous les jalons ; ou bien d'une renonciation à une telle réussite grâce au bon sens et à un jugement sain, refusant toute illusion. Une sorte de sérénité dominera alors la grisaille médiocre de sa vie.

De toute façon, il paraît être un personnage important et tranquille. Il a l'air d'avoir atteint son but. Sa place n'est pas toujours celle qu'il espérait. Toutefois, un Sagittaire peut, s'il n'a pas le goût de la révolte, vivre dans l'état d'esprit satisfait de celui qui a réussi, à moins de n'avoir pu survivre aux échecs. Mais il est généralement solidement installé dans la vie.

Il tient à imposer ses vues et à les considérer comme ayant force de loi, cela dans un climat d'obstination douce et continue qui finit par obtenir ce qu'il attend. Cet entêtement tacite, à peine exprimé, est très admiré de l'entourage du Sagittaire, qui n'agit qu'à ses instigations.

Mais il est loin d'être un despote. Ses intentions sont trop bienveillantes pour cela. Il obéit simplement à des règles supérieures dont la discipline est strictement morale et s'appuie sur de hautes traditions.

Il possède un front olympien, preuve de sa paix intérieure ; il a une autorité grave et sereine, le sourire tranquille et facile. Ses gestes sont mesurés et symétriques. Son regard est paisible et ses yeux très mobiles.

Sa bouche, aux lèvres un peu renflées, signale qu'il apprécie les réceptions sans négligences, les bonnes tables avec des menus délicats, pour lesquels semble avoir été inventé le mot raffinement.

Il a le teint clair et son visage pourrait s'inscrire dans un trapèze dont la grande base serait l'inférieure.

L'ensemble des traits est régulier, l'œil est grand, le menton ferme, le corps construit pour les exercices physiques.

Ce bel ensemble est un élément encourageant permettant au Sagittaire de « garder la face » en cas de catastrophes personnelles et, peut-être, de reprendre plus vite le dessus.

La démarche est rapide et rythmée. La tenue, l'habillement, la présentation sont soignés, la voix bien posée et la poignée de main chaude et sèche.

Nous avons ainsi tracé le portrait approximatif, au moral et au physique, des natifs du Sagittaire. De ces deux types, en fait unis par un grand nombre de traits communs, rayonne toujours une certaine sympathie, un caractère très humain, une particulière noblesse de pensée.

Que peuvent-ils trouver dans leur destin et quelles sont les voies qui vont s'ouvrir devant eux ?

Le prochain chapitre traitera de leur destin. Que font-ils dans la vie ? Que devrait-on leur conseiller, si, toutefois, ils sont disposés à entendre les conseils ? Peuvent-ils lutter contre les éléments négatifs de leur personnalité ?

CHAPITRE II

Le destin des natifs du Sagittaire

On peut considérer qu'une destinée semblable attend tous les natifs d'un même signe. Ainsi, tous les natifs du Sagittaire auraient, en somme, la même destinée. Pourtant, si l'on tient compte du fait que les événements ne s'y déroulent pas dans le même ordre, si on ne considère que la somme de ces événements, et si l'on reste très objectif, on constate que c'est exact et que tous lès natifs d'un même signe ont des événements semblables échelonnés le long de leur vie.

Pourquoi s'en étonner ?

Il faut d'abord considérer que nous attirons beaucoup d'événements qui ne nous arrivent que parce que nous les sollicitons. Combien de fois ne dit-on pas, au récit d'une mésaventure : « Il n'y a qu'à lui que cela arrive ! » C'est parce que nous savons tous que nous agissons d'une manière qui nous est propre et dont les conséquences sont forcément les mêmes.

Par ailleurs, si on interrogeait un Sagittaire pour lui demander s'il pense que sa destinée est toute particulière et que nul n'en a une semblable à la sienne, on serait étonné de l'assurance avec laquelle il affirmerait que sa propre destinée est absolument unique, même si tous les autres natifs du même signe en avaient une exactement semblable.

Nous avons vu quelle était la psychologie du natif du Sagittaire et quelles ressources étaient en lui dès sa naissance. Il nous reste à voir l'usage qu'il en fait.

En outre, quelles sont ses chances ? Est-il fait pour une destinée brillante ou remarquable ? Pour cette personnalité pleine d'intérêt, existe-t-il de grandes chances d'un beau destin et que doit-il faire pour bénéficier de ces chances ?

La santé, élément important

Ce que le Sagittaire est capable de faire dépend en partie de sa santé.

La santé nous est-elle donnée avec nos autres qualités, à notre naissance, ou bien devons-nous l'acquérir ou la conserver par nous-mêmes à force de volonté ? Chaque signe donne à ses natifs des caractéristiques physiologiques qui rendent particulièrement sensibles certaines parties de leur corps, tandis que d'autres parties ne semblent craindre ni les intempéries ni les fatigues.

La tradition place chaque signe sur une partie du corps d'un homme théorique et abstrait qu'on appelle l'Homme-Zodiaque. En ce qui concerne le signe du Sagittaire, il se place sur l'Homme-Zodiaque aux hanches, aux cuisses, en haut des jambes. On dit parfois qu'il est vulnérable par la glande thyroïde, mais cela n'est pas indiqué sur l'Homme-Zodiaque. Traditionnellement, c'est le système musculaire et articulaire qui est en cause.

En fait, le natif du Sagittaire présente un physique robuste et bien équilibré. C'est la partie animale dont le natif du Sagittaire aime prendre soin : il pratique les exercices physiques nécessaires à la musculature, la ligne et la force. Jusqu'à un âge avancé, il reste un sportif ; en tout cas il fait suffisamment d'exercice en plein air pour garder sa santé, sinon il s'efforce de s'accommoder des circonstances, mais il en est malheureux.

Les filles nées sous le signe du Sagittaire ont souvent, au cours de leur enfance, un caractère de « garçon manqué » ; elles aiment les exercices physiques plus que la toilette. Aujourd'hui, cela ne frappe personne, mais, il y a cinquante ou cent ans, on le remarquait et, dans certains cas, on tentait de ramener ces enfants à plus de grâce et moins d'énergie. On doit donc se souvenir que la femme du Sagittaire est une sportive et qu'elle ne peut pas se passer d'exercice physique en plein air.

Le corps des Sagittaire est bien proportionné, plus robuste que gracieux, mais, s'ils ne s'en méfient pas, un certain embonpoint les menace avec l'âge.

Les femmes doivent craindre la cellulite.

Les désordres de santé, chez les natifs du Sagittaire, sont généralement dus à la nutrition et au métabolisme.

Il faut que le Sagittaire contrôle soigneusement son poids et son régime. Certains disent : « Mieux vaut faire envie que pitié », mais actuellement on connaît les règles de l'hygiène. On ne fait plus

« envie » quand on est gros, mais au contraire quand on est mince et musclé.

L'intelligence du Sagittaire

Avant d'être un intellectuel, le natif du Sagittaire est un être fait pour la vie concrète et matérielle. Néanmoins, son esprit peut facilement se tourner vers d'autres travaux.

L'équilibre d'un Jupitérien lui ouvre bien des portes. Sa logique lui permet de réussir dans des branches diverses pour peu qu'il le veuille et, comme il est toujours en éveil et bien disposé — c'est un être d'humeur égale —, il peut essayer ce qui lui plaît. L'essentiel, pour lui, c'est qu'une certaine notion de standing, de position sociale, de grandeur même, puisse s'attacher à ses études ou apprentissages.

A cette ouverture d'esprit s'ajoute l'imagination, surtout chez les natifs du deuxième décan ; et aussi l'esprit critique, chez ceux du troisième décan.

Cet équilibre intellectuel est caractéristique du Sagittaire. S'ajoutant à son physique avantageux et à une certaine assurance, il permet de penser à une carrière politique.

Et d'autres dons...

La volonté du Sagittaire est sous le contrôle de son intelligence. Les études, la lecture, les conversations peuvent être passionnées et durer des heures sans que l'ardeur faiblisse. Le Sagittaire, en bon signe de Feu, sait aussi déclencher les enthousiasmes et les partager passionnément.

D'une manière générale la volonté du Sagittaire est fondée sur une intelligence solide et logique, qui peut atteindre une très grande valeur chez le sujet supérieur ; le sujet moyen est déjà tout à fait en mesure d'imposer ses idées ; le sujet inférieur peut devenir entêté. Poussé à l'excès, le Sagittaire inférieur, ne disposant que d'éléments négatifs, se montrera illogique, incapable de bâtir un bon raisonnement, et sa volonté sera, en conséquence, amorale et capricieuse.

Mais, quel qu'il soit, le Sagittaire se distingue toujours par une structure morale très solide, et le pire des cas n'est pas encore très mauvais. S'il se sent un peu trop en dehors du droit chemin, le Sagittaire fera son autocritique, ne se corrigera certainement pas, mais jouera le jeu et feindra de posséder les qualités absentes pour ne pas être blâmé par les gens dont il souhaite la considération, comme le coupable qui se repent devant un tribunal pour que sa peine soit plus légère, mais qui ne songe qu'à recommencer.

La sensibilité du Sagittaire

Le natif du Sagittaire fait preuve d'une grande sensibilité. L'expérience lui est utile et lui apporte beaucoup parce qu'il a une bonne mémoire.

Cependant, on ne doit jamais négliger le caractère secret et la volonté tenace du sujet ; il ne veut pas laisser voir ses émotions, aussi on pourrait le croire dépourvu de sensibilité. Il tient à une certaine impassibilité souriante et, si l'émotion est très forte, il se plonge dans des occupations variées, travail ou activité de loisir.

Dressée par sa volonté, sa sensibilité accepte de se plier aux disciplines morales, sociales ou religieuses, ou bien à une discipline personnelle composée de ces règles, et c'est l'originalité du Sagittaire.

L'orientation professionnelle du Sagittaire

Choisir une profession qui vous convient et dont le travail entre dans le cadre de ce qu'on aime faire est une des meilleures voies pour atteindre la réussite dans le bonheur.

Étant donné ce que nous savons sur le caractère des natifs du Sagittaire, nous pouvons maintenant déterminer les carrières qui lui conviennent le mieux.

Il faut que, dans son métier, il ait la possibilité d'utiliser sa force physique et son adresse et que, par ailleurs, il ait également la possibilité d'utiliser toutes les ressources de son intelligence, qui est assez axée sur la morale, le sens social, le goût de l'enseignement ; il sera bon que sa tâche constitue un engagement moral, une élévation sur le plan spirituel.

Enfin, il est préférable qu'il évite la monotonie et l'uniformité.

Cependant, une situation fixe lui est nécessaire pour répondre aux impératifs de sa raison et de son bon sens.

Nous résumerons ses tendances professionnelles de la manière suivante : besoin d'indépendance ; besoin de manifester l'esprit de solidarité ; besoin de s'affirmer ; facilité de contacts humains ; conversations et communications faciles.

Toutes les professions concernant le cheval et le tourisme lui conviennent.

Mais il y en a d'autres.

• Au caractère calme, réfléchi, plein d'une autorité sans violence du natif du Sagittaire, convient toute carrière bien réglée où il peut utiliser son ascendant personnel pour influencer les autres.

On cite volontiers, dans les monographies le concernant, l'enseignement, ou certains emplois administratifs, pour la stabilité qu'ils offrent. Il s'y préparera souvent dès le plus jeune âge en suivant attentivement l'école et en réussissant à ses examens, car il est un élève appliqué et possède les moyens intellectuels pour réussir. Vers quatorze ans, il choisira son but ; à seize ans au plus tard. Mais il ne sera jamais indécis. Son plan tracé, il le suivra : ce plan, ce sera sa flèche...

Son orientation personnelle dépend évidemment du thème de sa naissance. Si Uranus est très puissant dans son ciel de nativité, il choisira des études scientifiques. Si Jupiter domine, il choisira les études littéraires. Si Mercure et la Lune sont en rapport harmonieux, il choisira les langues ; s'il a Jupiter en bon aspect avec Mars, il choisira le droit. Si Mars et Mercure s'harmonisent, il fera un bon avocat. Avec Neptune et Saturne dominant son ciel, il sera musicien.

Son choix sera fait une fois pour toutes et, dès cet instant il s'appliquera à parvenir aux meilleurs rangs dans sa spécialité : c'est le type du bon élève. Il ne suit qu'une seule idée à la fois mais il la suit jusqu'au bout.

Le style de travail du Sagittaire

Le natif du Sagittaire est un être systématique, logique comme un ordinateur et capable de s'imposer des lois, des règles, un rendement continu et régulier.

Cela nous donne la couleur typique de son style de travail.

Il jaugera sa tâche ; il la divisera en sections selon le temps dont il dispose pour l'accomplir ; puis chaque unité de temps devra correspondre, dans l'exécution, à la fraction prévue. Une fois cette règle fixée, il s'y tiendra.

Ce rythme délibérément choisi et respecté ne permet pas de fantaisie dans le travail, mais il assure une production régulière en quantité et en qualité.

Le travail en équipe n'est pas ce qui convient le mieux à un Sagittaire. Il est assez conscient des qualités qui lui permettent de dominer ses rivaux et il a une nette tendance à le faire sentir. C'est pourquoi il vaut mieux qu'il travaille seul. C'est donc peut-être dans l'enseignement qu'il pourra le plus facilement se réaliser s'il ne choisit pas une carrière libérale.

Conseils pour les enfants nés sous le signe du Sagittaire

Vous aimez votre enfant, vous le soignez, vous le nourrissez, vous voulez faire son éducation et son bonheur et, pour cela, vous avez noté sous quel signe il est venu au monde et vous vous êtes informé sur ce signe. Voici maintenant ce qui le concerne, lui, plus particulièrement.

Nous avons vu que le Sagittaire est avant tout un individualiste épris d'aventures et de grands espaces. Rien ne lui déplaît comme une vie sédentaire : manquant d'air, il s'étiole. Il a toujours envie de bouger. Signe de Feu, il est vif et remuant comme la flamme. Tenez-en compte et ne le grondez pas si, quand vous devez le garder à la maison, il est un peu... agité !

La planète qui gouverne le signe du Sagittaire est Jupiter. C'est celle qui influence la destinée de votre enfant.

Pour lui, le jour favorable sera le jeudi. Le dimanche, au contraire, sera un jour auquel il ne faudra pas trop se fier. Ce jour-là, vous pourrez évidemment le sortir, le promener, le conduire voir ses grands-parents, etc., mais vous ne prendrez pas les grandes décisions le concernant. C'est le jeudi que vous le conduirez chez le médecin, le jeudi que vous changerez éventuellement son régime, son style de vie, son habillement, le jeudi que vous prendrez pour lui les décisions qui peuvent engager son avenir, sa santé, son bonheur.

Connaissez ses chiffres bénéfiques, qui sont : 4, 14 et 24. Utilisez ces nombres toutes les fois que vous le pourrez pour tirer profit de leur impact. Inconsciemment, votre enfant sera sensible à leur ascendant sur lui et à leur influence bénéfique sur tout ce qui le concerne. Vous pourrez vous en servir dans la décoration de sa chambre, entre autres.

Vous avez en ce petit Sagittaire un enfant qui n'aime rien tant que le dépaysement. Pour les buts de ses promenades, changez de quartier : qu'il voie autre chose que ce dont il a l'habitude, qu'il puisse s'étonner et ouvrir son esprit à la diversité infinie des paysages, naturels ou urbains.

Et puis vous le conduirez souvent au jardin zoologique pour qu'il s'amuse à voir des animaux vivants et que vous puissiez avoir le plaisir de lui en parler.

CHAPITRE III

Le Sagittaire et l'amour

Dans le ciel de naissance du Sagittaire, la Maison V, celle qui concerne l'amour et la sexualité, est habitée par le Bélier. Le Bélier est dominé par la planète Mars. Le Sagittaire est dominé par la planète Jupiter.

Le Bélier apporte un dynamisme certain, une spontanéité qui est toujours favorablement accueillie, une vivacité d'esprit et une rapidité d'action qui le rendent très sympathique. Mars est une planète suscitant une énergie parfois teintée d'agressivité, mais toujours prête à un nouvel effort, à une nouvelle conquête. Enfin, Jupiter appelle le succès.

Un natif du Sagittaire est toujours populaire et les personnes du sexe opposé le considèrent comme sympathique et gai. C'est un humoriste qui aime plaisanter et, lorsque ses plaisanteries se rapportent aux questions sexuelles, elles ont toujours beaucoup de succès et elles font rire.

Le Sagittaire, bien que loyal et possédant un sens moral nettement marqué, n'est pas incapable d'aimer plusieurs personnes en même temps. Et non seulement il est capable de mener plusieurs intrigues de front, mais encore il exige d'être tout à fait seul dans le cœur de l'autre. Dans ce cas, il n'aime plus du tout le partage. Ainsi applique-t-il en amour une double règle : il est l'unique possesseur de ce qu'il aime, mais il aime plusieurs personnes.

On a l'impression que le Sagittaire reste toujours jeune et la légende dit qu'il a découvert la « fontaine de jouvence ». C'est qu'il apprécie tant l'amour et la sexualité qu'il souhaite rester jeune avec tant de force que son Jupiter protecteur probablement l'exauce.

Il considère ses expériences variées comme de joyeux amusements et ne s'en trouble guère. Mais il dit que ce n'est pas cela qu'on appelle l'amour et que, en ce qui concerne l'amour, il est idéaliste. Et en effet, quand il aime vraiment, il devient idéaliste, réceptif, vulnérable. C'est une tout autre personne.

Notons que ce qui vient d'être dit s'adresse aux Sagittaire des deux sexes.

Amour, toujours...

Un Sagittaire est toujours très sincère en disant qu'il attend le grand amour, mais il s'amuse en attendant.

Comment voit-il cet état sentimental ?

Sans amour, son existence lui paraît vide de sens. Mais, pour lui, l'amour n'est pas ce sentiment romantique bien connu où l'on souffre, où l'on est angoissé, où l'on se pose sans cesse les mêmes questions. Pour lui, il s'agit d'une joie. C'est dans un état d'euphorie que l'amour, selon sa conception personnelle, doit se réaliser. Il n'a pas le rêve mélancolique, pas davantage le romantisme larmoyant. Il a le rêve heureux et plein d'espérance de bonheur, il a le romantisme gai.

Avant tout, il dira qu'il aime la liberté, ce qui peut inquiéter l'éventuelle jalousie de son partenaire ; mais il garde toujours une bonne dose de conformisme conservateur et les traditions de fidélité, de respect du partenaire sont pour un Sagittaire chose vivante, réelle, valable et actuelle. Il est prêt à quelques sacrifices pour vivre le grand amour.

Conclusion : il (ou elle) veut être aimé(e), être heureux(se), il (ou elle) est prêt(e) à faire ce qu'il faut pour cela.

Un amoureux dominateur

Quand le Sagittaire est sérieusement épris, il désire assumer toutes les responsabilités. Cela se sent dès les premiers jours : il est dominateur. Il n'y a que lui qui sache. Il faut qu'il explique, il faut qu'il prenne les décisions, il faut qu'il dirige. Il est capable de lutter, pour son amour ; il est capable de franchir tous les obstacles et principalement les obstacles graves que représentent la famille et l'âge.

Cependant, ce goût de l'autorité ne semble pas avoir, en amour du moins, une base très solide. Le Sagittaire, contrairement à ce qu'il semble croire, peut se tromper. Il lui arrive de commettre des erreurs dont il souffrira par la suite.

Il est romanesque. Il se laisse leurrer par des espoirs, des rêves, des émotions. Désireux de regarder toujours bien plus loin que l'immédiat, il y parvient, mais il n'est pas toujours objectif. Ce qu'il voit, ce n'est pas ce qui est, c'est ce qu'il souhaite.

Lui, si capable de bon sens, n'en a plus dès qu'il est amoureux.

Le Sagittaire tient toujours à donner raison aux gens qu'il aime, et parfois ce n'est pas la meilleure voie.

Quelques bons conseils

Le Sagittaire raisonne toujours juste, sauf quand il est amoureux.

Il n'est pas nécessaire de pratiquer l'Astrologie pour conseiller au Sagittaire de noter soigneusement cette tendance. Il évitera ainsi de recommencer les mêmes erreurs.

Toutes les questions d'amour sont, pour le Sagittaire, occasions d'excitations et de frémissements ; cela vient de ce que Jupiter et Mars dominent ce secteur de son ciel. Cela provoque un éclatement soudain d'idéalisme, une subite expansion qui pousse le Sagittaire à se dépasser, un grand désir d'action et une impulsivité ardente.

En amour, le Sagittaire veut tout donner. Il oublie qu'il doit aussi prendre. Le partenaire ne tient pas toujours à tout recevoir ; en amour, chacun trouve autant de bonheur à donner qu'à recevoir.

Mais un Sagittaire ne donne pas seulement son amour ; il veut aussi donner des conseils, des directives, des leçons et même de l'argent. Cela lui est aussi nécessaire que de respirer, boire et manger. Et, dans son zèle, au lieu de rendre heureuse la personne aimée, il provoque en elle un sentiment de servitude. Ses soins excessifs la privent de toute indépendance ; elle se sent environnée de trop de liens qui sont pourtant des prévenances... Il faut que le Sagittaire sache que cette attitude ne fait pas le bonheur de l'autre.

Résolutions à prendre et à suivre

Le Sagittaire est un humoriste. Il rira de ces conseils. Soit. Qu'il en rie, mais qu'il en tienne compte.

Pour atteindre, en amour, le bonheur qu'il souhaite, un Sagittaire doit choisir son partenaire avec soin et lucidité. Il sait très bien que sa devise personnelle est liberté, travail, culture et amour. Qu'il s'en tienne aux différents points de ce programme et ne cherche pas à se montrer sous un jour qui n'est pas le sien.

Plein de bonne volonté, il lui arrive de faire de l'humour parce qu'il se sent timide et gêné, et parce que le rire désarme. Mais qu'il fasse très attention, s'il aime réellement ; il y a des gens qui n'apprécient pas les plaisanteries. Par ses sarcasmes, le Sagittaire risque de vexer la personne à qui il tient.

Conseils aux hommes concernant les femmes natives du Sagittaire

Madame Sagittaire regarde toujours plus haut qu'on ne s'y attendrait. C'est un être de décision rapide qui, probablement sous l'influence du Bélier dans sa maison V, est impulsive et spontanée. Elle se sent, sur le plan de l'amour, prête à admirer le mâle qui se montrera toujours actif, avec un but, un plan, un projet, une grande efficience. C'est cela qui lui plaît.

Elle a besoin d'accompagner son expérience amoureuse d'une activité : un petit voyage, un livre qu'on lit à deux, un « journal » à écrire. L'avenir qui se prépare pour elle, c'est une part d'elle-même.

Sous un aspect sportif et parfois un peu sauvage, madame Sagittaire se révèle, en fait, très excitante. Elle jette ainsi un défi et on a du mal à lui résister.

De la sportive, elle a le désir de clarté dans les rapports ; il est inutile de louvoyer ; avec elle, ce qui a le plus de chances de réussir, c'est la simple et naturelle sincérité. Elle devine si les promesses sont fallacieuses, on ne la trompe pas ; autant rester foncièrement honnête et ne rien promettre qu'on ne puisse accomplir.

Plus son partenaire se révélera direct, plus il aura de chances d'être aimé par elle.

Conseils aux femmes concernant les hommes natifs du Sagittaire

Monsieur Sagittaire, quand il est amoureux, veut sa partenaire toute à lui. Il est essentiellement exclusif. Cela ne l'empêche pas d'accorder ses faveurs à plusieurs femmes en même temps, dit-on, mais nous ne voudrions pas croire un tel bruit... Il aurait alors les mêmes exigences qu'avec vous.

Il ne se marie pas tout de suite, ni facilement. Lorsque sa partenaire tente de mettre la conversation sur ce sujet, il esquive ou, pressé de se prononcer, il déclare ne pas vouloir gâcher une merveilleuse aventure par de médiocres occupations ménagères. Si on essaie de le contraindre, il fuit vers une autre partenaire.

Il dispose d'une logique puissante, d'un véritable talent d'organisateur, de beaucoup de vitalité, et cet ensemble de qualités fait de lui un excellent homme d'affaires. Il a de plus le don de s'entendre avec toutes sortes de gens ; il ne s'ennuie jamais et ne risque pas d'être la proie de la solitude. Avec un tel caractère, il n'est naturellement pas poussé très fortement vers le mariage. Le club, le bar, les copains, les partenaires de sport et, de temps à autre, une soirée reposante avec un livre font son bonheur. Le foyer conjugal ne lui manque pas.

Lorsqu'il rencontrera une fille qui déclarera ne pas tenir au mariage, ne pas chercher l'époux idéal, mais vouloir vivre sa vie, il sentira une accélération du rythme de son cœur. C'est justement ce qu'il attendait, et, celle-là, il l'épousera.

Dès lors, il a peur qu'on la lui prenne ; il faut qu'il s'en empare le premier. Qu'importe si elle a ainsi joué pour l'amener devant M. le maire, puisqu'ils seront heureux et libres l'un par l'autre.

Le portrait que nous venons de tracer de monsieur et de madame Sagittaire correspond aux types purs de ce signe ; cependant beaucoup de Sagittaires qui ont un autre ascendant que leur signe solaire vont s'y reconnaître ; c'est qu'en amour notre nature profonde reparaît : *in amore veritas* (en amour, on se montre vraiment).

Il s'agit en somme d'une personnalité qui aime les idées élevées, les livres ayant de la valeur, les professions où l'on a la liberté de prendre des risques, le sport et les exercices physiques. Ce ne sont pas des gens particulièrement doués pour le mariage, comme la Balance, ou pour vivre dans une belle maison à laquelle on tient beaucoup, comme le Taureau ; ce sont peut-être des étalons sauvages qui souhaitent courir dans une prairie sans barrières.

Il faut le savoir et en tenir compte quand on rencontre l'un d'entre eux. Beaucoup de bonheur peut naître d'une union avec un ou une Sagittaire, mais il y a une condition absolument indispensable : ce signe est très « adulte » ; il ne commet pas d'enfantillages, il raisonne en personne expérimentée et d'âge mûr, tout en gardant l'ardeur de la jeunesse.

Nous allons maintenant examiner les chances de bonheur dans l'union d'un Sagittaire avec une native de chacun des autres signes.

CHAPITRE IV

Le Sagittaire devant l'élue de son cœur

Monsieur Sagittaire devant madame Sagittaire

Lorsque madame Sagittaire décide d'aliéner cette liberté à laquelle elle tient tant, c'est qu'elle a rencontré un partenaire avec lequel vivre toute la vie ne lui paraît pas une tâche pénible. Il faut bien des mérites à cet homme, ou bien que l'étincelle de l'amour ait aveuglé madame Sagittaire.

Cette charmante et intelligente personne pourra-t-elle s'accorder avec un époux du même signe zodiacal ?

Devant madame Sagittaire, quelles vont être les réactions d'un époux lui-même natif de ce signe ?

En unissant sa vie à celle de madame Sagittaire, monsieur Sagittaire comptera bien fonder un foyer confortable, aidé par des domestiques. Il espérera aussi avoir une épouse à l'esprit large, ce qui lui accordera une vie assez libre. Il se trouve que ces espoirs sont souvent illusoires. D'abord, il est de plus en plus rare de pouvoir installer un foyer où des serviteurs accomplissent les besognes fastidieuses. Ensuite, son épouse n'aime pas plus que lui les astreintes. Il est possible que leur solution soit de sortir souvent et de confier bien des tâches au-dehors. Les traiteurs et les blanchisseurs sont bien faits pour qu'on s'en serve, après tout !

Lorsque, au bout de quelque temps, monsieur Sagittaire observera sa chère épouse, il ne verra plus en elle que ses propres traits à lui et non les meilleurs.

Leur union peut être durable, mais non sans quelques problèmes, entre deux êtres épris de liberté qui s'obligent à vivre en sédentaires.

Monsieur Sagittaire devant madame Bélier

Monsieur Sagittaire se sent attiré physiquement par madame Bélier ; elle stimule ses facultés créatrices. La planète de madame Bélier est Mars, celle de monsieur Sagittaire est Jupiter ; ces deux forces se soutiennent, la seconde ayant tendance à exalter la première.

Ils sont nés tous les deux sous un signe de Feu et le feu va les réunir : leur foyer sera plaisant, vivant, agréable et chaud.

Il est possible que madame Bélier revoie souvent en esprit l'image symbolique du Sagittaire en surimpression sur son mari. Elle admirera ses élans intellectuels et le suivra dans ses exercices sportifs, aussi bien que dans une lecture philosophique difficile.

Madame Bélier pourrait éventuellement regretter que, pour un Sagittaire, le foyer, ce soit seulement l'abri où l'on vient se reposer, manger et dormir parce que c'est pratique. Il n'est pas homme d'intérieur. Il faudra qu'il explique ses goûts très clairement à madame Bélier, sous peine de la voir chagrine.

Monsieur Sagittaire devant madame Taureau

Madame Taureau inspirera à monsieur Sagittaire le désir de créer de la beauté, de lui offrir une atmosphère très harmonieuse. Pour un avenir à longue échéance, monsieur Taureau et madame Sagittaire feront un excellent tandem.

Monsieur Sagittaire est ardent et idéaliste. Madame Taureau est réaliste, pratique et décidée. Les bons éléments de chacun réunis peuvent donner un résultat tout à fait excellent.

Monsieur Sagittaire trouvera en madame Taureau le prétexte à un nouveau départ, à un second souffle, à un recommencement. Il sait qu'il peut se confier à une femme de cette valeur, solide et fidèle. Il sait qu'il peut même en abuser et lui demander beaucoup.

Madame Taureau, sous un signe de stabilité, est un allié très ferme pour la vie. Même mobile, changeant, inconstant, monsieur Sagittaire reviendra toujours vers sa madame Taureau si précieuse, qui ne comprend même pas que l'on se quitte et qui l'attendra toujours à la maison ; il peut aussi s'entendre avec une madame Taureau pour travailler avec elle à une affaire commerciale.

Une seule condition : monsieur Sagittaire doit rompre avec son passé de libertaire pour vivre heureux avec madame Taureau.

Monsieur Sagittaire devant madame Gémeaux

Le couple que formera monsieur Sagittaire avec madame Gémeaux sera probablement axé sur les relations publiques. Il y aura beaucoup de monde autour d'eux et ils réaliseront ensemble leurs projets les plus chers.

Madame Gémeaux possédant une grande capacité d'insouciance, monsieur Sagittaire devra accepter de jouer réellement son rôle de chef de famille et d'assumer ses responsabilités totalement. Il faut noter que c'est la planète Mercure qui guide le Gémeaux et Jupiter le Sagittaire. L'union de ces deux influences facilite l'acceptation de responsabilités en toute conscience.

Comme ils ont le même état d'esprit, il est bien possible que madame Gémeaux aide beaucoup monsieur Sagittaire dans la poursuite d'un idéal. On sait que le Sagittaire a les idées hautes et poursuit souvent des buts au-dessus du commun.

Dans un sens large, on trouve des ressemblances entre Sagittaire et Gémeaux ; mais, si l'on épluche les détails, on trouve de grandes différences. Le Gémeaux est agité quand le Sagittaire est actif ; le Gémeaux court de côté et d'autre quand le Sagittaire prépare et réalise de grands voyages. Mais dès qu'ils s'aiment, rien ne les retient et ils s'en vont toujours plus haut.

Monsieur Sagittaire devant madame Cancer

Il y aura une très belle harmonie entre monsieur Sagittaire et madame Cancer, assurée par le rapport Lune-Jupiter. Cependant, leur union peut rencontrer des difficultés venues de l'extérieur par le fait qu'il est d'un signe de Feu et qu'elle est d'un signe d'Eau. Mais le signe du Cancer donne tant de qualités spécifiquement féminines que madame Cancer fera très facilement le bonheur de monsieur Sagittaire.

Il aime le monde des idées, les voyages, l'extérieur. Elle apprécie avant tout le foyer, la maison, la tranquillité, les traditions familiales. Mais elle aura un grand sens pratique et elle aidera beaucoup monsieur Sagittaire à équilibrer son budget, aussi bien qu'elle lui réservera un accueil reposant après ses expéditions un peu folles.

Le Cancer est sous l'influence de la Lune. Cela lui donne un caractère instable et variable, avec une certaine dose de mystère. Monsieur Sagittaire trouvera dans son désir de déchiffrer sa femme mille raisons de l'aimer davantage chaque jour. Comme il a le don d'attirer les sympathies et comme elle est douée pour les affaires, ils pourraient être associés sur le plan professionnel et tirer beaucoup de bénéfices de leur activité commune.

C'est le meilleur conseil qu'on puisse leur donner.

Monsieur Sagittaire devant madame Lion

Le Lion habite dans la maison du ciel de monsieur Sagittaire qui régit les voyages, même s'il s'agit de ceux de l'esprit ; elle va donc l'attirer et le stimuler.

La planète du Lion est le Soleil ; celle du Sagittaire est Jupiter. On devine que leur association est très favorable. Unis, ils auront la possibilité de franchir bien des obstacles ; ils sont nettement favorisés par la chance. Ils sont l'un et l'autre signes de Feu, ils ont donc tout pour s'entendre. Ils se complètent très bien.

La force du Lion soutiendra l'idéalisme du Sagittaire.

Monsieur Sagittaire est un grand idéaliste ; il fera des projets et madame Lion lui apportera sa force et son bon sens pour l'aider à en dessiner les plans et ensuite à les réaliser « sur le terrain ».

Jupiter uni au Soleil représente très bien l'inspiration soutenue et aidée par la réalisation pratique.

L'argent ne saurait manquer à ce couple dynamique et de bon sens. D'ailleurs, là où se trouve un natif du Lion, il est exceptionnel que l'argent manque.

Seule leur commune impatience pourra de temps à autre provoquer quelques étincelles, mais il est facile de se remettre d'accord ensuite. Et leur amour fera le reste.

Monsieur Sagittaire devant madame Vierge

Le signe de la Vierge habite la maison du Sagittaire correspondant à la carrière, aux ambitions, au prestige. La planète Mercure gouverne les natifs de la Vierge ; c'est Jupiter qui domine dans le Sagittaire.

Mercure, uni à Jupiter, est en mesure d'inspirer à monsieur Sagittaire et à madame Vierge des idées monnayables : voilà qui est un peu indifférent à un Sagittaire, mais madame Vierge sera satisfaite.

La présence de madame Vierge dans la vie de monsieur Sagittaire va lui rendre des services considérables dans sa carrière. Cela parce qu'elle a beaucoup de sens pratique, tandis que monsieur Sagittaire s'illusionne beaucoup.

Ce côté pratique de la Vierge pourrait heurter monsieur Sagittaire qui, habituellement, vise beaucoup plus haut ; mais c'est justement ce qui l'a attiré ; il sent qu'il a besoin de ce réalisme pour donner du corps et de la présence à ses rêves (qu'il appelle des projets).

Madame Vierge sera peut-être un peu agaçante quand elle fera pleuvoir des conseils sur la santé, le bien-être, le secret du succès et de la réussite. Mais que monsieur Sagittaire s'y fasse avec bonne humeur.

Monsieur Sagittaire devant madame Balance

Le signe de la Balance est en bon aspect avec le signe du Sagittaire ; sa planète, Vénus, en s'associant avec Jupiter, planète de la Balance, apporte au couple une chance universelle. La Balance influe sur les amitiés, les espérances, les désirs. Il y a entre monsieur Sagittaire et madame Balance une attirance certaine.

Au sein de ce couple, la beauté est toujours exaltée. Beauté, grandeur, générosité. C'est parfait. Cependant, désireux de plaire à madame Balance, il peut arriver que monsieur Sagittaire aille jusqu'à l'extravagance. Il va prendre des décisions excessives et se mettre sur la paille simplement pour aider des gens qui se débrouilleraient très bien tout seuls, mais dont madame Balance a remarqué combien leur sort était peu agréable.

Madame Balance est très sensible, elle apporte beaucoup de plaisir à monsieur Sagittaire. Il se sentira comblé, mais il perdra le peu d'esprit pratique dont il pouvait disposer. Il aura beaucoup d'amis et elle aura de nombreux admirateurs, mais il faut que monsieur Sagittaire pense aux choses sérieuses, même si elles ne sont ni belles, ni agréables, par exemple du genre impôts à payer.

L'insouciance, c'est très élégant, mais ça coûte cher, monsieur Sagittaire !

Monsieur Sagittaire devant madame Scorpion

Le Scorpion, dans l'horoscope du Sagittaire, occupe le secteur relatif aux secrets, aux craintes, à la réclusion. La planète du Scorpion est Mars ; celle du Sagittaire est Jupiter. Mais le Mars du Scorpion est soutenu par Pluton, ce qui le différencie du Mars léger et clair du Bélier ; c'est ici un Mars rouge sombre.

Il est très possible que monsieur Sagittaire rencontre madame Scorpion au cours d'une réunion secrète ou clandestine. Ou tout au moins dans un club extrêmement fermé.

Leur accord sera difficile à établir parce que le Scorpion est un signe d'Eau et le Sagittaire est un signe de Feu.

La présence de madame Scorpion dans la vie de monsieur Sagittaire ne sera généralement pas bénéfique. On constate le plus souvent qu'elle provoque des complications de tous ordres.

Un seul point favorable : madame Scorpion apportera à monsieur Sagittaire des chances professionnelles dans le domaine du spectacle, surtout la radio et la télévision.

L'union de monsieur Sagittaire avec madame Scorpion est étrange ; sa durée et ses résultats dépendent en grande partie de la personnalité propre des deux partenaires.

Monsieur Sagittaire devant madame Capricorne

Le Capricorne influe sur la partie de l'horoscope de monsieur Sagittaire relative à l'argent et aux possessions matérielles.

La planète dominante du Capricorne est Saturne. Conjugué avec Jupiter, planète du Sagittaire, cela apporte une grande intuition au sujet des questions financières.

L'union entre monsieur Sagittaire et madame Capricorne peut conduire ce couple à un sommet, ou très bas. Il n'y a pas de milieu.

Saturne et Jupiter représentent des pôles opposés, des extrêmes. La présence de madame Capricorne aidera monsieur Sagittaire à s'appliquer à des affaires pratiques, éventuellement commerciales.

Aux yeux de monsieur Sagittaire, pour qui la franchise totale est une attitude toute naturelle, madame Capricorne semble un peu étrange et inquiétante ; c'est que, pour un Capricorne, le problème de la franchise est considéré sous un angle d'une grande complexité. Un Capricorne ne dit pas exactement quels sentiments il éprouve parce qu'il a trop de pudeur, et ce sentiment, par ailleurs louable, le conduit à des propos obscurs, susceptibles éventuellement de jeter un doute dans l'esprit de son partenaire. Que monsieur Sagittaire le sache, et il ne s'en inquiétera pas.

Monsieur Sagittaire devant madame Verseau

Le Verseau agit dans l'horoscope du Sagittaire sur le secteur relatif aux voyages de courte distance, aux décisions rapides, à la curiosité intellectuelle. Sa planète dominante est Uranus. Celle de monsieur Sagittaire est Jupiter. Ces deux astres se conjuguent favorablement pour créer l'enthousiasme, le goût des aventures, des changements subits, des voyages. Les deux signes s'attirent nettement.

Si monsieur Sagittaire aime les voyages, et son signe nous le dit, il sera comblé avec madame Verseau qui les aime aussi et qui l'y entraînera.

Une seule objection : monsieur Sagittaire sera tenté d'être partout à la fois et il risque d'abuser de ses forces. Il voudra faire sa carrière et suivre son épouse dans ses diverses fantaisies ; il faudra qu'il se dresse un emploi du temps très strict s'il ne veut pas finir avec un infarctus.

Madame Verseau est prête à aider et à soutenir monsieur Sagittaire dans toutes ses tentatives, et elle va l'encourager à écrire. Elle fera jaillir de lui des dons dont il ne se doutait même pas.

Des problèmes peuvent venir de la famille de monsieur Sagittaire qui ne verra pas d'un bon œil la présence de madame Verseau. Il est probable que tous deux vont passer outre et qu'ils seront heureux ensemble.

Monsieur Sagittaire devant madame Poissons

Une union avec une dame Poissons peut modifier du tout au tout la manière de voir de monsieur Sagittaire. Le signe des Poissons habite la maison du Sagittaire relative au foyer, aux projets à long terme, à la sécurité. La planète de ce signe est Neptune. Celle du Sagittaire est Jupiter. Leur réunion ouvre au Sagittaire de nouveaux horizons.

En épousant madame Poissons, monsieur Sagittaire renoncera à son passé et commencera une vie nouvelle. Les deux signes ne sont pas en parfaite harmonie, mais il y a quelque chose en faveur du foyer.

La présence de Neptune dans les Poissons crée un climat de rêve, d'illusion, d'erreur parfois.

Madame Poissons, elle, voit dans son union avec monsieur Sagittaire un élément rassurant car elle constate qu'il a bien des possibilités réalisatrices. Il semble que l'un et l'autre ne poursuivent pas les mêmes buts. Ils doivent être assez mûrs pour se modifier ou s'adapter l'un à l'autre, cela ne se fera pas tout seul ni spontanément.

Il se peut que quelques conflits troublent leur existence quotidienne, mais si monsieur Sagittaire renonce à son indépendance excessive, il sera en mesure de mieux comprendre son Poissons.

LE CAPRICORNE

CHAPITRE PREMIER

Portrait des natifs du Capricorne

Les natifs du signe du Capricorne sont des gens assez étonnants. Tout, dans leur signe, indique un caractère froid, conventionnel, calme et sobre de mouvements et de paroles, et la réalité paraît toute différente.

Y aurait-il un problème du Capricorne ? Ce n'est pas impossible. Avec Saturne pour planète dominante, on peut s'attendre à bien des surprises.

Un être naturel

Ce qui caractérise, dès le premier abord, le natif du Capricorne, c'est son naturel. Il ne feint pas. Et comme on n'a pas l'habitude de rencontrer des gens purement et simplement naturels, on est décontenancé. Alors, et parce que les clichés, les poncifs, les phrases toutes faites n'ont plus cours, on hésite et on ne déchiffre plus rien de la personnalité de cet interlocuteur.

Au premier chef, le Capricorne est né dans une période de froid maximal, ou peu s'en faut, en tout cas une période où la nature s'est tue, s'est immobilisée, pour laisser passer le gel. Il semble que, psychologiquement, il subisse l'influence de la saison de sa naissance. C'est un être qui ne fait ni remous ni éclats, dans les conditions normales d'une rencontre qui est la première ou peu s'en faut. On vous le présente, ou il se présente lui-même, et tout est dit en ce qui le concerne.

Si vous êtes de ceux qui insistent pour mieux connaître un éventuel ami, si vous êtes un natif de la Balance ou du Lion, de ces gens qui sont avant tout sociables et liants, vous serez tenté de poser des questions au Capricorne. Alors, il sourira aimablement, vous regardera avec une grande amitié, et dira simplement : vous voulez tout savoir sur moi, alors je vais tout vous dire.

C'est ainsi qu'un Capricorne est naturel. Il n'a pas de détours, il n'a aucune ruse, pas de malice et pourquoi ? Parce que les ruses, les détours, ça ne l'intéresse pas.

On se plaît à dire que le Capricorne est l'homme simple, dépouillé, comme l'enfant dans la crèche de Bethléem. Si des Capricornes me lisent, je les prie de ne pas sourire. Évidemment, la comparaison est curieuse, mais dans la plupart des cas elle est justifiée.

Le Capricorne est dépouillé parce qu'il refuse la ruse, la malice et les méandres des hypocrisies de salon. Il semble toujours avoir omis de se parer. Pourtant, il porte cravate si l'usage le veut, et chevalière au doigt, s'il en a une. Mais socialement et psychologiquement, la simplicité de son langage et de ses manières est évidente.

En fait, il n'occupe strictement que l'espace qui lui est nécessaire, il fait peu de gestes, et n'élève jamais la voix. Ne désirant pas échanger des propos futiles et inutiles, il parle peu et seulement si on l'interroge. Mais aucune sévérité n'apparaît en lui, et son sourire est net autant qu'il est sincère.

On a l'impression que le froid caractéristique de la saison dans laquelle il est né l'habite définitivement et provoque en lui une rétractation, une sorte de gel. Il semble qu'il refuse de s'extérioriser comme, au cours des jours les plus froids, on refuse de sortir de sa maison.

Comment, Capricorne, arrivez-vous à un silence d'une telle densité ? Ce qu'il faut d'amour et d'affection pour vous faire parler !

Une étrange solitude

Le chemin du Capricorne semble tout tracé ; il apparaît avec évidence qu'il n'espère ni ne désire aucunement tenir une grande place dans la vie publique, ni qu'il veuille se faire connaître par des discours, des actions ou des écrits. Il entend préserver sa vie privée.

Comme il ne désire pas accumuler plus de biens qu'il n'en a besoin pour vivre, et faire vivre sa famille, il peut limiter son action et surtout ne pas s'éparpiller. Il choisit donc généralement une voie unique, dans une spécialité, où il utilisera ses dons et son savoir.

Pour un Capricorne fatigué, le seul moyen de récupérer des forces est de rester immobile et muet.

A force de considérer comme inutiles les questions qu'on lui pose sur lui-même, parce que sincèrement il ne pense pas être un sujet de haut intérêt, le Capricorne construit inconsciemment autour de sa personne des défenses, des barrières, des remparts, pour qu'on ne lui adresse pas la parole sur des sujets superficiels et futiles.

Pourtant, le Capricorne n'est pas un être indifférent. Le plus souvent, son absence d'émotivité cache sa crainte des émotions. Il a pu, au cours de son enfance, être aussi émotif que les autres, mais il s'est aperçu que les élans passionnels conduisaient souvent à une duperie. Alors, portant avec logique le remède au cœur du mal, il a décidé de tempérer ses passions.

Il perd en sympathie, en élan, en chaleur, en spontanéité ce qu'il gagne en calme et maîtrise de soi. Il se revêt d'une sérénité qui ne s'étonne ni des événements extérieurs, ni des activités d'autrui ; une sérénité qui lui permet de surmonter bien des crises et éventuellement d'étonner ses ennemis.

Cette disposition qui lui évite de se laisser intimider, impressionner, terroriser, lui donne une grande supériorité sur les gens émotifs qui crient, tremblent et pleurent devant l'imminence d'un danger. Le Capricorne reste maître de lui.

Il arrive que le Capricorne atteigne très tôt cette maîtrise de soi et que, devant son jeune âge, cette froideur étonne les autres ; alors, et pour éviter ces remarques qui le contrarient, il juxtapose à son masque froid une apparence de sourire, un air de chaleur, une expression sympathique qui, bien souvent, leurrent les autres. Voilà notre Capricorne redevenu gai, sympathique, souriant ; mais ces apparences d'émotion n'ont aucun lien avec ce qu'il éprouve réellement.

Si, dans son thème, Saturne est mal placé, cette attitude peut conduire à une réelle solitude morale, un pessimisme certain et une grande mélancolie.

Ferme comme un roc

Le Capricorne est volontairement un être froid. On convient qu'il soit froid, puisqu'il est le troisième des signes de Terre.

Le Capricorne est nerveux, ferme et dominé par sa propre volonté ; il est donc dur. Il a une puissante capacité de résister à des conditions de vie extrêmement difficiles. Nous avons connu, pendant les terribles années quarante, des Capricorne déportés à cause de leur activité dans la Résistance, qui ont subi leur captivité et toutes ses humiliations, ses brimades, ses impératifs cruels et sa longueur désespérante, avec une impassibilité qui a frappé leurs codétenus.

Un Capricorne n'entreprendra pas une action dangereuse sans y avoir longuement réfléchi. Là où un Bélier se jettera avec fougue et passion dans le danger, et prendra avec un magnifique courage les plus grands risques, un Capricorne ira lentement, calmement, presque avec indifférence. Un Capricorne pilote d'essai m'a dit un jour : « Naturellement, un pilote d'essai connaît bien les risques qu'il prend ; mais il fait tout ce qu'il faut pour les supprimer. Les vérifications, les précautions, l'allure d'abord expectative, puis plus audacieuse, parce qu'il faut aller au terme de l'essai et faire donner à la machine tout ce qu'elle peut, sont toujours inspirées par le désir de " ramener " l'appareil. On ne va pas délibérément se " casser la figure " pour faire croire qu'on est un être exceptionnel ! Cela, ce serait le geste d'un fou. Un pilote d'essai est un type raisonnable, qui sait ce qu'il fait. »

Un être actif

Le Capricorne montre, on vient de le voir, un caractère exceptionnel, ses actes exigeant du courage, de la ténacité, de la patience, une vue froide des choses, du sang-froid, des capacités professionnelles lui permettant de mettre en mouvement les plus grandes de ses qualités et de montrer, qu'il le veuille ou non, sa supériorité sur les autres types psychologiques.

Sans qu'il ait à se manifester dans des périodes où les événements mettent tout le monde à l'épreuve et presque toutes les âmes à nu, il peut aussi faire preuve de grandes capacités dans la vie courante, par exemple, dans sa profession.

Mais il est des cas où ce type de caractère n'a pas lieu de se manifester, dans l'inaction, dans une situation où rien ne dépend plus de lui et où personne ne lui demande rien. C'est ainsi, par exemple, qu'un Capricorne réduit, malgré tous ses efforts, à un chômage total, perd la plupart de ses qualités. L'effort qu'il doit faire pour trouver quelque ruse lui permettant de récolter un peu d'argent pour survivre lui est très pénible.

Il en est de même dans le cas d'un Capricorne qui reste inactif pour des motifs de santé.

Portrait physique du Capricorne

Logiquement, le Capricorne devrait avoir une certaine ressemblance avec la chèvre. Ce type existe ; on cite volontiers le roi de France, Henri IV, qui était un pur Capricorne. Mais nous verrons plus loin qu'il n'y a pas que de purs Capricorne. Il y a beaucoup plus de types mixtes. Or, entre ces types mixtes, il y a des traits qui les rendent solidaires.

Tous ont le physique des « saturniens ». C'est-à-dire que, dans le cas du Capricorne, l'influence du symbole du signe n'est pas aussi nette que celle de la planète dominante du signe. Cette planète, nous l'avons vu, c'est Saturne.

On se trouve généralement devant un tempérament nerveux, froid et sec. Le Capricorne est généralement long, mince et même maigre. Le visage a les traits particulièrement accentués, burinés, avec des lèvres minces, serrées, sur une bouche volontaire et close.

La démarche est régulière, lente, ferme et constante, comparable à celle du montagnard. Pas de précipitation mais, en définitive, une certaine rapidité.

L'abord est simple, mais le Capricorne oublie parfois de sourire et il peut apparaître bourru et parfois hostile. En tous cas, c'est un visage froid, indifférent et fermé qu'il oppose aux interlocuteurs.

La voix est bien posée, plutôt grave, et l'élocution est régulière et lente.

CHAPITRE II

Le destin des natifs du Capricorne

Un important élément à considérer, avec les capacités intellectuelles et morales, c'est la santé. Commençons donc par elle.

La santé du Capricorne

Nous avons tenté de faire un portrait psychologique et, en partie, physique du Capricorne. En considérant le destin qui est le sien, plusieurs éléments doivent retenir notre attention, parmi lesquels, au premier rang : la santé.

Si, dans une certaine mesure, on peut veiller à se maintenir en bonne santé, il n'en demeure pas moins que, dès la naissance, chaque être est doué d'une constitution avec laquelle il doit faire bon ménage. Cette constitution se trouve en rapport direct avec la planète domiciliée dans le signe, c'est-à-dire la planète qui a la plus forte influence sur les natifs du signe, avec l'élément auquel appartient ce dernier, et parfois avec la disposition des Maisons. Pour le Capricorne, c'est la planète Saturne qui domine.

Le retentissement sur la santé du sujet n'est pas évident, mais il est pourtant bien réel. Le natif du Capricorne ne sera généralement pas un sujet pléthorique ; il sera plutôt d'une constitution restrictive : teint pâle, traits accentués, lèvres minces, peu de mouvements, peu de bruit. Mais Saturne, ne l'oublions pas, ce fut autrefois Chronos et Janus ; ce fut celui qui créa l'âge d'or, que les Romains célébraient dans les Saturnales. Cela peut apporter au natif de ce signe la tentation des excès sporadiques, tel jour, à telle occasion, on « fera la fête ». Il y a là un risque de maladie.

La poignée de main est nette, mais brève.

C'est en toutes choses un individu désireux de marquer qu'il ne souhaite pas perdre de temps en futilités.

Bien entendu, ce portrait est théorique et chaque Capricorne ne présente généralement que certains des traits indiqués. Toutefois, un œil exercé peut reconnaître extérieurement une personne née sous ce signe.

Un signe de Terre apporte à ses natifs un tempérament nerveux. Toutes les fonctions de son organisme sont sous l'influence des nerfs, donc, dans une certaine mesure, du psychisme. La vie cérébrale a, chez lui, une grande importance.

Néanmoins, sa santé n'est pas fragile. Le Capricorne est un nerveux solide et ferme. Son physique, d'ailleurs, n'est pas frêle, comme on le voit parfois chez un Gémeaux, ou une Vierge. Il n'est pas gros, mais il est solide. Sa particularité est une certaine immobilité. Il paraît doué de toute la patience possible, ainsi économise-t-il ses forces.

Cela jusqu'à la « Saturnale ». Car un Capricorne peut éprouver le besoin de se détendre follement, joyeusement ; puis, il reprend sa nature patiente.

Lorsque l'équilibre de sa santé se rompt, le natif du Capricorne n'en fait pas état. Il n'attire pas l'attention sur ce fait. Il déclare « avoir besoin de repos » et se repose, en effet, pour observer, s'étudier et mesurer la gravité du mal.

Les menus « stress » de la vie quotidienne, les chocs, les tensions, les incidents sont perçus par le Capricorne avec une certaine indifférence ; à cause de cela, il fait partie des gens qui doivent, à intervalles réguliers, faire dresser leur bilan de santé, le « check-up » médical. Faute de cette précaution, ils risquent de se retrouver, un jour, gravement atteints.

Ce jour-là, le psychisme prend la relève de la maladie et, dès que le mal fait mine de régresser, le pessimisme, le sentiment de fatalité du sujet, aggravent la maladie et semblent attirer l'issue fatale comme si le sujet souhaitait ardemment cette aggravation. Une dépression nerveuse peut alors s'installer et étouffer les dernières chances de guérison.

Sachant cela, un natif de ce signe doit se tenir sur ses gardes ; il ne faut jamais sous-estimer le mal. Faire attention à sa santé n'est jamais ni ridicule, ni enfantin, ni inutile. Et si le Capricorne ne veut pas se plier au check-up périodique, il faut que sa famille l'y pousse.

Le système endocrinien semble mal équilibré chez la plupart des saturniens. Cela provoque une croissance un peu déréglée, ils sont souvent longilignes, un peu plus que ne l'exige la grâce parfaite.

Le choix d'une carrière

Rappelons d'abord que le natif du Capricorne ne s'extériorise pas facilement. Il est affable, aimable, mais sans plus. Les caractéristiques du personnage sont surtout le calme, la présence d'esprit, la méthode, la mémoire, l'emprise sur soi. De là découlent, sur le plan intellectuel, certaines dispositions intéressantes sur le plan professionnel, à commencer par une vision objective des choses. Il faut y ajouter la sûreté de jugement, la clarté intellectuelle, l'esprit d'analyse.

En résumé, une forte concentration d'esprit, une grande capacité de réflexion, un esprit d'analyse, avec le goût de la méthode, de la systématisation et, pour se bien porter, le désir de travailler dans un lieu clos.

Sur le plan des métiers manuels, le sujet étant robuste, on peut suggérer les métiers de la mine ; mais l'agriculture peut convenir aussi — cela à cause de l'élément Terre.

Parmi les professions non manuelles, le métier d'ingénieur est parfait pour un Capricorne, surtout dans les Mines ou les Travaux publics.

Enfin, utilisant sa nature objective et sa capacité intellectuelle, le Capricorne peut adopter une profession intellectuelle, comme celle du chercheur en laboratoire, du mathématicien, du philosophe, soit en matière de recherche, soit dans l'enseignement.

En fait, l'éventail qui se propose à son choix est très large. Il dispose de possibilités nombreuses, parce qu'il peut presque tout faire. Il ne craint pas les risques, il est robuste, intelligent, volontaire, actif.

Il peut donc envisager les professions qui font appel aux qualités intellectuelles. Il est capable de se concentrer suffisamment pour résoudre les difficultés qui se présentent devant lui.

Il peut envisager des métiers actifs, car il a une bonne santé et pourra accomplir les efforts physiques demandés.

Il peut exercer les métiers comportant un danger, car il a du sang-froid et sait faire face aux situations les plus inattendues comme il sait supporter la souffrance accidentelle.

Au contraire, ne lui conviennent pas les métiers exigeant un contact permanent avec le public : agent de relations publiques, enquêteur, journaliste, vendeur, avocat, etc. Son comportement ne s'y prête pas et malgré tout le talent qu'il possède pour se dominer, on peut se demander si, pour satisfaire aux exigences d'une profession, il arriverait à être aimable d'une manière continue.

Son style de travail

On devine, d'après ce qui précède, comment un pur Capricorne se conduit à son travail.

La mise en train est probablement lente, mais elle est méthodique. Rien n'est laissé au hasard.

Sa grande résistance à la fatigue et à la monotonie lui permettront de travailler avec une grande régularité. Dans un poste demandant un certain automatisme, il aura les meilleurs résultats.

Il peut choisir une profession exigeant le strict respect des horaires imposés, car il est irréprochable sur le chapitre de l'exactitude.

Mais il doit éviter les postes où le travail se fait en équipe. Il est possible que la froideur de son abord nuise à ses rapports avec les autres. D'ailleurs, tout Capricorne convient qu'une ambiance bruyante le lasse, que les contacts trop répétés lui déplaisent.

D'ailleurs, il ne possède pas l'esprit d'équipe. Bien que capable de planifier très rigoureusement sa tâche, il préfère l'accomplir seul. S'il a des collaborateurs, il ne leur laisse que des tâches modestes de documentation et veut assumer seul toutes les responsabilités. En conséquence, on n'aime pas travailler avec lui. Discipliné et respectueux avec ses supérieurs, il sait aussi très bien commander et diriger son personnel.

Aucun lien de sympathie, cependant, ne peut s'installer entre ses subordonnés et lui ; il ne les retient que parce qu'il est équitable, ne leur demande que des choses dont ils peuvent s'acquitter, et les leur explique clairement. Mais aucune affectivité n'entre en jeu. Son personnel le quitte facilement.

Quelles que soient les différences existant entre deux Capricorne, les observations concernant le choix d'une carrière restent généralement valables.

Ce que le Capricorne doit corriger en lui

Lecteur, lectrice natifs du Capricorne, vous considérez-vous parfaits ? Ne pensez-vous pas que vous pourriez avoir une existence plus facile, plus pleine, plus heureuse, si vous parveniez à modifier légèrement votre comportement ?

Il semble que vous ne soyez pas assez ouvert, avenant, liant avec les autres. C'est pourquoi ceux qui ne vous connaissent pas très bien ne parviennent pas à vous comprendre et, de ce fait, commettent à votre égard des erreurs qui vous sont préjudiciables.

N'être point émotif, garder son sang-froid est admirable en certaines circonstances peu communes. Chez la plupart des gens, un excès de réserve passe pour de l'indifférence, un excès de froideur pour de l'hostilité, un excès de silence pour du mépris.

Tout en conservant cette mesure qui vous est propre et qui fait votre originalité, vous pourriez vous montrer, d'une manière générale, plus ouvert, plus abordable, plus loquace. Parler pour ne rien dire vous arrive rarement.

Que vous soyez sérieux, nul n'en doute. Mais être sérieux n'est pas être triste. Et même si vous vous sentez triste, il n'est pas nécessaire de le montrer. Un air affable, un sourire sincère et simple vous gagneront bien des cœurs qui, actuellement, vous craignent et vous évitent. Je sais que vous êtes tenté(e) de répondre qu'il n'est pas nécessaire de sourire. Eh bien si ! Justement. Pour un Lion, pour un Balance, pour un Sagittaire, l'abord et le contact sont simples. Pour un Capricorne, on ne sait pas trop à quoi s'en tenir. Souriez et on vous sourira. On cessera de se demander ce que vous pensez réellement.

L'enfant Capricorne

Si votre enfant est né sous le signe du Capricorne, vous devez tenir compte de tout ce qui a été dit dans ce volume et qui vous aidera à le comprendre et à supputer ce que sera sa vie d'adulte. Mais tant qu'il est un petit enfant entre vos bras, il n'a peut-être pas encore pris possession de sa personnalité, et, pourtant, il a déjà son caractère, sa psychologie, ses réactions tels qu'ils se manifesteront chez l'adulte qu'il va devenir, mais fondés sur d'autres idées, sur d'autres faits.

L'enfant Capricorne ne rêve pas et ce n'est pas avec des contes de fées que vous le ferez se tenir tranquille. Ce qui lui fait plaisir, c'est une histoire naturelle, une histoire qui se déroule au fond de l'eau, ou dans une grotte ! Et aussi un jouet bien fait, qui puisse se démonter et se remonter !

Cet enfant ne sera pas aussi démonstratif que vous le souhaitez : ce n'est pas dans sa nature. En revanche, il ne montrera aucune impatience : il semble qu'il croie fermement avoir l'éternité devant lui.

Sa planète, Saturne, incline à la philosophie et lui inspire l'horreur de la précipitation.

La tonalité martienne du Capricorne fait de lui un être inquiet. Tant que votre enfant ne sera qu'un bébé, cela ne se remarquera pas, mais au fur et à mesure qu'il grandira, il regrettera inconsciemment cette magnifique époque de sa vie. Consciencieux, exigeant envers lui comme envers les autres, il attendra d'être payé en retour par tous ceux qui l'entourent. Dès sa dixième année, vous serez surpris par son sérieux. Ce n'est pas à lui qu'il faudra sans cesse demander d'être sage, bien au contraire. Ingéniez-vous alors à lui trouver des distractions et incitez-le à se faire des amis.

A l'entrée dans l'âge adulte, l'élément terrien du thème lui donnera un sens pratique qui s'ajoutera à l'intuition et au sens des initiatives dus à Saturne, ce qui, somme toute, constituera un capital de réussite appréciable.

Son jour favorable est le samedi, jour de Saturne par excellence, et aussi celui du sabbat de la tradition hébraïque, commémorant le repos de Dieu après la création du monde. Les premiers chrétiens le respectaient aussi, mais en souvenir de la résurrection qui avait eu lieu un dimanche, les apôtres consacrèrent ce jour au Seigneur. Le samedi est extrêmement bénéfique pour les Capricornes, spécialement pour tout ce qui a trait à leur santé. Faites ce jour-là les visites au pédiatre ou à votre centre médico-social, vous vous en trouverez bien.

CHAPITRE III

Le natif du Capricorne et l'amour

Évitez les idées préconçues

La popularité de l'Astrologie est telle, à notre époque, qu'elle crée des idées toutes faites, qui risquent de leurrer le public.

Quand deux personnes font connaissance et entament une longue conversation, il est devenu assez courant que l'une demande à l'autre :

– De quel signes êtes-vous ?

La réponse de l'interlocuteur fait surgir aussitôt dans l'esprit de l'auteur de la question une image stéréotypée assez précise pour être inexacte. En effet, on s'entend souvent rétorquer : « Vous êtes Bélier ? Tiens ! Je vous croyais moins entreprenant ! Et vous n'êtes, au fond, pas fait pour les Beaux-Arts, n'est-ce pas ? Je suppose que vous avez l'esprit plus réaliste, plus concret... »

Il est toujours nécessaire d'adopter une attitude expectative dans cette sorte de conversation, car le signe zodiacal de naissance est une donnée entre autres dans la définition des possibilités et des préférences du sujet.

Quand il est question de constituer une équipe qui doit durer assez longtemps, un groupe que l'on veut attacher à un travail de longue haleine, il s'avère nécessaire de définir à l'avance quel sera le comportement réciproque des personnes constituant cette équipe, ce groupe ; vont-elles s'entendre, ou se trouver constamment en désaccord ? Si elles s'entendent, ne vont-elles pas perdre leur temps en conversations et créer entre elles une complicité ? Si elles sont en désaccord, ne vont-elles pas contrarier le déroulement du programme prévu ?

De plus, si l'on pouvait deviner, dans la tâche dont on va les charger, dans quelle mesure ces gens se compléteront, on atteindrait une efficacité infiniment plus grande. Si tous sont autoritaires, qui commandera ? Si tous sont indolents, qui les poussera à l'action ? Si tous sont violents, qui établira un climat de paix entre eux ? Toutes ces questions se posent chaque jour et à propos de situations très diverses. Actuellement la composition des groupes et des équipes est déterminée au hasard.

La psychologie pratique, l'usage des tests psychotechniques tentent cependant de résoudre ces problèmes ; mais le sujet peut se trouver dans des dispositions particulières au moment du test et se modifier par la suite. En revanche, l'Astrologie, dans la branche qu'on pourrait appeler caractérologie, est susceptible de dire non seulement quelles sont les caractéristiques générales d'un sujet, mais comment il pourra réagir, et dans quel délai il pourra se modifier, si nécessaire.

Ce qu'indique surtout l'Astrologie, c'est la plus ou moins grande affinité entre les natifs des différents signes, donc finalement entre les membres possibles d'une équipe, d'un groupe de travail.

Toutefois, si l'on peut facilement et sans bouleversement psychique changer de situation, il est toujours dramatique de se séparer d'un être avec qui l'on pensait bâtir un foyer, fonder une famille, se fixer ; et la situation est encore plus déroutante s'il y a des enfants ; avoir des enfants issus d'un être qu'on ne peut plus supporter, c'est une tragédie à laquelle on fait semblant de s'habituer facilement, mais qui laisse toujours dans l'âme et dans le cœur de tous les intéressés des plaies inguérissables.

Le moment est donc venu d'étudier le comportement des natifs, hommes et femmes, du Capricorne, envers les natifs, hommes et femmes, de chacun des autres signes, sur le plan des rapports sociaux et du travail. Et ensuite sur le plan de l'amour et du mariage.

Lorsque deux « Capricorne » sont en présence, ces deux taciturnes ne créeront pas un très fort courant verbal. Chacun étudie l'autre sans se livrer ; dès que l'un d'eux commence à se confier, l'autre ouvre aussi son cœur et ses pensées. Tous deux, très maîtres de leurs impulsions, savent donner au dialogue un tour serein et sérieux. Le natif du Capricorne suivra mal le Bélier dans ses gambades affectives et intellectuelles. Et le Bélier risque de se lasser de devoir mobiliser une monolithe simple, naturel, mais un peu trop compassé à son gré. Face au Taureau, réfléchi, aimable, gai, délicat et gourmand, le Capricorne est calme, froid, courtois, émotif intérieurement et gourmand à ses heures. Ils peuvent travailler au même rythme et, étant deux signes de Terre, fort bien s'accorder.

Le Gémeaux est un signe d'Air. Air et Terre peuvent s'entendre. Cependant, par rapport au Capricorne, froid, lent, secret, énergique, le Gémeaux vif, insouciant, changeant, brillant, peut sembler manquer de poids.

Capricorne et Cancer sont deux signes féminins. C'est un cas de rivalité possible ! Le Cancer est un signe d'Eau, le Capricorne, signe de Terre, le craindra, mais la Terre sans eau ne produit pas : sans doute auront-ils de bons résultats en équipe de travail ; mais ils seront moins confiants sur le plan amical.

Le Capricorne et le Lion sont deux natures opposées qui peuvent s'équilibrer : le Lion, signe de Feu, masculin, face à un signe de Terre, féminin, pourra apporter chaleur, souplesse, ardeur, tandis que le Capricorne apporte la bonne volonté, le raisonnement ferme et juste, le zèle.

Le Capricorne et la Vierge sont deux signes féminins, deux signes de Terre, deux signes tranquilles qui paraissent destinés à bien s'accorder sur tous les plans de l'amitié, comme du travail.

Avec le natif de la Balance, le Capricorne sérieux, contracté, droit, d'esprit analytique s'étonnera et réagira mal devant un signe féminin, primesautier, extraverti, fantaisiste, et doué de l'esprit de synthèse.

Face au Scorpion, le Capricorne apprendra qu'il est toujours dangereux de heurter deux carapaces. Le dialogue risque d'être limité par le fait que l'un et l'autre sont prudents et réservés. L'amitié entre eux sera difficile et risquée.

Avec le Sagittaire, un Capricorne a peu de points communs. Le dialogue risque d'être un dialogue de sourds. Le Jupitérien peut ne pas estimer à sa valeur le Saturnien qui, de son côté, peut ne pas apprécier le style du premier.

Lorsqu'il rencontre le Capricorne, le Verseau apprécie son style. De son côté, le Capricorne peut rester indifférent au Verseau, ou lui accorder son estime.

Enfin entre un Capricorne et un Poissons il y a une bonne entente, un dialogue intéressant. Le Capricorne contemple cet être proche de lui et pourtant insaisissable, et sourit.

Il faut noter cependant que ces croquis ne peuvent donner qu'une idée approximative des rapports entre les natifs des signes. On peut les rendre pratiquement utiles en les appliquant aux cas particuliers : quelle hiérarchie existe entre eux ? Quel rapport professionnel ? La caractérologie astrologique est un point de départ très sûr ; toutes les fois que nous l'avons expérimentée elle a satisfait.

Le Capricorne et l'amour

Astrologiquement parlant, le natif du Capricorne n'a aucune tendance à être amoureux.

Saturne a son domicile dans la signe du Capricorne, et Saturne est une planète restrictive qui ne favorise certainement pas les épanchements tendres ; par ailleurs, les planètes les plus favorables à l'amour, à la tendresse, Vénus et la Lune, sont en position défavorisée ; la Lune, notamment, y est « en exil », c'est-à-dire qu'elle y a peu ou pas d'influence.

Le Capricorne est donc un être de patience, estimant que « le temps ne respecte pas ce qui est fait sans lui », mais qui ne peut pas appliquer à la vie amoureuse les qualités qui sont les siennes ; il peut souhaiter se faire aimer, mais c'est en lui une pensée intellectuelle et parce que l'exemple des autres l'entraîne à fonder un foyer ; ou encore, il peut se marier pour réparer une erreur et parce que d'amours physiques et passagères un enfant est né que sa conscience refuse de laisser seul aux bras d'une mère peut-être désemparée.

Il n'est donc pas instinctivement incliné à l'amour. Seule, l'influence d'un signe ascendant modifiera cet état de base.

La coquille dans laquelle le Capricorne symbolique cache la moitié inférieure de son corps est significative. Sur le plan physiologique, il refuse les mouvements instinctifs ; il n'accepte que les mouvements de l'esprit et ceux du cœur ; s'il aime, ce sera intellectuellement, peut-être moralement, mais sans émotion et surtout sans attirance physique. Les natifs du Capricorne s'accommodent très bien de vivre seuls.

Le Capricorne et la sexualité

A côté de cette aspiration au bonheur qui mêle à un commencement de désir physique une grande masse d'affectivité et d'émotivité, il reste au Capricorne un terrain où il pourrait s'engager, et c'est la sexualité.

Physiquement, il n'y a aucun motif qui puisse empêcher le natif du Capricorne d'éprouver le désir physique de l'être du sexe opposé. Comme chez tout être appelé à se reproduire, la sexualité parle en lui. Mais il préférerait refouler ses instincts. Il le fera certainement sous un ascendant Vierge, par exemple, un refoulement s'additionnant avec un autre. Mais sous les autres influences, il vivra comme tout le monde ses expériences.

Selon les partenaires qu'il rencontrera, le Capricorne modifiera son point de vue ou le gardera ; il est possible qu'il rencontre justement l'être qui déclenchera chez lui un renversement des tendances ; alors, tout ce qu'il retenait de sensualité, de puissance sexuelle, d'affectivité, d'amour, se libérera d'un coup. On se trouve, dans un tel cas, devant un être simple, droit et pur, qui aime d'une manière absolue, et qui est prêt à se laisser berner uniquement parce qu'il a perdu ses défenses. Sans cet élan qui le transforme, il ne va plus se contrôler. Les pires erreurs le guettent, et des engagements qui vont gâcher le reste de sa vie.

Conseils aux hommes concernant les femmes natives du Capricorne

Comme vous venez de le voir, ce n'est pas une amoureuse passionnée que vous devez compter en vous unissant à madame Capricorne.

C'est à vous, Monsieur, de savoir ce qui contrarie madame Capricorne et freine ses élans.

D'abord, il y a une certaine crainte de la souffrance ; elle voudrait peut-être se laisser aller à vous aimer, mais elle a pu avoir des déceptions, elle peut se trouver envahie de crainte et d'appréhension à l'idée que, dès qu'elle se sera entièrement lancée dans l'aventure amoureuse, comme on se jette à l'eau, vous la quitterez ou vous la ferez souffrir ; alors, elle se refuse à devenir amoureuse.

Dès que vous devinez cette sorte de réticence, vous devez chercher dans votre cœur l'inspiration qui vous dictera les mots qu'il faut pour lui donner confiance ; tentez de démontrer irréfutablement l'absurdité et le manque de fondement de sa peur ; mais surtout ne la raillez pas, car elle ferait un pas en arrière.

Et puis, il y a le sentiment de n'avoir pas assez de valeur personnelle : « Je ne suis pas aussi bien que tu le prétends, je ne mérite pas d'être aimée. »

A cette sorte de raisonnement, vous pouvez tenter de lui démontrer qu'elle est aussi digne d'être aimée que bien d'autres ; vous pouvez surtout lui expliquer les motivations de votre propre sentiment, ce qui vous attire en elle, les satisfactions que vous trouvez dans vos relations et qui ont éveillé, puis qui entretiennent, en vous cet amour auquel elle doit croire.

Par ailleurs, une fois l'union réalisée, il reste un risque de rupture, en s'absorbant dans d'autres occupations, en ayant d'autres ambitions, elle peut découvrir que l'amour, même le vôtre, n'est pas tout et, peu à peu, s'éloigner affectivement de vous. C'est donc dès les premiers temps de votre union que vous devez faire en sorte qu'elle ait un travail hors de la maison.

Conseils aux femmes concernant les hommes nés sous le signe du Capricorne

On vous dira que monsieur Capricorne est froid, sobre, taciturne et peu enclin au flirt. N'en croyez rien.

Monsieur Capricorne n'est pas aussi simple que cela. Sa réalité est infiniment plus nuancée.

En fait, il tient peu à l'amour, mais il apprécie le mariage. Il n'aime pas se laisser aller à extérioriser ses sentiments ou ses sensations ; alors, il les dissimule sous un masque qu'il se compose. Il sera, quand il faut, gai, enjoué, sportif, rieur, dynamique, tranquille, intellectuel ou intéressé par son métier. En fait, il est possible qu'il soit tout simplement ému par vous.

Comme il veut rester très maître de soi en amour, il lui arrive parfois d'adopter une attitude quelque peu artificielle. Mais dans le tête-à-tête, il va se livrer. Il peut alors jeter le masque ; il est tellement heureux de pouvoir faire l'amour, qu'il exulte, il éclate de bonheur et, à votre grande surprise, car vous avez beau être prévenue, vous ne vous y attendiez plus, il devient extrêmement érotique. Vous aurez des heures brûlantes ensemble. Et puis, c'est l'instant de se séparer, et il s'en va après avoir revêtu sa carapace d'indifférence.

Si vous l'épousez, ne vous attendez pas à une fête quotidienne. Vous aurez surtout de longues, très longues soirées muettes, où il ne fera rien, ne parlera pas, se contentera d'être tout juste poli avec vous, plissera le front si les enfants font du bruit et ira dormir comme une souche.

— Je suis fatigué, dira-t-il.

Il est comme cela, il faudra vous y faire...

Il a de grandes qualités. D'abord, ce qui n'est pas pour déplaire à une épouse, il gagne bien sa vie. Il a du flair et besoin d'amasser, de compter ; il n'est jamais dépourvu d'argent. Faites-lui confiance. Il assurera son avenir et celui de vos enfants.

CHAPITRE IV

Le natif du Capricorne et l'élue de son cœur

Monsieur Capricorne devant madame Capricorne

Le Capricorne a le Taureau en Maison V. Pourquoi nous intéressons-nous à sa Maison V ? Parce que c'est celle qui concerne le domaine de la sexualité et de l'amour.

Monsieur Capricorne est possessif ; mais il est émotif, et par là vulnérable. Persuadé que le temps travaille pour lui, il est persévérant ; et sérieux ! Mortellement sérieux, en matière sexuelle ! Pour lui, la sexualité se place au premier rang, et il en a besoin comme d'autres de boire et de manger.

Il se sent un instinct protecteur.

Madame Capricorne a autant de dispositions que lui pour l'amour, mais elle désire se sentir protégée.

Lorsque monsieur Capricorne est uni à madame Capricorne, l'un et l'autre désirent prendre les initiatives. Elle se met à avoir de l'ambition pour son mari et souhaite lui donner des directives ; lui sait très bien ce qu'il veut et ne pense pas avoir besoin de conseils. Il faut tout de suite éviter les heurts, car des discussions entre deux Capricorne pourraient être graves, bien que peu bruyantes.

Monsieur Capricorne devant madame Bélier

Le Bélier habite, chez le Capricorne, la Maison relative aux projets d'avenir. Sa présence est rassurante.

Monsieur Capricorne sera donc bien inspiré en unissant sa vie à celle de madame Bélier. Ce qu'il doit savoir c'est que, même si madame Bélier a l'air primesautier, c'est une personne avec laquelle il ne convient pas de se contenter d'une « expérience ». Elle tient à ce qu'un engagement soit réel, loyal et pour la vie.

Les planètes du Capricorne, Saturne, et du Bélier, Mars, ne s'accordent pas très bien ; Mars précipite les choses dans une note agressive, Saturne les retarde d'un air mélancolique et froid. Mais chez les humains, les règles sont souples et les influences se tempèrent de mille circonstances.

Entre monsieur Capricorne et madame Bélier, il y aura une attirance certaine mais non sans problème.

Dans la conduite fougueuse de madame Bélier, la présence sage et tranquille d'un monsieur Capricorne protecteur et rassurant mettra de la sagesse et de la sérénité.

Leur union peut se révéler heureuse après que leurs caractères se sont adaptés l'un à l'autre.

Monsieur Capricorne devant madame Taureau

C'est une exaltation des forces créatrices qu'une union entre monsieur Capricorne et madame Taureau.

Ces deux signes sont faits pour s'entendre ; de plus, le caractère du Capricorne convient davantage à une personnalité masculine, tandis que les dames Taureau sont artistes, amoureuses du confort, traits qui ajoutent à leur féminité.

Il suffit que monsieur Capricorne soit en présence de madame Taureau pour que toutes ses réticences disparaissent et qu'il éprouve le désir de communiquer.

Finies, les heures de silence inexpliqué ; s'il a besoin de répit, il saura le dire.

Le signe du Taureau influence chez le Capricorne les questions relatives à l'amour, au romanesque, mais aussi aux enfants, à tous les efforts créateurs. Madame Taureau incitera donc monsieur Capricorne à opter pour un métier de création, et, comme elle aime les arts, ce sera peut-être un métier d'art.

Ensemble, ils auront le plaisir de suivre les progrès de leur entreprise commune, ou bien elle aidera son mari à réussir dans son métier ; toujours est-il que l'argent viendra se ranger tout seul dans leur coffre et que leur union aura tout ce qu'il faut pour être une réussite certaine sur tous les plans.

Monsieur Capricorne devant madame Gémeaux

C'est dans un climat de travail que se déroulera l'union de monsieur Capricorne avec madame Gémeaux. La planète des Gémeaux, Mercure, en s'unissant à la planète du Capricorne, Saturne, apporte de la discipline, de la détermination dans les activités professionnelles, ce qui permet de cheminer facilement vers la réussite.

Les énergies de l'un et de l'autre vont se trouver canalisées dans une même direction. En effet, si le signe le plus ferme, le plus dur est celui de l'homme, le couple trouve plus facilement sa voie que dans la situation inverse. Ici, le signe des Gémeaux apporte à ses natifs beaucoup de charme, mais peu de force réelle ; un Gémeaux ne peut pas être considéré comme un appui solide, mais un Capricorne n'a pas besoin d'appui ; il est ferme, il est sobre, il est laborieux et il sait gagner de l'argent.

Les protégés de Mercure savent aussi en gagner et ces deux capacités réunies vont conduire le couple vers le succès.

Saturne tend à dominer Mercure et c'est très bien ainsi.

Monsieur Capricorne devant madame Cancer

Lorsque monsieur Capricorne a rencontré madame Cancer, il a tout de suite compris que, pour lui qui est un homme fort, elle serait une épouse tendre, bien que n'étant pas moins compliquée que lui.

Les signes du Cancer et du Capricorne sont diamétralement opposés ; mais il existe entre eux une certaine attirance. Précisons cependant que la Lune, qui gouverne le Cancer, est en exil dans le Capricorne, donc elle n'y est pas influente ; tandis que Saturne, planète du Capricorne, est en exil dans le Cancer. Mais cette opposition est si parfaite que l'un et l'autre se complètent et comme le signe du Capricorne tend à donner un caractère plus énergique, en général, que le signe du Cancer qui donne davantage sa tendresse, il se trouve que dans le couple où l'homme est Capricorne, si la femme est Cancer, tout va parfaitement bien selon la logique de nos sociétés où c'est de préférence l'homme qui exerce l'autorité du chef au foyer conjugal.

Ces deux signes ont beaucoup en commun et beaucoup à découvrir l'un chez l'autre. Ils formeront certainement un couple intéressant, vivant, actif, et très uni, surtout dans leur amour du foyer et des enfants.

Monsieur Capricorne devant madame Lion

La planète de madame Lion est le Soleil ; celle de monsieur Capricorne est Saturne. L'union de ces deux planètes donne à tout ce qui concerne le couple une portée universelle. Ensemble, ils ne pourront que faire des projets vastes et passionnants. Monsieur Capricorne aura, avec la brillante et très admirée madame Lion une existence dont il s'étonnera parfois ; elle apportera tant de changements dans sa vie qu'il n'aura jamais le temps de s'étonner assez.

Avec madame Lion, monsieur Capricorne sera loin de son état d'esprit habituel ; il n'aura même plus le temps de s'arrêter, le soir, pour demeurer silencieux dans son fauteuil sous prétexte de se reposer. Se repose-t-on avec madame Lion ?

Prévenante, adorable, passionnée, elle sera toujours prête à redire combien elle aime son cher Capricorne et à lui faire des cadeaux qui le toucheront jusqu'au fond de l'âme. Cette présence d'une dame Lion dans la vie d'un Capricorne est tellement bouleversante qu'il en sera changé jusque dans son physique. Quel étonnement, chez les amis de madame Lion, que de lui voir ce mari sobre et secret ! Mais ils sauront l'entraîner avec eux et mettre un peu de brillant dans son existence.

Monsieur Capricorne devant madame Vierge.

La Vierge influence la partie de la vie du Capricorne concernant les voyages, les publications, les communications, la culture intellectuelle. La planète de la Vierge est Mercure et celle du Capricorne est Saturne. En s'unissant, elles favorisent un effort vers un but lointain.

Ces deux signes sont en harmonie. Le couple que formeront monsieur Capricorne avec madame Vierge sera durable.

La présence de madame Vierge facilitera les rapports de monsieur Capricorne avec les autres, avec le public. Elle est merveilleuse pour organiser des voyages ; elle est utile pour progresser. Mais elle a des habitudes de minutie qui peuvent ralentir les activités du couple.

Si monsieur Capricorne suivait une voie, comme la politique, par exemple, exigeant de la popularité, madame Vierge lui serait très utile, car elle favorise, grâce à l'intervention de Mercure qui est dans son ciel, tous les rapports avec les autres, les liens avec le public, donc les électeurs. Elle est excellente pour aider son mari à faire des projets, des plans, à s'organiser.

Monsieur Capricorne devant madame Balance

La Balance influe sur le secteur de l'horoscope du Capricorne relatif à la carrière professionnelle, aux ambitions, au prestige.

La planète de la Balance est Vénus ; elle se conjuguera avec Saturne, planète du Capricorne, pour susciter un changement, pour inspirer et soutenir l'esprit créateur du couple.

Près de monsieur Capricorne qui a son plan d'action, son programme, son avenir tout tracés, madame Balance éveille ses ambitions, son sens du pouvoir et de l'autorité ; monsieur Capricorne souhaitait impressionner madame Balance pour la conquérir, et c'est elle qui, par la suite, va faire naître en lui ces ambitions, conséquence probable de ce désir de faire forte impression.

L'appui de madame Balance aidera monsieur Capricorne à élever son standing social ; à la maison, elle est un ornement plein de grâce et de talent, car elle s'intéresse aux arts, aux livres, à la musique ; elle sait s'entourer de belles choses et elle s'habille à ravir.

Cette charmeuse aidera monsieur Capricorne à sortir de sa réserve habituelle et saura faire disparaître ses accès de mauvaise humeur.

Malgré quelques problèmes, cette union est pleine d'éléments très intéressants.

Monsieur Capricorne devant madame Scorpion

Le Scorpion affecte la partie de l'horoscope du Capricorne concernant les désirs, les amis, les distractions. Le Capricorne est en harmonie avec le Scorpion et monsieur Capricorne peut trouver en madame Scorpion un soutien fidèle pour ses diverses activités. La planète du Scorpion est Pluton, qui tend à briser les contraintes, ce qui convient très bien à monsieur Capricorne qui en est bardé.

Monsieur Capricorne et madame Scorpion sont l'un et l'autre ardents, ambitieux, énergiques. Même si des problèmes naissent des différences de caractère, ils seront habilement résolus parce que les planètes veulent que l'harmonie règne entre eux.

L'influence de madame Scorpion atténuera chez monsieur Capricorne sa morosité et cette tendance qu'il a toujours de chercher à se tenir immobile et se taire pendant de longs moments sans que le partenaire sache d'où vient cet accès de bizarrerie et quelle est la nature de son humeur.

Une grande attirance physique ajoutera un lien de plus à ceux qui unissent monsieur Capricorne et madame Scorpion. Hors des heures de pensée profonde et hors des heures consacrées à l'amour, monsieur Capricorne et madame Scorpion témoigneront inconsciemment de leur bonheur par de folles parties de rire.

Monsieur Capricorne devant madame Sagittaire

Dans l'horoscope du Capricorne, le Sagittaire habite le Maison XII ; c'est le secteur des secrets, des restrictions, des craintes, des doutes et des organisations plus ou moins clandestines et secrètes.

Par ailleurs, la planète dominante du Sagittaire est Jupiter ; avec Saturne, qui domine dans le Capricorne, il se produit une combinaison favorable à la diffusion d'idées nettement conçues et clairement exprimées, de méthodes inhabituelles et originales, de questions d'ordre général. Le Sagittaire est utile au Capricorne ; il y a dans leur union de nombreux éléments bénéfiques.

S'ils font équipe pour une profession relative au cinéma ou à la télévision, Sagittaire et Capricorne auront du succès. Mais il y a toujours un petit inconvénient, le Sagittaire n'a pas les habitudes de franchise directe et totale du Capricorne et cela peut donner lieu à des incidents.

Tous les autres éléments d'une telle union étant bons, on peut passer sur ce détail.

Monsieur Capricorne devant madame Verseau

Le Verseau habite la Maison II dans l'horoscope du Capricorne ; la Maison II concerne les biens meubles et immeubles, l'argent et les acquisitions.

Sa planète dominante est Uranus. C'est une planète qui suscite les innovations, des découvertes, des inventions.

Madame Verseau entraînera son mari vers des innovations dans leur vie privée, dans leur travail, dans leur style. Le seul problème délicat à résoudre sera de déterminer qui prendra les décisions ? Qui dirigera ? S'ils ne peuvent prendre leurs initiatives d'un commun accord, ce pourrait être une cause de conflit. Il y aura d'ailleurs certainement des incidents de parcours, dans leur carrière conjugale ; mais ils reviendront toujours l'un vers l'autre.

Madame Verseau sera fascinée par monsieur Capricorne ; elle

éprouvera pour lui une très grande admiration et ce sera le premier élément de son amour.

Dans les projets inédits qu'ils vont faire ensemble, l'originalité sera toujours présente.

Monsieur Capricorne devant madame Poissons

Le signe des Poissons habite, dans l'horoscope du Capricorne, la Maison III, celle qui concerne les petits voyages, les idées philosophiques, les relations avec les proches parents, et les changements de situation.

La planète des Poissons est Neptune ; celle du Capricorne est Saturne. L'union de ces deux planètes donne une stabilité au foyer qui sera fondé ; les aspects sont favorables : leur union peut devenir très constructive.

Madame Poissons disperse son énergie en mille détails, mais elle a le don d'amuser monsieur Capricorne : on rit beaucoup et volontiers avec tout natif du signe des Poissons.

Entre madame Poissons et monsieur Capricorne, l'une représentant l'imagination, l'autre ayant beaucoup de sens pratique, un excellent équilibre peut s'établir et une telle union est parfaitement souhaitable, car elle doit apporter à l'un et à l'autre exactement ce qui lui manquait. Il se peut que madame Poissons fatigue monsieur Capricorne, car elle ne va pas tenir la maison avec la méthode qu'il apprécie, mais elle l'égayera et elle lui apportera des vues entièrement nouvelles sur la vie. Ce sera parfait et ils riront souvent.

LE VERSEAU

CHAPITRE PREMIER

Portrait des natifs du Verseau

Traits généraux du Verseau

Le natif du Verseau se trouve uni à un signe zodiacal appartenant au groupe des signes évolués, des types achevés, des individus en possession de toute leur maturité : il est plus difficile de dépeindre la psychologie des natifs d'un signe représenté par un symbole humain.

On devine facilement le caractère du Bélier avec ses « coups de tête », ses brusqueries et sa gaieté dynamisante. On connaît le Taureau, sa force, son attachement à la terre et aux verts pâturages. On comprend facilement les symboles que sont le crabe du Cancer, le Scorpion à la dure carapace, on devine ce que veut dire la flèche du Sagittaire et pourquoi ce petit Capricorne capricieux se cache dans une coquille. On devine moins bien ce que veut la Vierge, si on comprend parfaitement le Lion au cœur de soleil. On sait ce qu'est une Balance et que la Justice l'a prise pour insigne ; on sait moins ce que signifie le Verseau, sa jarre renversée et ce liquide qu'il répand.

Le Verseau est un être très fin, très diaphane : bien peu de chair pour beaucoup d'esprit ! Ce n'est pas un de ces êtres que l'on peut rencontrer tous les jours et en toute occasion. Le Verseau symbolique est d'une essence supérieure.

Les deux derniers signes du Zodiaque, le Verseau et les Poissons, sont aussi différents des deux premiers (Bélier et Taureau) que les traits formés et parfois burinés par la vie de ceux qui ont passé l'âge des tâtonnements et ont recueilli les fruits de leurs expériences le sont du visage angélique d'un petit enfant.

La matière animale qui charrie les gros instincts est absente du personnage du Verseau.

L'individualité se minimise

Par ce titre curieux à prononcer mais qui convient bien à ce que je veux exprimer ici, je voudrais montrer que, sous le signe du Verseau, la nature particulière de l'individu cesse d'occuper le premier plan ; elle s'efface devant d'autres notions devenues primordiales.

Il existe chez le Verseau une tendance à rendre la personnalité animale de plus en plus éthérée et à la faire disparaître par évaporation dans l'atmosphère, sans qu'il en reste rien ! C'est un trait typique du signe que cette absence d'instincts bas et matériels.

Toutes les philosophies nous ont appris — ou ont tenté de le faire — que l'être humain était composé d'éléments venus d'« en bas », c'est-à-dire de la terre nourricière, et d'éléments venus d'« en haut », c'est-à-dire la pensée, la spiritualité ainsi que les qualités de délicatesse, de finesse, de tendresse, les idées générales, l'inspiration, et tant d'autres notions ou éléments de la personnalité qui éloignent de plus en plus le Verseau des attirances terrestres.

Ce signe cultive la nuance, la simplicité, l'intellectualité, tout ce qui l'éloigne du sol lourd et épais. Il est attiré vers l'air et voudrait devenir transparent.

Le type de ce signe est un être fragile, fin, simple et pur.

Il possède toujours une personnalité attachante et qui est parfois de grande valeur. Mais il n'attache aucune importance particulière au fait d'être lui et non un autre. Il semble ne pas tenir à son individualité. On a l'impression que cet être raffiné n'est pas capable de supporter les dures épreuves de la vie et qu'il en souffre plus que tout autre.

Le détachement de soi

Il ne supporterait pas de céder à ses instincts. Alors, il les observe et, comme il reste parfaitement et abstraitement détaché de lui-même, il ne cède jamais à leurs appels.

Il est des mouvements du cœur et de l'âme qui bouleversent un être de fond en comble, et le laissent pantelant, simplement parce qu'il se laisse entraîner par des pulsions matérielles et animales.

Cela ne risque pas d'arriver au Verseau qui veut résolument ignorer ses pulsions animales.

Son cœur semble ne jamais éprouver de haine ; c'est un sentiment bas, il veut rester au-dessus et, naturellement, sans se forcer.

C'est un être qui recherche la perfection morale, mais qui, n'étant pas un pur esprit, accomplit néanmoins son destin humain de son mieux et sans atteindre ces sphères éthérées où il devrait élire son domicile.

Donc, dans la vie courante, le natif du Verseau est un homme comme les autres, avec ses défauts et ses qualités, vivant selon les circonstances.

Au cours de ses relations avec ses semblables, il manifeste toujours, à un moment ou à un autre, des sentiments et des tendances qui participent nettement de cette pureté à laquelle son signe est attaché.

Il est d'une sincérité profondément naturelle et livre parfois ce secret.

Étant altruiste, il est forcément généreux. Il ne veut être esclave ni des choses ni de ses désirs. Ces refus conjugués ont un résultat positif : ils sont l'origine de sa générosité.

Le Verseau manque totalement d'orgueil et sa fierté a ceci de particulier qu'elle l'entraîne à s'humilier, contrairement à l'effet habituel de ce trait de caractère.

Il accueille les autres avec des manières extrêmement simples et bienveillantes, qui sont comme un hommage à la présence de l'autre, à la confiance qu'il inspire.

Le Verseau est donc fait pour donner et pour se donner, et c'est ce qu'exprime la représentation symbolique du signe : un sage qui verse l'eau d'une urne.

Toute médaille a son revers

Si le Verseau possédait en fait toutes les qualités énumérées ici et à un degré aussi élevé, cela se saurait et on viendrait l'admirer comme une personnalité extraordinaire et très digne de la reconnaissance de l'humanité. Mais il n'en est pas tout à fait ainsi.

L'Astrologie nous met en garde, en nous signalant que le Soleil est en exil dans le Verseau, ce qui veut dire qu'il n'y est pas heureux et qu'il n'a pas d'influence favorable. C'est une carence. Le Verseau la ressent durement.

La présence du Soleil, en effet, apporte à une personnalité cette chaleur du cœur et des sentiments qui attire puis retient l'amitié et l'affection des autres.

Une autre carence du Verseau est l'absence d'une forte volonté.

Celle-ci n'est pas à la hauteur de son idéal. Le Verseau doit toujours avoir présente à l'esprit cette précision : il est à la merci des défaillances de sa volonté. Connaissant profondément son idéal et ses aspirations, il peut se bercer d'illusions et croire, en toute bonne foi, être capable de s'élever au-dessus des réalités quotidiennes. Mais c'est un idéal trop élevé. Notre sujet se trouve rarement en mesure de l'atteindre ; bien sûr, il n'est jamais facile de s'élever au-dessus du commun. Il y faut non seulement la claire vision de ce que l'on voudrait faire, mais encore la possibilité matérielle de le faire, et, enfin, la force intérieure qui aide à surmonter obstacles et oppositions. Le Verseau doit souvent se rendre compte qu'il est dans l'incapacité d'atteindre son idéal.

Le Verseau devra se rendre aux évidences : on ne peut pas songer aux autres sans que ce soit à son propre détriment ; on ne peut pas être intégralement sincère, tout en étant un modèle de tolérance ; on ne peut pas être parfaitement et idéalement bon, sans envoyer parfois quelques bourrades ou quelques phrases bien senties aux autres pour leur propre bien.

Le Verseau comprendra que, pour être généreux, il faut être fort et que, pour être bon, il faut parfois être dur.

Un esprit novateur

Le Verseau est en général une personne inclinée aux méditations et aux travaux intellectuels. Il possède un esprit de synthèse et a des vues générales sur les questions qui l'intéressent. Mais c'est un être qui peut manquer complètement de sens pratique ; il ignore les nécessités matérielles de chaque jour, en revanche, il se trompe rarement sur les projets à longue échéance.

Parmi eux, il préfère ceux qui entraînent des changements, des modifications, des transformations, car c'est un être de progrès. Il ne veut pas retenir le passé, il veut aller de l'avant.

Le Verseau, quans il est calme, quand des influences maléfiques ne s'exercent pas sur lui, aime méditer, réfléchir, prévoir et inventer.

Il est intuitif et réceptif ; cela veut dire que le Verseau écoute ce qui se dit, lit, s'informe, enregistre et, ensuite, pense.

Un Verseau, qui se tient toujours à l'avant-garde de la pensée, sera toujours en train de chercher à refaire le monde. Il voudra réformer les traditions, expliquer et démystifier les symboles, les archétypes, supprimer les croyances et les superstitions. Il le fera au niveau le plus simple, par sa conversation, par son appartenance à des mouvements, des clubs, des associations dont les buts lui conviennent. Parfois il sera lui-même l'instigateur de ces mouvements ou diffusera sa pensée par des écrits, articles, thèses et même livres.

Son esprit se résume dans cette formule : des idées larges, des idées altruistes.

Le type physique du Verseau

Comme les autres signes qui ne sont pas inspirés par un animal, le Verseau confère peu de caractéristiques très marquées à ses natifs. On sait reconnaître assez facilement au physique un Bélier, un Taureau, un Cancer et même un Gémeaux. Un Lion passe rarement inaperçu. Mais à partir de la Balance, le Zodiaque semble s'incliner vers des types physiques moins accentués ; c'est probablement parce que les natifs des cinq derniers signes représentent des niveaux plus détachés de la matière, davantage tournés vers l'avenir ; ils conservent du passé le moins de marques possibles. Sans doute annoncent-ils les types de demain ?

Dans le cas d'un type Verseau pur, on peut néanmoins affirmer, selon André Barrault, que c'est un individu de faible ou moyenne constitution.

Il entre généralement dans la catégorie des tempéraments nerveux. Il est souvent asthénique, fin, physiquement délicat.

Le visage est régulier mais le front volumineux, les joues ne sont pas pleines et le menton est fin. Comme chez le Gémeaux le visage est également triangulaire ; mais chez les Gémeaux, le triangle inclut dans sa base les pommettes ; ici, le triangle serait plus allongé et sa base ne comprendrait que le front.

Le teint est clair et l'épiderme présente un aspect fin et fragile. Le sang paraît circuler à fleur de peau et la coloration varie facilement sous l'effet des émotions.

Le sujet garde longtemps l'air jeune ; le regard est très vif et très mobile, bien abrité sous les arcades sourcilières.

L'ensemble de la personnalité du Verseau ne fait jamais forte impression au premier abord. Il n'y tient d'ailleurs pas et se veut réservé, auditeur plus qu'orateur, observateur surtout, tant que son type zodiacal solaire n'est pas altéré par un ascendant énergique et contraire, ou une planète particulièrement bien placée pour l'influencer.

Dans le cas où le Verseau se trouve fortement influencé par Uranus, qui est la planète de l'avenir, des transformations, son type physique sera légèrement modifié et surtout son comportement : il aimera davantage se faire remarquer. Il appréciera d'être écouté lorsqu'il estime avoir à dire quelque chose d'utile.

La démarche du Verseau est assez souple, empreinte de légèreté et de simplicité. Les expressions du visage sont peu accentuées, généralement elles se limitent à un intérêt poli. Excepté dans le cas de l'influence d'Uranus, qui provoque des expressions plus accentuées, et même des jeux de physionomie destinés à produire une forte impression.

La poignée de main est franche, sans brutalité, elle est surtout courtoise et sincère.

Le Verseau est un être extrêmement civilisé, qui a toujours de la considération pour ses semblables, même s'il sait qu'ils ne le valent pas. Mais il peut devenir trop méfiant après s'être laissé tromper plusieurs fois à cause de sa bonne foi et de la présomption de loyauté qu'il accorde spontanément à ses partenaires.

CHAPITRE II

Le destin des natifs du Verseau

Après avoir tenté de tracer un portrait du natif du Verseau, portrait théorique d'ailleurs, parce que situé en dehors de toutes les autres influences que le signe solaire de naissance, c'est-à-dire le signe dans lequel se lève le Soleil à la date de la naissance, il est bon de poursuivre l'étude sur le style de vie du Verseau.

La santé du Verseau

La santé est un des éléments essentiels parmi les diverses données qui guident le choix d'une carrière, d'un style de vie. Il ne serait d'aucune utilité de découvrir des dons d'alpiniste à un cardiaque !

Le Verseau n'a pas une santé mauvaise ; elle est simplement fragile car il ne dispose pas de grosses réserves de force musculaire. Un incident de santé qui chez un autre serait passager peut, chez lui, devenir facilement chronique pour deux raisons, l'une astrologique : le Verseau est un signe fixe, l'autre psychologique : le Verseau ne sait pas se soigner avec continuité. Au bout d'un certain temps, il cesse le traitement et en choisit un autre, axé sur une thérapeutique tout à fait opposée.

Le Verseau qui doit se soigner adopte d'abord les traitements les plus nouveaux, les plus modernes, les plus inédits. Il est partisan d'une thérapeutique d'avant-garde.

Ses points fragiles sont les jambes et les chevilles. Que risque-t-il à leur sujet ?

Les très désagréables entorses, qui sont si délicates à guérir complètement ; les fractures et les menus maux de cette partie du corps dus à une irrigation sanguine délicate et à un réseau veineux qui souffre beaucoup de la station debout prolongée.

Le Verseau risque de souffrir d'un manque de vitalité. Il a tendance à l'hyperacidité, parce qu'il manque d'oxygène, et qu'il n'élimine pas très bien les déchets. Son remède serait donc l'air pur et un régime équilibré. S'il ne s'attache pas à veiller sur ses carences, il risque de manquer de fer, de phosphore et des oligo-éléments, ces traces infimes de cobalt, de manganèse, de cuivre, qui, liées à la chimie biologique s'élaborant en notre organisme, assurent l'équilibre nécessaire à notre santé.

En résumé et pour simplifier : il faut à un Verseau de l'air pur et oxygéné, une nourriture non pas abondante, mais riche et vitaminée, de l'eau et de l'exercice.

Il ne doit jamais oublier qu'il est un signe d'Air. Il doit donc choisir une profession qui s'exerce le plus souvent au grand air.

L'aspect extérieur et la présentation du Verseau

Si le Verseau est sous l'influence de Saturne, il préférera les tenues simples aux tenues élégantes. S'il s'agit d'une femme (on ne devrait plus le spécifier, les hommes portent maintenant des costumes de couleur et des bijoux), elle renoncera volontiers aux couleurs chatoyantes et aux bijoux, même élégants et de valeur, car elle apprécie d'abord la simplicité ; mais c'est une simplicité qui n'est pas dépourvue d'élégance.

Si c'est Uranus qui domine dans le ciel du Verseau, les goûts ne seront pas les mêmes. Avec Uranus, planète de l'avenir et des transformations, un peu d'excentricité sera volontiers marquée dans le costume. Comme madame Bélier, madame Verseau-Uranus ne craint pas d'être audacieuse dans sa toilette et de se tenir à la pointe de la mode, et même un petit peu plus en avant... Elle voudrait ne pas être comme les autres, aussi suit-elle avec intérêt les extravagances de la mode, et dans la mesure de ses moyens, elle s'efforce d'être toujours habillée de la manière la plus novatrice.

Monsieur Verseau, lui, lorsqu'il est influencé par Saturne, s'habille très simplement et parfois même en négligé. Il pense toujours que cela n'a aucune importance ; pour lui, seule la personnalité profonde compte : « L'habit ne fait pas le moine. »

Monsieur Verseau influencé par Uranus se conduit d'une manière différente. Il tient à son aspect extérieur. Il s'habille selon ses moyens, cela va de soi, mais ne recule devant aucune extravagance et trouve normal d'étonner les gens. Naturellement, ces extravagances sont dans un style d'avant-garde. Il se tient toujours à la pointe de ce qui est nouveau.

On a cru remarquer que les Verseau les plus originaux dans leur tenue l'étaient moins dans leur attitude intellectuelle. Et inversement, les Verseau très avancés psychiquement semblent ne pas se préoccuper de savoir s'ils s'habillent ou non en suivant la mode.

Le choix d'une carrière

Le Verseau a le don d'envisager l'avenir et le progrès avec un intérêt passionné, ce qui facilite pour lui le choix d'une carrière, s'il a la possibilité de suivre un enseignement scientifique.

Les carrières particulièrement rattachées aux innovations les plus récentes sont faites pour lui.

Mais il se peut que les dons qu'il souhaite développer ne trouvent pas d'extériorisation sous la forme d'une profession. On sombre alors dans une vague notion abstraite d'enseignement et de diffusion qui ne répond à rien de précis. La situation qui, au premier abord, semble faite pour un Verseau, homme ou femme, est celle d'enseignant. Que ce soit dans une école primaire, secondaire, technique ou dans un établissement supérieur, le Verseau trouvera, dans le métier qui consiste à instruire les jeunes, à leur inspirer confiance, à les orienter et à les guider, un accomplissement de ses dons les plus visibles. C'est pour lui la carrière idéale en dehors des techniques nouvelles et des expériences de pionnier.

L'aptitude à la réussite

Un Verseau ne se distingue pas, sur le plan professionnel, par des qualités exceptionnelles. Il n'est pas un très gros travailleur, qui abat beaucoup de besogne ; il n'est pas non plus paresseux ; il aime le travail et souhaite donner satisfaction. Sa conscience professionnelle est très pointilleuse. Il est honnête, foncièrement. Il a une notion très précise et très ferme de ses responsabilités ; il est le type même du collaborateur sur lequel on peut compter.

Son style de travail est rationnel et intuitif. Étant donné qu'il a des idées et qu'il sait les rationaliser, pour qu'il donne toute sa mesure, il faut qu'on lui laisse un peu de champ pour s'organiser lui-même. Par sa conscience professionnelle, il garantit que cette liberté d'action ne portera jamais préjudice à l'entreprise. Il adore réfléchir sur les tenants et aboutissants du travail dont il est chargé, et il trouve toujours un moyen de faire progresser la tâche ; il découvre de nouveaux moyens plus économiques ou plus précis pour l'accomplir, de nouveaux débouchés. Il tient absolument à ne pas travailler bêtement, en machine aveugle, mais avec intelligence et animé d'un esprit de progrès et d'innovation.

Il choisit la qualité avant la quantité. Mais tend à aller un peu trop vite.

L'enthousiasme est en lui

Contrairement à la majorité des gens, le Verseau ne fait jamais rien avec une passivité machinale. Il met de l'enthousiasme dans chacune de ses occupations. Cette « flamme » est le meilleur moyen pour favoriser cette « qualité » à laquelle il est très attaché, et aussi son aptitude au progrès personnel ou professionnel.

C'est un être doté d'une ambition suffisante pour avoir le désir de parvenir au but qu'il s'est fixé, de réussir. Il fait partie de ceux qui ont la patience de frapper longtemps et doucement sur le même clou pour l'enfoncer à tout prix...

En fait, il préfère avoir un travail intéressant plutôt qu'une situation brillante mais ennuyeuse.

« Avoir du cran », cette expression qui peut aujourd'hui sembler vieillotte et démodée n'a pas été remplacée. Peut-être n'a-t-on plus de cran ? Avoir du cran, c'est réagir avec force, rapidité, sang-froid et courage à toutes les situations qui peuvent présenter des dangers ou des inconvénients. C'est une audace sans cesse renouvelée ; c'est recommencer après un échec ; c'est demander une nouvelle fois mais en d'autres termes ce que l'on n'a pas obtenu. C'est insister légèrement, souvent et avec fermeté pour obtenir ce dont on a besoin : un contact, une situation, un service.

Avoir du cran, c'est faire preuve d'un courage modeste, parce qu'il concerne des petites choses et parce qu'il reste invisible.

C'est une grande qualité.

Être curieux. Ce n'est pas à un Verseau que l'on apprendra à progresser, à être toujours au courant des dernières innovations. Pour cela, il faut s'informer, écouter, lire, chercher et questionner. Bref, il faut être curieux.

Il faut surtout s'étonner et ne pas sa blaser. Il faut toujours se demander quelle est la cause des faits, quels sont leur source et leur cheminement. Il faut enfin provoquer les informations, les quérir, enquêter pour les recueillir.

Pourvu de ces diverses qualités, le Verseau peut réussir.

L'enfant Verseau

Dans sa toute petite enfance, votre bébé Verseau ne se distinguera pas beaucoup des autres enfants, sauf en ce qui concerne sa santé, pour laquelle les conseils donnés pour les adultes deviendront très tôt valables pour lui.

Apprenez que son jour le plus favorable est le samedi. Que vous devez éviter tout acte important le jeudi, car ce jour est négatif pour les natifs du Verseau. Profitez du jour faste, donc le samedi, pour faire avec votre enfant toutes les démarches nécessaires d'une certaine importance, comme par exemple les examens médicaux et les vaccinations, les sorties pour rendre visite à ses grands-parents, le début d'un nouveau régime alimentaire, la première coupe de cheveux, etc.

Si vous avez bien saisi le sens de cette étude sur les natifs du Verseau, vous ne laisserez pas votre bébé tout seul ; vous lui parlerez beaucoup et l'emmènerez le plus souvent possible en promenade où vous vous efforcerez de lui faire rencontrer d'autres enfants.

La solitude, les endroits déserts, risquent de pertuber son subconscient.

CHAPITRE III

Le natif du Verseau et l'amour

Quand deux personnes se rencontrent, de ce contact psychologique et intellectuel peut naître tout un enchaînement de faits, de conséquences, de rebondissements qui, selon la nature de leurs rapports, créera amitié ou collaboration, froideur et distance, estime, admiration ou bien encore indifférence totale.

Avec un Bélier, le Verseau, tourné vers l'avenir, sera certainement séduit, tout en lui trouvant une vision un peu trop matérialiste de l'univers. Avec un Taureau, le Verseau appréciera le sens artistique et un certain goût de la vie, mais s'étonnera de l'importance accordée au décor.

Avec un Gémeaux, une harmonie devient sensible et les deux personnalités s'accorderont sur tous les plans.

Un Cancer étonnera le Verseau par son attachement au passé et au foyer, ce qui est très loin de l'esprit de notre natif et lui paraît essentiellement « primaire ».

Le Lion fait partie des natifs que le Verseau estime et apprécie le plus, car l'un et l'autre sont habités d'une générosité remarquable.

Avec un natif de la Vierge, le Verseau croira trouver une énigme ; il leur faudra du temps pour se comprendre, ils ne parlent pas, psychiquement, la même langue. La Balance, en revanche, bien que différente aussi du Verseau sait se faire comprendre partout et par tous, aussi le Verseau s'entendra-t-il bien avec elle. Des relations avec un Scorpion seront délicates, mais un climat très enrichissant peut naître entre ces deux natures.

Le Capricorne, simple et sans détour, plaira au Verseau bien que leurs points de vue diffèrent, tandis qu'avec le Sagittaire, la même réaction se teintera d'une certaine passion. Avec les Poissons, le Verseau, étonné, trouvera un esprit encore plus ouvert et plus large que le sien.

Comment le Verseau conçoit l'amour

Nous avons vu à l'occasion de l'étude de chaque signe du Zodiaque, que la vie humaine avait été divisée par les astrologues en douze secteurs appelés Maisons et simplement désignés par un numéro toujours écrit en chiffres romains, de I à XII. C'est la Maison V qui concerne l'amour.

Le Verseau a le signe des Gémeaux dans la Maison V. On en déduit que les caractéristiques du signe des Gémeaux colorent la vie amoureuse et sexuelle des natifs du Verseau, car en Astrologie tout est un et tout est harmonie.

La planète qui gouverne les natifs des Gémeaux est Mercure. Celle qui gouverne le signe du Verseau est Uranus. Dans le domaine de l'amour et de la sexualité, on doit donc étudier la nature des rapports entre Mercure et Uranus.

Uranus c'est avant toute chose le progrès et le devenir. Mercure, le messager des dieux, la communication. Transposons ces bases dans le domaine affectif et sexuel.

La Maison V couvre le secteur de la sexualité, mais les Maisons sont au nombre de douze, et elles ne sont pas étrangères les unes aux autres. Le Verseau, d'après ce que nous avons vu au cours des précédents chapitres, ne peut certainement pas réagir aux seules conditions physiques. La présence de Mercure en Maison V indique qu'il apprécie le contact sensuel et aussi sensoriel ; il perçoit avec plaisir les éléments concrets du partenaire et les ressent physiquement. Mais selon son psychisme évolué, il ne peut pas se satisfaire du seul contact physique ; que son corps s'accorde avec celui du partenaire est un élément positif dans son expérience amoureuse, mais non décisif. Il faut autre chose.

Mercure n'apporte pas de sensualité aux natifs des Gémeaux ; ce sont des cérébraux. Cette nuance se retrouve chez le Verseau ; la cérébralité compte au moins autant pour lui que la sexualité en amour. Il faut donc qu'il apprécie cérébralement le partenaire pour l'aimer. Cela ne veut pas dire qu'il doit trouver le partenaire intelligent, mais qu'il se fasse de lui une idée raisonnée, logique et bien définie, et que cette idée lui plaise. Il peut aimer un génie, un artiste ou un être élémentaire, s'il décide intellectuellement et cérébralement que c'est celui-là qui lui convient.

L'élément cérébral entraîne un amour-tendresse qui s'ajoute à l'amour-sensualité.

Le Verseau et la sexualité

S'il réunit les indications de sa Maison V, amour et sexualité, Gémeaux et Mercure, avec celles de sa Maison VII, Lion et Soleil, mariage et associations, il peut définir le style de ses expériences préliminaires et les aspirations qui le conduiront à une union heureuse.

Sur le plan de la sexualité, il n'est pas très facile à contenter. Et, dans le mariage, il exigera d'être satisfait aussi sur ce plan. Il a besoin d'un partenaire brillant, alerte, sensible, qui réagisse vivement et intensément à son amour. Or, il a tendance, lorsque ce n'est pas le cas, à s'accuser lui-même d'incapacité. Ce n'est pas la bonne méthode. Le fait est qu'il n'atteint pas le bonheur qu'il attendait et donc qu'il doit envisager de remédier à cette situation.

Conseils aux hommes, concernant les femmes natives du Verseau

Dans sa jeunesse, madame Verseau a toujours été une fille hardie, s'intéressant aux innovations dans tous les domaines. Elle souhaite bâtir un monde meilleur ; elle est assez intelligente pour définir ses matériaux et ses moyens : l'information, l'éducation, l'enseignement.

Par nature, madame Verseau se préoccupe de l'avenir plutôt que de se remémorer ce qu'elle faisait hier. Elle est attirée par toute occupation demandant un effort, exigeant de se dépasser. Ainsi, elle lit le plus souvent des livres dont la compréhension lui est difficile. Cet effort lui plaît.

Elle souhaite améliorer le monde, mais elle ne croit pas à la politique. Le monde entier est sa patrie et les petits combats que mènent les politiciens sont pour elle vaines agitations. C'est un point sur lequel il n'est pas nécessaire de chercher à modifier son opinion ; elle est entêtée et ce problème est un de ceux auxquels elle tient le plus.

La lutte est pour elle un climat normal. Inutile de tenter de s'y opposer. A peine adolescente, elle luttait déjà contre l'autorité de ses parents. Adulte, elle luttera pour l'amélioration des conditions de travail ou pour défendre les victimes de l'injustice.

Conseils aux femmes, concernant les hommes natifs du Verseau

Un Véritable Verseau accorde plus volontiers son attention à l'ensemble de l'humanité qu'à sa femme et à ses enfants. Il est ainsi et cette eau qu'il déverse sur la terre, dans le symbole de son signe, c'est sa générosité et son activité dont il veut faire profiter le monde entier.

Il voit les injustices collectives avant d'avoir conscience de celles qui le concernent. Inutile d'attirer l'attention sur ce point : il est intelligent, il appartient en général à une catégorie d'hommes sachant se tirer de toutes les difficultés ; ce n'est pas la peine de risquer de se fâcher avec monsieur Verseau pour de telles broutilles.

Le Verseau des temps actuels agira en faveur de l'humanité par l'intermédiaire de groupements, de mouvements ou de partis.

Dans son milieu professionnel, il ne passe nullement pour un rêveur utopique, mais comme l'homme le mieux informé de l'entreprise qui l'emploie. Il est assez communicatif pour s'entendre parfaitement avec la clientèle. Il n'estime et ne considère les autres que selon ses critères personnels et jamais selon les habitudes.

La famille de monsieur Verseau le trouvera souvent décourageant, parce qu'incompréhensible. Mais ses actions et ses retournements ont une logique. Il progresse et s'informe.

CHAPITRE IV

Le natif du Verseau et l'élue de son cœur

Portrait modèle de l'épouse d'un Verseau

Quelle que soit l'attitude du Verseau vis-à-vis de l'amour, du mariage et des femmes en général, il n'en est pas moins vrai qu'il aborde le problème avec un très grand besoin de créer un climat de confiance. Comme tous les hommes, il a rêvé de l'éternel féminin, et comme tous les hommes, il s'est fait fort de le rencontrer.

En premier lieu, l'homme du Verseau a besoin de l'estime de la femme qu'il aime. Il est loin de mépriser le sexe faible et ce n'est pas un conquérant du type « don Juan ». Mais il ne faut pas oublier qu'il veut retrouver dans sa partenaire toutes les femmes. Il veut qu'elle soit une maîtresse passionnée, libérée des préjugés, qu'elle ne se soumette pas aveuglement à toutes sortes de conventions, qu'elle soit une compagne tendre, mais aussi la femme avisée sachant créer l'ambiance d'un foyer où il fait bon demeurer. Il faut aussi qu'elle soit une amie respectant toutes les autres amitiés de son mari.

C'est beaucoup demander. Peut-être. Mais, s'il a cru trouver cela en celle qu'il épouse, il faut qu'elle joue le jeu, et ce n'est pas facile.

Monsieur Verseau devant madame Verseau

Quand le couple se compose de deux Verseau, il est bon de prévoir une troisième personne pour assurer les travaux matériels ; ni l'un ni l'autre n'apprécie les besognes ménagères ; ils ont tant de cordes à leur arc !

L'union des deux Verseau est toujours un commencement ; ils feront table rase de tout ce qui a été, seront heureux de faire des plans, et monsieur Verseau se sentira maître d'œuvre, ce qui n'est pas pour lui déplaire. Madame Verseau, de son côté, suivra monsieur Verseau dans ses projets, mais elle est loin de se passionner pour l'organisation matérielle de la maison ; elle préfère s'intéresser à des problèmes infiniment plus lointains et d'ordre plus théorique.

Madame Verseau aura tendance à suivre sa propre route, tandis que monsieur Verseau croira toujours qu'elle l'écoute ; aussi, pour ne pas lasser son attention et pour que l'enthousiasme des premiers mois dure toute la vie, il sera nécessaire que monsieur Verseau invente des sujets d'excitation, des aventures pour faire durer le climat passionnel de leur union.

Il y a suffisamment de sujets d'intérêt pour que ni l'un ni l'autre ne s'ennuient, mais il sera toujours préférable de veiller à ce que les routes des deux époux se confondent. Le côté intellectuel des Verseau compensera l'extinction possible de leur amour physique réciproque. Qu'ils demeurent de bons amis et leur union sera confortée.

Monsieur Verseau devant madame Bélier

Quand le Verseau habite la Maison I, le Bélier est dans la Maison III, celle qui concerne, entre autres choses, les petits voyages, les idées, les proches parents.

Il y a suffisamment d'harmonie entre les deux éléments de ce couple, mais peu de repos ! Le Mars du Bélier renforce l'action d'Uranus, planète du Verseau, lui donnant le dynamisme nécessaire pour se lancer dans les études ; monsieur Verseau sera donc encouragé par madame Bélier à entreprendre un travail d'études et de recherches intellectuelles.

Monsieur Verseau aura le plaisir de constater que madame Bélier est physiquement attirée vers lui et qu'il la rend heureuse. C'est un des éléments positifs de cette union. En revanche, monsieur Verseau sera toujours sur le qui-vive, craignant sans cesse que madame Bélier, qui adore le changement et qui s'y décide avec une grande soudaineté, ne bouleverse son programme et ses projets.

Monsieur Verseau voudrait bien être l'élément dominant du couple, mais le Mars de madame Bélier voudra peut-être avoir en main le commandement ; cette rivalité peut apporter une ombre au tableau.

Monsieur Verseau devant madame Taureau

Le signe du Taureau habite dans l'horoscope du Verseau la Maison IV. C'est celle qui concerne les rapports avec les parents, la vie privée, le foyer.

La planète du Taureau est Vénus ; celle du Verseau est Uranus. L'union de ces deux planètes, la beauté et la réorganisation, peut pousser à des idées originales.

Il est probable que madame Taureau demandera à monsieur Verseau de modifier du tout au tout son style de vie, l'allure de sa maison, le caractère de ses sorties dominicales. Elle instituera des habitudes régulières et tranquilles que monsieur Verseau trouvera, dans son for intérieur, « horriblement bourgeoises », mais qu'il acceptera de crainte de se ridiculiser et de perdre l'amour de madame Taureau. Car la présence de madame Taureau a mis dans sa vie de l'ordre, du confort, et beaucoup d'occupations d'ordre artistique.

Monsieur Verseau pourra constater, si elle l'aide dans sa profession, que madame Taureau possède un grand sens pratique et qu'elle sait très bien se débrouiller dans les questions commerciales. Elle sera pour lui une collaboratrice ferme et utile qui lui apportera un soutien efficace.

Il est utile que l'un et l'autre prennent garde de veiller sur leur union car elle restera longtemps fragile.

Monsieur Verseau devant madame Gémeaux

Dans l'horoscope de monsieur Verseau, le Gémeaux habite la maison V : projection du « moi » dans le monde des plaisirs, le monde de l'art ; le monde de l'amour et des jeux ; le monde des spéculations. Il peut y avoir des problèmes concernant les enfants.

Par ailleurs, la planète Mercure des Gémeaux s'accorde parfaitement avec Uranus du Verseau. Mercure favorise les communications, les déplacements, les spéculations intellectuelles. Uranus met de l'ordre dans le chaos, dans les idées, dans la vie. C'est une planète de progrès, d'avenir, des innovations. Réunies, ces deux planètes peuvent favoriser une existence originale moderne avec des idées, des lectures, des activités intellectuelles.

Il ne peut s'agir d'une union bien classique, avec de nombreux enfants et une mère de famille faisant de la bonne cuisine. Il y a plus de chances que la tendance se dirige vers des enfants vifs et turbulents, entre des parents tout aussi vifs et fantaisistes, avec des repas à n'importe quelle heure et des régimes originaux et imprévus, des enfants heureux et très familiers avec leurs parents, qui garderont de leurs années de jeunesse un souvenir ébloui.

Monsieur Verseau devant madame Cancer

Le Cancer habite la Maison VI dans le ciel du Verseau. C'est le secteur du travail quotidien, de la santé et des régimes qu'il faut respecter pour la conserver. La planète dominante du signe du Cancer est la Lune. La planète du Verseau est Uranus. Ces deux astres, en s'unissant, favorisent les relations et le travail professionnels.

Quand il s'agit de terminer et de parachever un travail important, la collaboration entre monsieur Verseau et madame Cancer est excellente. L'un et l'autre se sentent très indépendants à l'égard des usages et des traditions, mais madame Cancer parlera toujours de leur sécurité. Pour elle, la sécurité est une chose primordiale.

Si ce couple entreprend l'exploitation d'un brevet, de préférence dans la parfumerie ou la cosmétologie, il s'entendra parfaitement bien sur le plan professionnel et, après quelques essais, brusquement la réussite se fera éclatante.

Monsieur Verseau s'envolerait facilement vers les infinis horizons des grands courants d'idées philantropiques, mais madame Cancer le retient au sol en lui rappelant que « charité bien ordonnée commence par soi-même » et que le ciel vient toujours en aide à ceux qui commencent par s'aider eux-mêmes.

Il est possible que ce couple arrive au succès et à la renommée, s'il s'installe dans une collaboration régulière sur le plan professionnel.

Monsieur Verseau devant madame Lion

Dans l'horoscope du Verseau, le Lion habite la Maison VII. Elle concerne les réactions vis-à-vis des tierces personnes, les rapports avec les associés, avec le conjoint, avec les adversaires. La planète du Lion est le Soleil. Uni à Uranus, planète du Verseau, le Soleil provoque un climat joyeux, plein de fantaisies.

Le couple sera dynamique, avec une grande attirance pour les amis, les tierces personnes, le public.

Le signe du Verseau et le signe du Lion sont en opposition, mais une opposition sympathique, ils se complètent et le Lion pourrait être un excellent agent de relations publiques ou un attaché de presse très efficace pour le Verseau.

Ainsi, monsieur Verseau peut-il trouver une aide précieuse dans le concours de madame Lion.

L'union Verseau-Lion est excellente pour les voyages, les écrits, les publications.

Monsieur Verseau devant madame Vierge

Il y a une telle différence entre Verseau et Vierge que monsieur Verseau sera probablement intrigué par madame Vierge quand il la rencontrera, et même probablement par la suite, car on ne déchiffre pas un être dès les premiers mois qu'on le connaît.

Le signe de la Vierge habite la Maison VIII du signe du Verseau et c'est un secteur complexe et lourdement chargé. Il concerne toutes les transformations, qu'elles soient dans la situation, le moral, la personne physique, ce qui laisse un vaste champ à ses activités. Sa planète est Mercure, qui encourage les efforts intellectuels, ce qui fait que la présence de la Vierge dans la vie de monsieur Verseau l'entraînera à des recherches sur des questions obscures et compliquées, à des méditations sur les problèmes occultes.

Dotée d'un grand sens pratique et d'une méthode logique parfaite, madame Vierge sera une collaboratrice efficace dans les travaux de monsieur Verseau et il saura apprécier cette aide. Il l'aimera pour beaucoup d'autres raisons parmi lesquelles leurs relations amoureuses ne sont pas exclues, l'érotisme se trouvant aussi dans la Maison VIII...

Le couple Verseau-Vierge pourrait entreprendre avec succès l'exploitation d'une entreprise de publicité ou de conseil financier.

Monsieur Versau devant madame Balance

L'union de monsieur Verseau avec madame Balance se place sous l'influence de Vénus, qui gouverne la Balance unie à Uranus planète du Verseau, ce qui donne une association prometteuse d'idées originales et d'esprit créateur. Par ailleurs, le signe de la Balance habite la Maison IX du Verseau, c'est-à-dire celle qui concerne l'entourage lointain, les voyages, l'idéal religieux ou spirituel, les buts supérieurs dans la vie. Il en résulte une influence de Vénus sur ce secteur et en particulier sur la philosophie de monsieur Verseau ; cela lui apporte un adoucissement, de la beauté, de l'harmonie. La présence de madame Balance encouragera monsieur Verseau à utiliser au mieux ses connaissances et peut-être à voyager.

La présence de madame Balance dans la vie de monsieur Verseau sera un encouragement à des activités intellectuelles de portée pratique. C'est une union très bénéfique.

Il aura certainement de la tendresse pour madame Balance et leur union sera longue et heureuse. Une seule ombre au tableau, mais elle est légère : la Balance n'est jamais pressée d'agir et elle pourrait retarder l'action de monsieur Verseau. Il ne tient qu'à lui de résister à ce facteur.

Monsieur Verseau devant madame Scorpion

Le signe du Scorpion habite, dans l'horoscope du Verseau, la Maison X, celle qui concerne la place du sujet dans le monde, sa carrière et son déroulement, la consécration de ses mérites, les honneurs, enfin l'assise sociale. Sa planète est Pluton qui, avec Uranus, institue un climat peut-être de qualité exceptionnelle si les partenaires sont eux-mêmes de haute qualité. On peut arriver ainsi à un couple parfaitement admirable et heureux.

Madame Scorpion, enflamme les ambitions de monsieur Verseau et désire lui voir atteindre son sommet. Elle l'encourage à créer sa propre affaire et le soutient en vue de sa réussite.

Monsieur Verseau devant madame Sagittaire

Dans l'horoscope du Verseau, le Sagittaire habite la Maison XI. Sa planète est Jupiter. Jupiter et Uranus se conjuguent pour apporter aux partenaires excitation, optimisme, générosité et une grande ampleur de vue et de pensée.

Ensemble, monsieur Verseau et madame Sagittaire feront des voyages, des découvertes, et ils complètent l'un et l'autre leur culture qui est déjà très sérieuse. Madame Sagittaire mobilisera littéralement monsieur Verseau pour l'aider à se réaliser. Elle se donnera pour unique but de l'aider, de la satisfaire, de lui permettre de donner libre cours à ses tendances philanthropiques.

Madame Sagittaire sera toujours disposée à accueillir les amis de monsieur Verseau et à aider celui-ci a converser avec ces amis, à participer à leurs problèmes ; elle-même sera en parfait accord avec les thèses de monsieur Verseau.

Son insouciance pour les questions purement matérielles et la curieuse façon qu'elle a d'administrer le budget familial provoqueront la désapprobation de monsieur Verseau ; mais, grâce à l'amour qui existe entre eux et cette étonnante compréhension qui les unit, les débats se dérouleront sur un ton élevé et philosophique et ce n'est qu'en redescendant sur terre qu'on pensera au jour du terme. On ne peut pas avoir toutes les qualités !

Monsieur Verseau devant madame Capricorne

Avec madame Capricorne, il est probable que monsieur Verseau pourra s'attacher à une œuvre de longue durée, dans le sens qui l'intéresse, c'est-à-dire l'aide à ceux qui en ont besoin. Madame Capricorne qui a un grand sens pratique, sera en mesure d'aider monsieur Verseau et de collaborer efficacement avec lui.

Leur union manquera peut-être, au commencement, de fondements solides. Mais monsieur Verseau sera très attaché à ce que ce mariage se fasse et à ce qu'il dure et ses efforts aplaniront les difficultés. Qu'il ne s'étonne pas, cependant, si des faits d'allure mystérieuse ou secrète interviennent de temps à autre au sein de leur couple ; c'est une influence astrale qui n'a guère de rapports avec leur volonté propre.

Monsieur Verseau devant madame Poissons

Le signe des Poissons habite, dans l'horoscope du Verseau la Maison II, celle qui est relative aux biens matériels. La planète des Poissons est Neptune, qui, avec l'Uranus du Verseau, suscite dans les deux partenaires à la fois un appel vers la notion de l'uniïversel, du cosmique, de l'infini de la vie considéré à la fois en temps, en espace et en volume, ou en importance psychique. Tous deux seront à leur aise dans des questions que la plupart des autres considèrent comme inaccessibles.

Sur le plan matériel, monsieur Verseau, aidé par madame Poissons pourrait créer un produit commercialisé qui intéresserait le monde entier ! C'est écrit dans leur ciel.

Le Verseau est un signe d'Air, les Poissons un signe d'Eau. Résultat : vagues et remous. Il ne peut rien se passer entre eux qui ne provoque des mouvements dans leur entourage ou des alternances dans leur destinée.

Le sentiment qui les dominera, une fois que le simple et merveilleux amour des premiers jours aura fait son temps, sera de fascination et de défi. Alors qu'ils couraient le risque de se séparer, ils seront à un tel point intrigués l'un par l'autre qu'ils resteront ensemble uniquement pour arriver à se comprendre, ce qui est, en somme, assez original. Mais avec un natif des Poissons, la banalité n'existe qu'exceptionnellement.

LES POISSONS

CHAPITRE PREMIER

Portrait des natifs de ce signe

Traits généraux des natifs du signe des Poissons

Selon l'habitude j'appellerai le natif de ce signe un Poissons, mot dont le pluriel est invariable, le dessin qui représente ce signe étant formé de deux poissons nageant en sens inverse et unis par un fil conducteur.

S'il est un, mais exprimé par un pluriel, le Poissons a-t-il une double personnalité ? On pourrait le supposer.

Les deux poissons étant représentés horizontalement, on peut dire qu'ils évoluent dans deux mondes parallèles, l'un matériel et l'autre spirituel. Si ces deux poissons sont représentés verticalement, on peut supposer que le signe exprime les allées et venues des natifs qui sont constamment tentés par une exploration intellectuelle ou même affective de l'infini au-dessus de nous. Leur vie psychique se traduirait donc par ces ascensions et ces retours ici-bas et c'est en effet un de leurs traits que de comparer sans cesse les deux univers : celui, concret, de nos cinq sens et celui de notre sixième sens, qui, chez les natifs des Poissons, est souvent très développé...

On a souvent dit et écrit que, chez le natif du signe des Poissons, l'individu tend à s'effacer au profit de l'humanité et même d'une humanité conçue comme dépassant notre monde de Terriens et se développant dans d'autres mondes, une humanité universelle. En fait, ce n'est pas ainsi que nous apparaît un natif de ce signe dans nos contacts réels et sociaux avec lui. Aussi sera-t-il intéressant de rechercher si cette assertion a des fondements solides et dans l'affirmative pourquoi nous ne les percevons pas d'emblée.

En fait, un natif des Poissons est essentiellement un être réceptif. Il vibre à toutes sortes d'impressions et de sensations que les autres ont parfois beaucoup de peine à percevoir. Cela ne concerne pas uniquement le sixième sens, le sens parapsychologique ; les cinq sens du Poissons sont aussi extrêmement réceptifs.

Le Poissons a un tempérament lymphatique et se classe parmi les surémotifs.

Tempérament lymphatique, car le signe des Poissons est un signe d'Eau. Il est affectif et surémotif car il perçoit beaucoup plus d'informations que les autres et, comme il est féminin et sous l'influence de l'Eau, il est tout sensibilité. Il s'oppose instinctivement à la précision mathématique et ne se laisse pas envoûter par les démonstrations rigoureuses ou paraissant telles.

Les principales qualités d'un natif des Poissons sont le désintéressement et le dévouement. Il est conscient de ses responsabilités, quelle qu'en soit l'étendue, et ne recule jamais devant ce que lui dicte sa conscience, quelles qu'en soient les conséquences, dont, souvent, il doit pâtir.

Il a ses faiblesses. Il est souvent dans l'indécision, car il ressent parfois le dédoublement de sa personnalité, il est partagé entre le concret et l'abstrait. De plus, il craint trop souvent de faire du mal ; il est sensible à la souffrance d'autrui, qu'il s'agisse d'êtres humains, d'animaux ou de plantes.

Comme il ne s'intéresse pas beaucoup à la vie matérielle, et comme il a besoin d'elle, comme tout le monde, il se trouve parfois dans un embarras comique, ne sachant pas s'en accommoder.

Un Poissons qui renonce à la lutte peut se laisser aller à tous les excès à sa portée.

Une personnalité malléable

On considère généralement le natif du signe des Poissons comme un être à la psychologie imprécise.

Cela n'est qu'une interprétation théorique, et non un état de fait. Si vous le rencontrez dans la vie courante, il vous paraîtra aussi capable, volontaire et actif que le reste de l'humanité. Simplement, ce n'est pas dans sa véritable ligne et ce n'est pas l'essentiel de son idéal.

Il arrive qu'il ait à faire un effort particulièrement intense pour se tirer d'un passage difficile ; dans ce cas, son caractère devient nécessairement aussi énergique que celui d'un Bélier et, le temps nécessaire pour régler ce problème particulier, il perdra sa douceur, mais conservera toujours cette intuition remarquable dont il a fait souvent profiter les autres.

Remarquons que, sur le Zodiaque, il se trouve diamétralement opposé au signe de la Vierge. Opposé au signe qui compte, qui mesure, qui pose des limites à ses biens, à ses comptes et à ses sentiments. A un signe positif qui agit, qui marche simplement vers une direction définie une fois pour toutes, un signe dont les natifs, dès que leur affectivité entre en jeu, craignent de souffrir.

Si l'on tient compte de cette opposition, on saisit dans son ensemble le caractère des Poissons. Un Poissons ne compte pas, ne tient pas à posséder, demeure disponible pour marcher dans d'autres directions que la sienne, refuse de poser des limites à quoi que ce soit, même à notre univers, ne sait pas compter et met à tout instant son potentiel affectif en jeu quelles que soient ses souffrances. Pour lui, s'abriter, ce n'est plus vivre. C'est un natif de ce signe qui a dit : « Ceux qui vivent, ce sont ceux qui luttent » (Victor Hugo).

Le Poissons, étant un signe féminin, peut se révéler passif ou simplement réceptif. Passif, il va subir tous les incidents de la vie et toutes les influences de son entourage sans réagir ; il enregistre, il ne réplique pas. S'il est réceptif, il se tient prêt à enregistrer les influences, mais il les analyse, les discerne et n'accepte que celles qui lui conviennent. Il ne rejette cependant rien *a priori*. Il peut ressentir de profondes émotions car tout ce qu'il perçoit passe par son affectivité : il n'apprend pas, il ressent.

Cette prédisposition à recevoir et à sentir toutes les influences, tous les courants de la pensée peut conduire un Poissons à renoncer à sa personnalité propre. Avoir une personnalité, c'est poser des limites. Mais le plus souvent, le Poissons ne renonce pas à sa personnalité ; il a tendance à renoncer au monde parce que le monde contient trop de limites et il n'aime pas les limites. Certains de ces natifs, qui sont des mystiques, optent alors pour la retraite religieuse.

Par le fait de son extrême sensibilité, le Poissons risque, dans la vie courante, de préférer instinctivement l'aspect des choses à leur réalité matérielle. C'est la planète Neptune qui est à l'origine des erreurs que commet ce natif. Neptune, en effet, est promoteur de brumes et de nébulosités qui empêchent le Poissons trop soumis à son influence de garder le contact indispensable avec la réalité. Cela peut faire de lui un grand poète. Cela n'en fera pas souvent un grand financier.

Une personnalité aux mille facettes

Un Poissons tend à assimiler tout ce qu'il voit, sent, écoute, devine, parce qu'il est sous l'influence de Jupiter, la planète bénéfique entre toutes, la planète des exaltations, des expansions.

Le Poissons se sait le centre d'un nombre infini de possibilités et il a nettement l'impression que, quelle que soit la branche d'activité vers laquelle il dirige son effort, il réussira ; il se sent doué pour tout, ce qui le rapproche du Sagittaire. Ils ont tous deux la planète Jupiter qui veille à leur destin.

Le plus étonnant, c'est que le sentiment de toutes ces potentialités qu'éprouve un Poissons n'est pas faux. Il suffit en effet à ces natifs d'aborder un genre d'études ou une série d'expériences, pour qu'il s'y passionne et poursuive l'effort le plus loin possible, se sentant exalté et encouragé mystérieusement. Il ne dispose pas toujours d'une intelligence supérieure, mais il dispose généralement de la chance nécessaire et de l'adresse indispensable pour réussir. L'intelligence des Poissons est universelle. Aussi le Poissons n'a-t-il aucune spécialisation et cet élément ajoute à sa malléabilité naturelle.

Le rôle de la volonté

Que le Poissons ait peu ou beaucoup de volonté, cela peut dépendre de bien des causes, entre autres des planètes qui se trouvaient dans son ciel à sa naissance. Les éducateurs doivent cependant savoir qu'un Poissons n'est pas un être volontaire ; il faudra donc faire l'éducation de sa volonté.

Très réceptif et sensible à l'exemple, un Poissons est forcément influençable. C'est donc par l'exemple et par les leçons qu'il apprendra ces éléments de psychologie qui feront de lui un être volontaire. Si ses éducateurs ne s'en préoccupent pas, le Poissons atteindra l'âge adulte, prêt à subir toute influence de son entourage, ce qui est extrêmement dangereux.

Le Poissons est par nature indulgent et tolérant. Il excuse facilement les autres. Mais cette attitude porte en elle-même un risque : s'il les excuse, s'il les comprend, ne sera-t-il pas tenté de les imiter ? C'est ainsi qu'un Poissons est souvent entraîné dans le vice.

Ses moyens de défense vont se limiter à la fuite. Un Poissons, quand il estime qu'il ne peut plus lutter (contre l'influence pernicieuse des autres, contre des arguments de persuasion, contre la fatalité), disparaît. Rien ne peut le retenir. Il possède un don de fuite étonnant et, même s'il ne l'utilise pas, il sait toujours comment il procédera s'il doit disparaître. On le croit ici et il n'y est plus, et quand il est ailleurs, nul ne peut le faire revenir s'il ne le décide pas lui-même. Fuir, disparaître sont les seuls actes où le Poissons manifeste de la décision. C'est sa sauvegarde et sa suprême ressource.

A côté de cette possibilité réelle de fuite, un Poissons possède un talent particulier pour disparaître tout en restant présent. Son corps matériel est là, cependant, il s'abstrait du milieu ambiant ; puisque ce milieu, à son avis, n'est pas bon pour lui, il quitte sa personne physique ; mentalement, il se promène dans un « ailleurs » de son choix. Nul, plus que lui, ne peut rester présent, fidèle, apparemment attentif, tout en étant absent. Sa réalité n'est pas là où se trouve son corps matériel, mais là où il la désire. C'est une utilisation bien particulière de la volonté, qualité qui, chez tout autre, favoriserait des activités réelles et qui, chez un Poissons, a l'effet contraire. Un Poissons devient volontaire quand il s'agit d'une action négative : ne pas être là, ne pas entendre, ne pas croire ; ne pas voir. Pour avoir une volonté positive, il est obligé de se forcer, d'obéir à une rééducation psychologique spéciale, et il ne le fait que s'il le pense nécessaire.

Le caractère de l'intelligence du Poissons

Un Poissons peut être tout à fait dépourvu d'intelligence, avoir une intelligence moyenne, ou être génial, avec tous les degrés intermédiaires, mais toujours orienté vers ce qu'on appelle depuis longtemps les sciences occultes, aujourd'hui la parapsychologie. Tout ce qui est mystérieux, inexprimé, tout ce qui semble unir l'homme à l'infini, et aussi tout ce qui unit l'homme à son créateur, intéresse l'intelligence de ce natif et le tente. C'est une certaine tournure d'esprit, présente aussi mais moins marquée, chez le natif du Scorpion. Le Poissons est littéralement pétri de cette tendance. On verra ce que cela peut donner selon son degré d'intelligence.

Au degré inférieur, chez l'être qui pense très simplement, ce sont les données les plus occultes, les plus douteuses, les plus enveloppées de mystère qui font la plus forte impression. Le sujet s'intéresse volontiers à la sorcellerie dans ses manifestations les plus simplistes. La superstition la plus ordinaire est pour lui monnaie courante. Il tente de réduire l'infini de la création aux dimensions de ses possibilités intellectuelles ; il mélange différentes informations en les interprétant à sa manière ; il rêve qu'il est génial et qu'il survole les problèmes.

Le physique du natif des Poissons

Certains auteurs n'hésitent pas à trouver à certains Poissons particulièrement bien typés une ressemblance, évidemment lointaine, avec le poisson. On peut dire, au moins, qu'un natif des Poissons a de grands yeux, le regard lointain, souvent imprécis, comme si la personne gardait « les yeux dans le vague ».

La caractéristique des Poissons est surtout d'aimer l'eau. Les uns ne peuvent vivre qu'au bord de la mer, d'une rivière ou d'un lac ; d'autres font de la natation leur exercice préféré et y sont plus doués que la moyenne des gens, d'autres encore, par une sorte de dérivation de cette particularité, ont un organisme qui retient l'eau et qui, aidés par l'influence de Jupiter, grossissent quoi qu'ils fassent pour l'éviter.

Ces remarques n'ont rien d'absolu, mais en général les Poissons ont un certain détachement qui les écarte de la condition humaine.

Marqués par Jupiter, les Poissons sont beaux, bien proportionnés, mais avec une nette tendance à l'embonpoint ; marqués par Neptune, ils sont pâles, clairs, de visage et de cheveux, les yeux grands, et lents dans leurs gestes ; marqués par Vénus, ils ont beaucoup de charme et une sensibilité à fleur de peau.

Tels sont les natifs des Poissons, du moins lorsque leur personnalité n'est pas marquée d'une manière plus accentuée par leur ascendant.

CHAPITRE II

Le destin du natif des Poissons

Le choix d'une carrière

Il arrive souvent qu'un adolescent né sous le signe des Poissons soit très indécis au moment de choisir une carrière.

En général, ce qui cause son indécision, c'est la simplicité du travail qu'on lui propose. Étant très évolué psychiquement, il hésite à se consacrer à des tâches dont la monotonie le lasserait. Il n'aspire pas à une tâche simple et sans problème. Il sera tenté de la compliquer, de faire du zèle et de commettre l'erreur d'exposer à ses supérieurs des idées certainement intéressantes et de valeur, mais qui ne rentrent aucunement dans le cadre de ses attributions. Il se fait ainsi des ennemis qui tendent des chausse-trapes sous ses pas sans même qu'il s'en aperçoive.

La simplicité, c'est ce qui manque au Poissons.

Comment, dans ces conditions, un Poissons doit-il procéder pour fixer son choix sur une carrière qui lui convienne et où il ne coure pas constamment les dangers que je viens de signaler ?

Pendant la période où il doit faire ce choix, le Poissons reçoit des recommandations de son entourage et devient de plus en plus influençable. Il se laisse généralement conseiller et accepte ce qu'on lui propose parce qu'il n'a pas une grande volonté.

Dans d'autres cas, il a la possibilité de choisir entre deux situations différentes et ne parvient pas à prendre une décision. Cela provoque souvent une telle angoisse qu'on lui conseillerait presque de prendre les deux occupations, chacune à mi-temps, si cela est possible. Il pourrait ainsi, après expérience, se consacrer entièrement à la branche qui lui convient le mieux.

Quelles sont les professions qui conviennent à un Poissons ?

Donner des conseils au sujet du choix d'une carrière peut être efficace dans un cas particulier, mais devient difficile sur un plan général, surtout quand le sujet est aussi diversement doué qu'un Poissons.

Il existe chez la plupart des Poissons une tendance certaine à s'intéresser aux malades et aux maladies et un instinct pour comprendre et appliquer les traitements médicaux. On peut donc conseiller à un Poissons qui peut encore orienter ses études de se diriger vers une carrière médicale ou paramédicale. Pour ceux qui ne sont pas en mesure de faire les études nécessaires et de conquérir les diplômes exigés, il reste les métiers d'infirmier et aides-soignant, diverses possibilités dans les maisons de retraite et de repos, et, en dernier recours... guérisseur !

Le comportement du Poissons au travail

Le natif du signe des Poissons accepte difficilement un travail exigeant de lui des horaires réguliers et une discipline strictement définie. C'est dire qu'il a des difficultés dans la comptabilité, la dactylographie, la mécanographie et de nombreux travaux de bureau. En revanche, dans l'enseignement, les horaires ne couvrent pas la totalité du temps consacré au travail et il lui en reste suffisamment pour rendre sa vie supportable.

On pense généralement qu'un natif des Poissons n'a pas le goût du rangement, de la logique, du classement et de l'organisation. On se fonde pour cela sur le fait que Neptune gouverne son signe, donnant rêves et illusions. Cependant de nombreux natifs de ce signe sont capables de se plier à un travail strict. Leur défaut n'est pas là. Il est dans leur incapacité à comprendre l'opportunité des intrigues auxquelles il faut se plier, dans certaines situations, pour obtenir un avancement d'ailleurs mérité, ou plus simplement pour conserver une position honnêtement acquise. Alors, il est facile pour ses ennemis de préparer un petit tour de passe-passe qui vaudra un blâme sérieux au natif des Poissons et qui pourra être la cause de sa chute.

Ce qui importe à un Poissons, c'est la beauté. Un Poissons supporte avec peine la laideur ; il arrive que ce soit pour lui une véritable souffrance. Travailler dans un milieu médiocre et laid lui est extrêmement pénible ; il peut faire beaucoup de sacrifices, rarement celui-là : il préfère s'en aller sans explications.

Conseils à un Poissons qui tient à réussir dans la vie

On vient de voir que les Poissons avaient, parmi leurs qualités, tenant surtout à leur grand développement psychique, des défauts également dus à ce développement. Un Poissons peut, par ses possibilités multiples, se montrer en premier lieu capable de fixer son choix, problème dont il a déjà été question. Il est donc nécessaire de vous habituer à la logique de la décision.

Dans la vie ordinaire et sans autre directive que celle de son instinct, un Poissons se gouverne lui-même à la perfection parce qu'il n'est tenu de respecter aucune règle, aucun principe ne lui a été imposé, rien ne limite son inspiration, intuition à l'état pur devenant à certains moments une véritable prémonition. Il faut dans ce cas se laisser guider ; l'essentiel étant de discerner le caprice momentané de la véritable intuition. Ce n'est pas aussi facile qu'on pourrait le croire.

On demandera donc au Poissons de toujours écouter son intuition d'abord, puis de la vérifier.

Concentrer son attention

Parmi les errements des natifs du signe des Poissons, il en est un qui vient justement du grand nombre de possibilités qui sont en eux. C'est la dispersion.

La dispersion d'esprit résulte le plus souvent de l'absence de passion pour l'activité choisie. Observez un collectionneur de timbres. Il s'astreint à une occupation que d'autres considéreraient comme ennuyeuse et fatigante. Le collectionneur, animé par sa passion, ne trouve ni le temps long, ni la concentration difficile quand il se livre pendant des heures au tri et au classement de ces minuscules carrés de papier.

L'argent n'est certainement pas une fin en soi, surtout pour un Poissons, mais il est le seul moyen actuellement connu de faire face aux difficultés de la vie et la seule méthode pour se procurer le nécessaire certainement, le superflu parfois. Même un Poissons qui déteste l'argent, et les compromissions auxquelles il conduit, est obligé d'admettre ce principe.

En songeant à votre programme, à la manière dont vous avez prévu la réalisation de vos projets, vous allez sentir naître en vous un sentiment passionnel, une ambition que vous avez ignorée jusqu'ici, et quand l'argent commencera à venir à vous, vous serez ravi du résultat et de la simplicité de la méthode. Vous avez Jupiter avec vous, ne l'oubliez pas, vous pouvez faire tout ce que vous voulez, Poissons !

Voilà les meilleurs conseils que l'on puisse donner à un Poissons pour qu'il réussisse dans la vie.

Si votre enfant est Poissons

Pour mettre toutes les chances de son côté, il est important de tenir compte du signe sous lequel est né votre enfant.

S'il est né sous le signe des Poissons, il est possible qu'il ait un tempérament lymphatique ; il aura une grande imagination, très fantaisiste, mais aussi il sera compréhensif et certainement très précoce. Le versant plus sombre de cette charmante personnalité est une inquiétude sourde pour sa santé et une forte tendance à s'apitoyer sur soi qui, si elle n'est pas combattue de très bonne heure, risque de le conduire, à la moindre épreuve, à une sorte de neurasthénie.

Son jour faste est le jeudi, car son signe est placé sous la puissance de Jupiter. C'est donc le jeudi que vous effectuerez les opérations et démarches qui sont importantes pour lui, comme un changement de régime, une visite chez le pédiatre, etc. En revanche, évitez d'agir le mercredi car ce jour lui est défavorable.

Ses chiffres bénéfiques sont le 4, le 12 et le 24. Vous utiliserez cette information pour tout ce qui le concerne, les dates, pour une visite familiale, les heures, pour les biberons, le nombre de motifs dans la décoration de sa petite chambre, etc.

Pour vivre heureux, il faut qu'il soit près de l'eau : près de la mer serait ce qu'il y a de mieux, mais un fleuve, un lac ne sont pas mal non plus.

L'eau est son élément, aussi appréciera-t-il toujours de pouvoir barboter, d'abord dans sa baignoire, mais dès qu'il fait chaud, dans un bassin au soleil, et, plus tard, au bord de la mer.

CHAPITRE III

Le natif des Poissons et l'amour

Les relations affectives

Il est un autre cas où l'examen de la psychologie de chacun est non seulement intéressant mais utile et parfois indispensable, c'est le cas des relations affectives.

Il peut vous arriver de faire la connaissance d'une personne avec laquelle vous aimeriez nouer des liens d'amitié ; or, parfois cette amitié ne réussit pas à s'épanouir, elle reste embryonnaire, elle est à tout instant troublée soit par un désaccord, soit par l'indifférence. Un obstacle imprécis et mal défini vous empêche d'avancer dans ces relations. Si vous pouviez tout savoir sur la psychologie de l'autre personne, peut-être sauriez-vous quel est le moyen de la conquérir, l'intéresser, partager avec elle de ces amitiés que l'on n'oublie jamais.

Enfin, dans le cadre de l'affectivité, il faut aussi se dire que le coup de foudre amoureux déclenche parfois des passions qui livrent les deux partenaires à un avenir orageux et semé d'embûches et que, s'ils en étaient prévenus d'avance, ils s'arrangeraient pour résister au premier appel, au premier attrait, afin d'éviter des catastrophes.

Il est aussi des situations où deux personnes s'aiment réellement, instinctivement, mais souhaitent comprendre pourquoi « l'autre » agit de telle et telle manière et comment il faut faire pour changer ses habitudes.

Dans tous ces cas, l'Astrologie peut apporter des informations utiles.

Il est difficile de demander à quelqu'un de se dépeindre ; il se connaît si mal. Mais il est facile de demander la date de naissance et, éventuellement, le lieu et l'heure. On détermine ainsi le signe zodiacal solaire et le signe zodiacal ascendant et, tout de suite, on comprend mieux à qui l'on parle.

Sur le plan du bonheur des couples, l'Astrologie est de première importance.

Les difficultés des couples viennent en effet le plus souvent du fait que l'on accepte l'autre en considération de ses qualités et avec l'espoir qu'il renoncera à ses défauts. La vérité est qu'il faut s'accepter réciproquement et totalement. On épouse un être achevé, il est inutile et illusoire d'espérer le modifier. L'Astrologie dit cela et aussi comment on peut s'adapter à l'autre sans se modifier et sans le modifier.

Les Poissons devant l'amour

Dans le signe zodiacal des Poissons, la planète Vénus est en exaltation. C'est dire qu'elle y a une influence dont il faut tenir compte.

Or quelle est l'influence de Vénus ?

Vénus agit sur l'affectivité du sujet, ses besoins amoureux, sa bonté et le domaine où il sera tenté d'exprimer ses tendances affectives. Elle apporte aussi son appui à tout l'élément esthétique. Le vénusien, celui qui est sous la domination de la planète Vénus, est généralement beau ; de plus, Vénus apporte un élément de chance par le charme et la bienveillance.

On peut donc affirmer que, dans la vie d'un natif du signe des Poissons, l'amour sous toutes ses formes tient une grande place.

L'amour du natif des Poissons peut à la fois étonner et déconcerter, mais il est vaste et profond comme la mer.

Ce sentiment ne se manifeste pas chez lui par une modification extérieure évidente. Il est tout en nuances.

Pas plus que le sentiment, la sexualité des Poissons n'est évidente. Elle est simplement pénétrante, envoûtante, contagieuse. Un Poissons amoureux peut rester longtemps énigmatique pour son partenaire ; il attend généralement d'être deviné, il ne parle pas. Il se borne à subir ses émotions, il ne les analyse pas verbalement. Dès qu'il tente de les exprimer par des mots, il les déforme donc, car leur principale valeur vient de leur imprécision. Pourtant un Poissons peut aimer avec passion sans jamais le laisser paraître.

Une particularité difficile à accepter du Poissons, c'est son indépendance en amour. Il peut aimer follement, avec angoisse, avec délire, avec joie, on ne sait, mais pour lui seul : il oublie parfois d'en informer l'objet de cette passion.

C'est au partenaire de deviner.

Au Poissons amoureux, il faut un partenaire à la fois sensible, perspicace et intelligent.

Et un Poissons obtient toujours ce qu'il veut, car il laisse toujours chez son partenaire une sorte de crainte mystérieuse de le voir disparaître sans explications.

Il faut noter également chez le Poissons une certaine répugnance à se fixer. Il n'aime pas s'engager, ne fût-ce que pour un simple rendez-vous, car il sent qu'il perd un peu de son indépendance dès qu'il prend le plus simple engagement.

La sexualité chez les Poissons

C'est le signe du Cancer qui occupe la Maison V du signe des Poissons.

La Lune joue un rôle primordial dans le signe du Cancer. La sexualité du signe des Poissons est donc placée sous l'influence de la Lune. C'est la féminité, la réceptivité, le souvenir, le rêve ; mais c'est aussi, avec les caractères typiques du signe du Cancer, le domicile, le foyer, le giron maternel, le lieu de la naissance et le refuge de toutes les pensées. C'est la chaleur, le bien-être et la nourriture : tout ce que procure au petit enfant l'amour maternel. La sexualité, pour un Poissons, c'est un retour aux sources.

A ces éléments, la présence de la planète Neptune dominant le signe des Poissons ajoute du rêve et de l'infini. Jupiter ajoute de l'ampleur.

Cela donne une conception de la sexualité et de l'amour qui rejoint un appel universel, une tentation d'aider et de secourir, et aussi d'aimer ceux qui sont les moins favorisés.

Les Poissons et le mariage

Pour les natifs du signe des Poissons, la Maison VII, celle qui est relative au mariage, est habitée par la Vierge.

La Vierge est sous l'influence de la planète Mercure ; les notions relatives au mariage seront donc soumises au raisonnement intellectuel que dispense et favorise cette planète. Pour le natif des Poissons le mariage risque de se différencier de l'amour et de la sexualité ; mais ce n'est pas inéluctable ; les deux peuvent se confondre.

Le natif des Poissons aspire à un mariage réunissant l'amour, l'affection, l'amitié, la sexualité et l'accord logique et raisonné. Quand on y ajoute la note romantique dont je vous parlais plus haut, on comprend qu'il soit assez difficile de marier un natif de ce signe.

Il est absolument indispensable d'avertir le natif du signe des Poissons de sa tendance à prendre pour de l'amour une facilité à s'attacher des handicapés. Il s'entoure souvent de gens qui ont besoin de lui, de gens qui s'appuient sur lui, lui demandent des interventions, une aide pécuniaire, ou un soutien psychique. Le Poissons doit séparer définitivement cette sorte de lien d'avec l'amour.

Le mot clef, pour un Poissons, c'est bien savoir choisir.

Conseils aux hommes concernant les femmes natives des Poissons

Le signe de madame Poissons est celui des rêveurs, des poètes, des artistes, surtout des musiciens et aussi des incorrigibles idéalistes qui « savent » que le monde s'en va résolument vers un merveilleux qu'ils craignent parfois.

Madame Poissons a confiance dans l'avenir, mais elle a le goût du passé, des objets anciens, des pays non pollués par le modernisme et des vieux jardins devenus un peu fouillis.

Son signe est représenté par deux poissons nageant en sens contraire et retenus l'un à l'autre par un fil : on dit parfois qu'il y en a un qui veut revenir aux époques révolues et l'autre qui nage de l'avant, vers l'avenir que nous propose le progrès.

Quand elle était une petite fille, mademoiselle Poissons dessinait des guirlandes de feuilles et de fleurs dans les marges de ses cahiers d'écolière ; elle n'écoutait pas beaucoup ses professeurs, mais savait toujours ce qu'ils avaient dit. Elle chantait quand elle pensait qu'on ne pouvait pas l'entendre des airs connus d'elle seule puisqu'elle les inventait.

Madame Poissons est hypersensible, tantôt désespérée, tantôt follement joyeuse, ces deux humeurs pouvant se succéder sans transition à une seconde d'intervalle.

Les gens qui croient connaître madame Poissons ne sont pas d'accord sur ce qu'ils savent d'elle : les uns la disent mélancolique et romanesque ; les autres affirment qu'elle est fondamentalement triste et définitivement pessimiste sans aucune justification ; il en est qui la connaissent gaie, insouciante et légèrement capricieuse ; d'autres la voient infiniment séduisante et charmante, sans plus ; enfin, nul ne la connaît car elle est insaisissable et universelle.

En fait, il arrive souvent que, non satisfaite de sa place et de son rôle en ce monde, elle se bâtisse une autre vie, quelquefois une autre personnalité ; et les films colorés qui animent sa pensée quand elle est seule peuvent constituer pour elle quelque chose de plus important que la réalité ; aussi, lorsque cette réalité lui devient insupportable, madame Poissons, au grand étonnement de ceux qui la connaissent, la supporte avec une sérénité à laquelle on ne s'attendait pas.

Conseils aux femmes concernant les hommes natifs des Poissons

Contrairement à ce que l'on pense, les Poissons ne sont ni froids ni fuyants !

En réalité, le natif des Poissons est un idéaliste et un rêveur, mais ni l'une ni l'autre de ces tendances ne l'empêchent d'être un homme d'action. Après avoir rêvé un projet, il se jette à corps perdu dans le travail pour le réaliser.

Un Poissons est toujours ouvert aux idées nouvelles et beaucoup d'ingénieurs et d'électroniciens appartiennent à ce signe.

Monsieur Poissons a des chances de réussir dans ce qu'il tente parce qu'il met en jeu toutes ses qualités, toutes ses forces. Il dispose, en plus, d'une extraordinaire intuition qui lui fait pressentir dans quelle direction se trouve le plus grand nombre de chances. Il sait nager entre les écueils de la vie professionnelle et louvoie tout naturellement car il possède un « radar » secret qui le prévient des obstacles.

Quand il réussit, monsieur Poissons remercie les forces supérieures ou Dieu selon ses croyances, non son propre mérite. Dès qu'il pressent un échec, il n'en éprouve aucune surprise, il en accuse la fatalité et il prend instantanément les mesures utiles, parfois même avant que l'échec ne se soit confirmé. Comme, par exemple, poser sa candidature à un autre emploi quand il devine qu'il va perdre celui qu'il possède.

La femme qui tient à monsieur Poissons doit savoir lire ce qui se passe en lui, mais elle peut se contenter de faire comme si elle le savait. Elle ne doit pas s'étonner des sautes d'humeur, car la Lune du Cancer influe sur le comportement conjugal de cet étrange époux.

Si elle tient à le garder, elle doit prendre beaucoup de précautions car il arrive que monsieur Poissons, ulcéré par on ne sait quelle réaction de sa femme, ou simplement lassé par la monotonie de la vie, disparaisse subitement et ne donne plus jamais signe de vie...

Que les femmes se rassurent : c'est là un cas exceptionnel. Mais c'est dans la ligne de la personnalité Poissons. Il vaut mieux le savoir.

Que faire, dans ce cas ? Attendre son heure. Car monsieur Poissons finit par revenir avec une explication plausible ou sans explication du tout. Et les choses rentrent dans l'ordre.

CHAPITRE IV

Le natif des Poissons et l'élue de son cœur

Monsieur Poissons devant madame Poissons

Madame Poissons peut épouser monsieur Poissons avec les plus belles espérances de bonheur. Il va lui apparaître comme un personnage très bienveillant, très doué, fin, délicat, prévenant, un peu secret à ses heures ; mais madame Poissons sait bien ce que cela veut dire, car elle a, elle aussi, parfois besoin de se concentrer.

Les premiers contacts ne seront pas faciles.

Monsieur Poissons peut être très heureux avec madame Poissons s'il ne s'attarde pas trop longtemps à rêver et s'il passe le plus vite possible aux réalisations.

Très sensible aux moindres variations de l'humeur de sa femme, monsieur Poissons devrait éviter de la forcer à s'exprimer lorsqu'elle paraît avoir un assez sérieux problème. Il n'a qu'à utiliser son intuition quasi légendaire et deviner. C'est certainement ce qu'elle pense et si monsieur Poissons ne trouve pas la réponse de l'énigme, il n'aura qu'à prendre tendrement sa femme dans ses bras, sachant bien que ce qu'une femme attend de son mari c'est qu'il « s'occupe d'elle » comme elle dira toujours avec beaucoup de réserve.

Car monsieur Poissons est aussi capable que n'importe qui de se construire un bonheur enviable et de se faire une bonne place au soleil ; il faut qu'il le dise clairement à madame Poissons et la rassure chaque soir.

Monsieur Poissons devant madame Bélier

Dans l'horoscope de monsieur Poissons, le signe du Bélier habite la Maison II. C'est celle qui concerne les biens terrestres, les acquisitions. Par ailleurs, le Bélier est dominé par la planète Mars. Il y aura donc une grande force qui favorisera l'ascension sociale de ce couple.

Un petit problème, le signe des Poissons est un signe d'Eau, celui du Bélier un signe de Feu ; l'union de monsieur Poissons avec madame Bélier ne se déroulera pas sans quelques secousses, car l'Eau et le Feu cela ne va pas toujours bien ensemble.

Madame Bélier va trouver que monsieur Poissons est magnétique, mystérieux, secret. Monsieur Poissons verra madame Bélier avec le brouillard que Neptune insinue dans l'esprit de ses sujets ; il se peut que des erreurs se fassent jour et que monsieur Poissons ait quelque méfiance vis-à-vis du Bélier. Monsieur Bélier doit savoir qu'il peut se tromper dans son jugement et qu'il doit user de son intuition pour déjouer les pièges neptuniens. Elle est fidèle et veut sa réussite.

Monsieur Poissons devant madame Taureau

Dans l'horoscope de monsieur Poissons, le Taureau habite la Maison III. C'est celle qui concerne l'entourage immédiat, les frères et sœurs, les petits voyages, etc.

Les deux signes, Taureau et Poissons, signe de Terre et signe d'Eau, sont en harmonie. L'union de monsieur Poissons avec madame Taureau sera solide et durable. Vénus, qui gouverne le Taureau favorisera le mariage. Neptune l'y aidera.

Madame Taureau sera très amicale avec monsieur Poissons et, de plus, le goût d'un certain humour les réunira en des accès de gaieté réservés à leurs tête-à-tête.

Au contact de monsieur Poissons, madame Taureau perdra un peu de ses habitudes d'économie et oubliera la jalousie qu'elle éprouve assez facilement ; il sait si bien la deviner et la rassurer avant même qu'elle ne se soit exprimée ! Il sera très flatté d'avoir près de lui cette précieuse épouse qui aura des dispositions artistiques, ce qu'il apprécie très fort, car tout ce qui est délicat et hors du vulgaire l'attire et le retient.

Les unions entre Taureau et Poissons sont généralement parmi les plus gaies et les plus durables.

Monsieur Poissons devant madame Gémeaux

Dès qu'il aura uni sa vie à madame Gémeaux, monsieur Poissons sera soucieux de sécurité ; il aimera concevoir des projets à longue échéance, organiser son foyer, veiller sur ses biens. Le signe des Gémeaux, dans l'horoscope des Poissons habite la Maison IV, celle qui concerne la stabilisation de la vie privée et le patrimoine. Mais madame Gémeaux aime le mouvement, les communications et les voyages, car elle est sous l'influence dominante de Mercure. Elle va donc entraîner monsieur Poissons à élargir son horizon.

La vie d'un Poissons avec un Gémeaux peut être extrêmement variée et amusante et monsieur Poissons a toutes les chances de ne pas voir passer le temps avec une telle activité.

Tout l'intérêt de cette union repose sur la maturité d'esprit des deux partenaires ; il ne s'agit pas de faire les fantaisistes toute la vie, il faut un peu de sérieux de temps à autre et c'est à cela que devra penser monsieur Poissons en résistant aux idées saugrenues de sa chère moitié.

Monsieur Poissons devant madame Cancer

Le Cancer est dominé par la Lune et les Poissons par Neptune. On devine qu'il y aura beaucoup de rêve et de romanesque dans une telle union. Mais que nous indiquent les Maisons ? Le signe zodiacal du Cancer occupe dans l'horoscope des natifs des Poissons la Maison V, celle qui a trait aux plaisirs, aux amours, aux jeux et aux enfants ; le couple en aura certainement, d'autant plus que madame Cancer a le sens maternel développé et un profond désir de fonder un vrai foyer, un de ces foyers des « souvenirs d'enfance », où l'on vient panser un genou blessé, dévorer les confitures et se faire consoler lorsqu'on a été puni à l'école.

Pour monsieur Poissons, la présence de madame Cancer dans sa vie est une garantie de fixation ; si loin qu'il s'en aille, un jour d'ambition, de déception ou de caprice, c'est toujours à son foyer qu'il reviendra car il y sera attiré par l'immense puissance d'affection qui caractérise les natifs du signe du Cancer.

C'est un amour qui conduira directement au mariage, même si ce n'est pas dans l'immédiat.

Comme il s'agit de deux signes d'Eau, monsieur Poissons et madame Cancer s'entendront très bien ensemble et ne se heurteront pas, étant aussi délicats et sensibles l'un que l'autre. Une union intéressante et heureuse.

Monsieur Poissons devant madame Lion

Observons l'horoscope des Poissons. Le signe du Lion occupe la Maison VI. C'est celle qui concerne les servitudes diverses : travail professionnel quotidien, vie de chaque jour avec ses obligations, contraintes familiales ou sociales ; la santé avec les régimes. C'est toute la série des menues entraves à notre liberté et à notre fantaisie. La planète qui gouverne le Lion est le Soleil.

Le Soleil va rendre éclatants de réalité les rêves suscités par Neptune, planète des Poissons. Il y a un risque d'illusion suivie de déception. Mieux vaut en être prévenu.

Mais l'activité et l'énergie de madame Lion ne la laisseront pas renoncer aux rêves de monsieur Poissons ; elle trouvera certainement le moyen de les transformer en réalités et sera la source du bonheur et de la réussite de son mari. Elle est au sein de la réalité triomphante, elle a de la chance, elle brille. Son concours sera des plus précieux pour monsieur Poissons.

La présence de madame Lion dans sa vie va permettre à monsieur Poissons de mettre en valeur ses qualités personnelles qui sont multiples et elle l'encouragera, lui apportera sa chance, l'aidera jusqu'à ce qu'il ait un triomphe purement solaire.

Une grande communauté de vues et d'idées consolidera leur amour.

Monsieur Poissons devant madame Vierge

Il semble que madame Vierge soit de toute éternité destinée à épouser monsieur Poissons, car le signe de la Vierge y occupe la Maison VII. Cette maison VII, nous l'avons vu, est celle du mariage. Bien sûr, elle concerne aussi les associations, quelle meilleure association y aurait-il que le mariage ?

Une union Neptune-Mercure est empreinte de largeur, de grandeur, d'agrément, d'amusement. La planète de la Vierge est Mercure. C'est tout dire.

Si monsieur Poissons sait lire dans son destin, il ne manquera pas cette occasion.

Chez madame Vierge, monsieur Poissons admirera un esprit vif et un grand sens pratique. Madame Vierge se laissera séduire par le sens de la fantaisie qu'elle découvre chez monsieur Poissons, son air parfois mystérieux, ses qualités poétiques et cette étrange capacité de s'abstraire du réel.

L'un complétant admirablement l'autre, ils feront un couple intéressant et vivant qui saura rendre pratique les théories les plus imprévues inventées par monsieur Poissons.

Monsieur Poissons devant madame Balance

Monsieur Balance est né sous l'autorité de Vénus. Avec la planète Neptune du signe des Poissons, il peut y avoir un excellent accord. La présence d'une Balance est toujours favorable à un natif des Poissons. Monsieur Poissons aura certainement l'occasion de le constater dès qu'il en aura épousé une. Par ailleurs, il existe dans la présence de la Balance un air de mystère et de complication qui ne déplaît certainement pas à monsieur Poissons, ami de ce qui est occulte, étrange, imprévu et un peu irréel.

La principale caractéristique de cette union, c'est que le destin de monsieur Poissons en sera très marqué. Il sera influencé sur le plan financier : ses rêves, ses illusions seront trompeurs car Neptune pose un brouillard devant les yeux de ceux qui ont quelque rapport avec lui. Monsieur Poissons ne devra pas céder à l'illusion : aucune chance particulière, aucune affaire mystérieuse ne le rendront riche ; l'argent qu'il obtiendra, il faudra qu'il l'ait gagné par le travail.

Voilà ce qu'indique l'horoscope de monsieur Poissons. Il faudra qu'il se mette au travail s'il veut entourer madame Balance du luxe qu'elle apprécie tout particulièrement. Elle lui en sera reconnaissante et elle appréciera tout ce qu'il fera pour lui plaire.

Monsieur Poissons devant madame Scorpion

Le signe du Scorpion, habite, dans l'horoscope du natif des Poissons la Maison de la culture intellectuelle, de la philosophie, des grands idéaux.

Il est possible que ce soit une de ces voies qui prépare la rencontre de monsieur Poissons avec Madame Scorpion.

L'intuition de l'un et l'autre est aidée et soutenue par leurs planètes respectives : la planète de monsieur Poissons est Neptune. Pluton régit le signe du Scorpion. Ils sont en parfait accord astrologique et leur union ne peut être que bénéfique à l'un et à l'autre.

Ils devraient, pour avoir un vrai triomphe dans la vie, se consacrer à des études métaphysiques et publier leurs travaux. C'est la voie qui se présente tout naturellement à eux.

Ils peuvent aussi enseigner : ils peuvent fonder un cours, ils peuvent aider les autres ; ils ont mille moyens de gagner largement leur vie en travaillant ensemble. A eux deux, ils vont former une équipe serrée, unie, harmonieuse et sûre.

Il faut que monsieur Poissons évite d'avoir des secrets pour madame Scorpion ; ils doivent partager toutes leurs pensées : c'est le style de vie qui leur convient le mieux.

Monsieur Poissons devant madame Sagittaire

Que peut donner l'union de monsieur Poissons avec une femme native du signe du Sagittaire ?

Un Sagittaire se trouve gouverné par Jupiter et il n'est pas de planète plus favorable au développement, à la réussite, à la grandeur, à la bienveillance. Planète de choix, elle étendra son influence au conjoint qui, avec Neptune risque toujours de commettre des erreurs profondes.

A la suite de son mariage, monsieur Poissons pourra faire un nouveau départ dans la vie et, s'il veut bien suivre les suggestions de sa femme, il est probable qu'il ne le regrettera pas. Bien que ces deux signes ne soient pas compatibles, bien que leur vie conjugale ne puisse pas être envisagée dans le calme et la sérénité, il y a dans le ciel de chacun des partenaires les éléments nécessaires pour leur donner la largeur de vues, la hauteur de pensées et la maîtrise de soi permettant de franchir les obstacles de l'incompréhension mutuelle. Elle aime une certaine indépendance ; il lui laissera un peu la bride sur le cou ; il aime les heures de solitude secrète ; elle ne le questionnera pas. Entre gens de bien, les relations peuvent toujours se dérouler correctement et paisiblement. C'est à eux de faire la preuve qu'ils sont des gens de bien.

Monsieur Poissons devant madame Capricorne

Le signe du Capricorne est sous l'influence de Saturne, la planète du temps, celle qui exige la durée, qui demande la patience, qui semble refroidir et endormir tout et qui, en fait, est souvent un élément de fermeté et de consolidation. Il est en liaison avec la Maison des grands projets, des protecteurs, des amis.

La présence de madame Capricorne dans la vie de monsieur

Poissons apportera de la chance. Elle favorisera les interventions en faveur de sa carrière, de son avancement ; elle lui inculquera l'ambition qu'il n'aurait pas eue sans elle.

Saturne est une planète réaliste ; Neptune, la planète des Poissons, c'est le rêve, l'illusion. Les deux êtres nés respectivement sous ces planètes vont se compléter réciproquement ; monsieur Poissons passera des rêves grandioses aux réalisations concrètes de valeur ; madame Capricorne donnera son avis solide et matérialiste à son mari et facilitera le succès des plans élaborés.

Leur couple sera très harmonieux et leur vie à chacun aura reçu un élan merveilleux par cette union solide, durable et fermement soudée.

Monsieur Poissons devant madame Verseau

Dans les relations entre monsieur Poissons et madame Verseau, les astres tentent de glisser une atmosphère de mystère, de secret, de restrictions, d'organisations clandestines. Une étrange atmosphère, en vérité. Car la planète du Verseau est Uranus, l'astre des transformations, de la remise en ordre d'un univers tombé dans le chaos ; et la planète Neptune des Poissons, ainsi épaulée, favorise les projets lointains.

Il semble que la destinée du couple formé par monsieur Poissons et madame Verseau soit de créer et de diriger une organisation d'entraide.

Madame Verseau tend à secouer une relative léthargie qui, par moments, immobilise monsieur Poissons. Elle stimule les dons de son mari, elle le sent attiré comme elle-même par un certain mystère.

Mais madame Verseau peut devenir pour monsieur Poissons une collaboratrice indispensable surtout pour une œuvre d'intérêt public, un hôpital, une expédition sanitaire, ou tout autre chose dans cet ordre d'idées. C'est un couple original, durable et appelé à un avenir peu commun.

Cet ouvrage a été réalisé sur
Système Cameron
par la SOCIÉTÉ NOUVELLE FIRMIN-DIDOT
Mesnil-sur-l'Estrée
pour le compte de France Loisirs
le 15 novembre 1984

Imprimé en France
Dépôt légal : novembre 1984
N° d'édition : 9863 – N° d'impression : 1680